U0628849

中華文化促進會主持編纂

國家"十一五"~"十四五"重點圖書出版規劃項目

中國社會科學院哲學社會科學創新工程學術出版資助項目

出品人　王石　段先念

今注本二十四史

舊五代史

宋 薛居正等 撰

陳智超 紀雪娟 主持校注

中國社會科學出版社

一三　晉書〔三〕

舊五代史　卷九〇

晋書十六

列傳第五

趙在禮

　　趙在禮，字幹臣，涿州人也。[1]曾祖景裕，祖士廉，皆不仕。父元德，盧臺軍使。[2]在禮始事燕帥劉仁恭爲小校，唐光化末，仁恭遣其子守文逐浮陽節度使盧彦威，據其城，升在禮爲軍使，以佐守文。[3]及守文死，事其子。[4]延祚爲守光所害，守光子繼威復爲部將張萬進所殺，在禮遂事萬進。[5]萬進奔梁，[6]在禮乃與滄州留後毛璋歸太原。[7]同光末，爲效節指揮使，屯於貝州。[8]會軍士皇甫暉等作亂，推指揮使楊聚爲帥，聚不從，爲衆所害，携聚首以脅在禮。[9]在禮知其不可拒，遂從之，以四年二月六日引衆入鄴，在禮自稱留後。[10]唐莊宗遣明宗率師討之，會城下軍亂，在禮迎明宗入城，事具《唐書》。[11]

[1]涿州：州名。治所在今河北涿州市。

[2]盧臺軍：方鎮名。治所在今天津寧河區盧臺鎮。參見余蔚《中國行政區劃通史》（遼金卷），復旦大學出版社 2012 年版，第326 頁。

[3]劉仁恭：人名。深州樂壽（今河北獻）人。唐末、五代軍閥。傳見《新唐書》卷二一二。　光化：唐昭宗李曄年號（898—901）。　守文：人名。即劉守文。深州（今河北深州市）人。唐末盧龍節度使劉仁恭長子。唐末軍閥。後梁開平三年（909），被其弟劉守光殺死。事見本書卷二、卷四、卷九八及《新五代史》卷五六、卷七二。　浮陽：縣名。治所在今河北滄縣。　節度使：官名。唐時在重要地區所設掌握一州或數州軍、民、財政的長官。盧彥威：人名。籍貫不詳。五代軍閥。事見《舊唐書》卷一九下至卷二〇下。　軍使：官名。掌領本軍軍務，或兼理地方政務。《新唐書》卷五〇《兵志》：“唐初，兵之戍邊者，大曰軍，小曰守捉，曰城，曰鎮……武德至天寶以前邊防之制，其軍、城、鎮、守捉皆有使。”

[4]及守文死，事其子：其子爲劉延祚，見《輯本舊史》卷一三五《劉守光傳》。

[5]延祚：人名。即劉延祚。深州（今河北深州市）人。劉守文之子。事見《新五代史》卷三九。　守光：人名。即劉守光。深州樂壽（今河北獻縣）人。唐末、五代幽州節度使劉仁恭之子。劉守光囚父自立，號大燕皇帝，後爲晉王李存勗俘殺。傳見本書卷一三五、《新五代史》卷三九。　繼威：人名。即劉繼威。深州樂壽（今河北獻縣）人。劉守光之子。五代將領。事見本書卷一三及《通鑑》卷二六七、卷二六八。　張萬進：人名。雲州（今山西大同市）人。唐末將領。傳見本書卷一三。

[6]萬進奔梁：《通鑑》卷二六八繫此事於乾化二年（912）三月庚子。《新五代史》卷四六《趙在禮傳》：“其後守文爲其弟守光所殺，在禮乃奔于晉。”

[7]滄州：州名。治所在今河北滄縣舊州鎮。　留後：官名。唐、五代節度使多以子弟或親信爲留後，以代行節度使職務，亦有軍士、叛將自立爲留後者。掌一州或數州軍政。　毛璋：人名。滄州（今河北滄縣舊州鎮）人。後唐將領。傳見本書卷七三、《新五代史》卷二六。

[8]同光：後唐莊宗李存勗年號（923—926）。　效節：部隊番號。　指揮使：官名。唐末、五代軍隊多置都指揮使、指揮使，爲統兵將領。　貝州：州名。治所在今河北清河縣。　同光末，爲效節指揮使，屯於貝州：《通鑑》卷二七四天成元年（926）二月己丑條：“魏博指揮使楊仁晸將所部兵戍瓦橋，踰年代歸，至貝州，以鄴都空虛，恐兵至爲變，敕留屯貝州。”

[9]皇甫暉：人名。魏州（今河北大名縣）人，五代方鎮將領。傳見本書附録、《新五代史》卷四九。　楊晸：人名。或作“楊仁晸”。籍貫不詳。唐末將領。傳見本書附録。《輯本舊史》之原輯者案語：“《歐陽史》作楊仁晟。”中華書局本有校勘記：“本書卷三四《唐莊宗紀八》、《通鑑》卷二七四作楊仁晸。”見《新五代史》卷四六《趙在禮傳》及卷四九《皇甫暉傳》，《通鑑》卷二七四天成元年二月己丑條，《輯本舊史》卷三四《唐莊宗紀八》同光四年二月丙申條。《輯本舊史》及《通鑑》或作“楊晸”，或作“楊仁晸”，而《新五代史》則作“楊仁晟”。

[10]鄴：地名。即鄴都。治所在今河北大名縣。後唐莊宗同光元年（923），改魏州爲興唐府，建號東京，三年改東京爲鄴都。在禮自稱留後：《舊五代史考異》：“《宋史·張錫傳》：趙在禮擧兵于鄴，瀕河諸州多搆亂，錫權知棣州事，即出省錢賞軍，皆大悦，一郡獨全，棣人賴之。”見《宋史》卷二六二《張錫傳》。《通鑑》卷二七四天成元年二月己丑條：“楊仁晸部兵皇甫暉與其徒夜博不勝，因人情不安，遂作亂，劫仁晸……仁晸不從，暉殺之；又劫小校，不從，又殺之。效節指揮使趙在禮聞亂，衣不及帶，踰垣而走，暉追及，曳其足而下之，示以二首，在禮懼而從之。亂兵遂奉

以爲帥，焚掠貝州。……詰旦，暉等擁在禮南趣臨清、永濟、館陶，所過剽掠。”亦見《輯本舊史》卷三四《唐莊宗紀八》同光四年二月丙申條，但無皇甫暉劫殺小校之事。《通鑑》卷二七四天成元年二月壬辰條：“晚，有自貝州來告軍亂將犯鄴都者……是夜，賊前鋒攻北門，弓弩亂發。時彥瓊將部兵宿北門樓，聞賊呼聲，即時驚潰。彥瓊單騎奔洛陽。”同月癸巳條：“賊入鄴都，孫鐸等拒戰不勝，亡去。趙在禮據宮城，署皇甫暉及軍校趙進爲馬步都指揮使，縱兵大掠……王正言……帥僚佐步出府門謁在禮，再拜請罪。在禮亦拜，曰：‘士卒思歸耳，尚書重德，勿自卑屈！’慰諭遣之。衆推在禮爲魏博留後，具奏其狀。北京留守張憲家在鄴都，在禮厚撫之，遣使以書誘憲，憲不發封，斬其使以聞。”《輯本舊史》卷三四同光四年二月丙申條作“趙在禮引諸軍據宮城，署皇甫暉、趙進等爲都虞候、斬斫使”，與《通鑑》所載官階異；《新五代史》卷四九《皇甫暉傳》與《通鑑》同。《輯本舊史》卷三四同光四年二月丙申條又載：“帝怒，命宋州節度使元行欽率騎三千赴鄴都招撫，詔徵諸道之師進討。”《通鑑》卷二七四與之同。《新五代史》卷五《唐本紀》同光四年二月甲午條作“趙在禮陷鄴都，武寧軍節度使李紹榮討之”，誤。《輯本舊史·唐莊宗紀八》同光四年二月辛丑條：“元行欽至鄴都，進攻南門，以詔書招諭城中，趙在禮獻羊酒勞軍，登城遥拜行欽曰：‘將士經年離隔父母，不取勅旨歸寧，上貽聖憂，追悔何及！儻公善爲敷奏，俾從涣汗，某等亦不敢不改過自新。’行欽曰：‘上以汝董有社稷功，必行赦宥。’因以詔書諭之。皇甫暉聚衆大詬，即壞詔。行欽以聞，帝怒曰：‘收城之日，勿遺噍類！’”同月壬寅條：“行欽自鄴退軍，保澶州。”同月丁未條：“鄴都行營招撫使元行欽率諸道之師再攻鄴都。”同月庚戌條：“諸軍大集於鄴都，進攻其城，不克。行欽又大治攻具。城中知其無赦，晝夜爲備。朝廷聞之益恐，連發中使促繼岌西征之師。”

[11]唐莊宗：即李存勗。沙陀部人，後唐開國皇帝。紀見《舊五代史》卷二七至卷三四、《新五代史》卷四至卷五。　明宗：即

後唐明宗李嗣源。926 年至 933 年在位。原名邈佶烈，沙陀部人，爲李克用養子。同光四年（926），莊宗李存勗在兵變中被殺，李嗣源入洛陽，稱監國，後稱帝，改名亶。在位時，精減宮人伶官，廢內藏庫，百姓賴以休息。李嗣源病危時，次子李從榮作亂被殺，悲駭憂慮而死。紀見《舊五代史》卷三五至卷四四、《新五代史》卷六。　　"唐莊宗遣明宗率師討之"至"事具《唐書》"：《輯本舊史》卷三八《唐莊宗紀八》同光四年二月甲寅條："命蕃漢總管李嗣源統親軍赴鄴都，以討趙在禮。"卷三五《唐明宗紀一》同光四年三月六日條："帝至鄴都，趙在禮等登城謝罪，出牲餼以勞師，帝亦慰納之，營於鄴城之西南，下令以九日攻城。"同年三月八日條："夜，軍亂。從馬直軍士有張破敗者，號令諸軍，各殺都將，縱火焚營，讙譟雷動。至五鼓，亂兵逼帝營，親軍搏戰，傷痍者殆半，亂兵益盛。帝叱之，責其狂逆之狀，亂兵對曰：'昨貝州戍兵，主上不垂厚宥；又聞鄴城平定之後，欲盡坑全軍。某等初無叛志，直畏死耳。已共諸軍商量，與城中合勢，擊退諸道之師，欲主上帝河南，請令公帝河北。'帝泣而拒之，亂兵呼曰：'令公欲何之？不帝河北，則爲他人所有。苟不見幾，事當不測！'抽戈露刃，環帝左右。安重誨、霍彦威躡帝足，請詭隨之，因爲亂兵迫入鄴城。懸橋已發，共扶帝越濠而入，趙在禮等歡泣奉迎。是日，饗將士於行宮，在禮等不納外兵，軍衆流散，無所歸向。帝登南樓，謂在禮曰：'欲建大計，非兵不能集事，吾自於城外招撫諸軍。'帝乃得出。夜至魏縣。"《新五代史》卷六《唐本紀》天成元年三月甲寅條："軍變，嗣源入於魏，與在禮合，夕出，止魏縣。"

　　天成元年五月，授滑州節度使、檢校太保。[1]制下，在禮密奏軍情未欲除移，且乞更伺少頃，尋就改天雄軍兵馬留後、鄴都留守、興唐尹。[2]既而在禮將皇甫暉、趙進等相次除郡赴任，在禮乃上表乞移旌節。十二月，授滄州節度使。[3]二年七月，移鎮兗州。[4]長興元年，入爲左驍衛上將軍，俄改同州節度使。[5]會高祖受明宗命統大軍伐蜀，以在禮充西川行營步軍都指揮使，收劍州而還。[6]四年，移鎮襄州。[7]清泰三年，授宋州節度使，加檢校太尉、同平章事。[8]高祖登極，移鎮鄆州，加檢校太師、兼侍中，封衛國公。[9]天福六年七月，授許州節度使。[10]八年四月，移鎮徐州，進封楚國公。[11]

[1]天成：後唐明宗李嗣源年號（926—930）。　滑州：州名。治所在今河南滑縣。　檢校太保：官名。爲散官或加官，以示恩寵，無實際職掌。

[2]天雄軍：方鎮名。治所在魏州（今河北大名縣）。　兵馬留後：官名。唐、五代時，代行方鎮長官之職者稱留後。代行州兵馬使之職者，即爲兵馬留後。掌本州兵馬。　留守：官名。古代皇帝出巡或親征時指定親王或大臣留守京城，綜理國家軍事、行政、民事、財政等事務，稱京城留守。在陪都或軍事重鎮也常設留守，以地方長官兼任。　興唐：地名。即鄴都。治所在今河北大名縣。後唐莊宗同光元年（923），改魏州爲興唐府，建號東京。

[3]在禮將皇甫暉、趙進等相次除郡赴任：《舊五代史考異》：“《歐陽史·皇甫暉傳》：明宗即位，暉自軍卒擢拜陳州刺史。《九國志·趙進傳》：天成初，除貝州刺史、鄴都衙內指揮使。”見《新五代史》卷四九《皇甫暉傳》、《九國志》卷九《趙進傳》。《通鑑》卷二七五天成元年（926）五月丙寅條：“趙在禮請帝幸鄴都。”《輯本舊史》卷三六《唐明宗紀二》天成元年五月戊辰條：“以金紫光禄大夫、檢校司空趙在禮爲滑州節度使，加檢校太保。制下，在禮以軍情不順爲辭，不之任。”明本《册府》卷四三九《將帥部·要君門》：“明宗天成初，授在禮滑州義成軍節度，滑、濮等州觀察處置等使，乃封天水縣開國伯，食邑七百户。制下，在

禮以軍情言語爲辭，竟不之任，尋改天雄軍兵馬留後、鄴都留守。"《宋本册府》卷六七三《牧守部・褒寵門》："趙在禮，天成初爲天雄軍節度使。度支奏：'大名府管内，今年夏苗頃畝比去年出六千八百頃，宜降詔獎飾。'從之。""度支奏"，原作"支奏"，據明本《册府》卷四三九補。《通鑑》卷二七五天成二年三月丙辰條："初，莊宗之克梁也，以魏州牙兵之力；及其亡也，皇甫暉、張破敗之亂亦由之。趙在禮之徙滑州，不之官，亦實爲其下所制。在禮欲自謀脱禍，陰遣腹心詣闕求移鎮，帝乃爲之除皇甫暉陳州刺史，趙進貝州刺史，徙在禮爲橫海節度使。"

[4]兗州：州名。治所在今山東濟寧市兗州區。

[5]同州：州名。治所在今陝西大荔縣。 "二年七月"至"入爲左驍衛上將軍"：《輯本舊史》卷三八《唐明宗紀四》天成二年七月壬申條："滄州節度使趙在禮移鎮兗州。"同年十二月己丑條："兗州節度使趙在禮來朝。"明本《册府》卷一一一《帝王部・宴享門》唐明宗天成二年十二月乙丑條："宴於玄德殿，兗州節度使趙在禮入覲，使召赴宴。"按天成二年十二月戊寅朔，無乙丑日，明本《册府》"乙丑"爲"己丑"之誤。同月戊戌條："以夏魯奇、趙在禮入覲，宴於玄德殿。"《輯本舊史》卷四一《唐明宗紀七》長興元年七月甲戌條："以……前兗州節度使趙在禮爲左驍衛上將軍。"

[6]高祖：即後晉高祖石敬瑭。沙陀部人。後唐將領、後晉開國皇帝。紀見本書卷七五至卷八〇、《新五代史》卷八。 西川：方鎮名。治所在成都府（今四川成都市）。 步軍都指揮使：官名。爲侍衛親軍步軍司長官。後梁始置侍衛親軍，爲禁軍的一支，後唐沿置並成爲禁軍主力，下設馬、步軍。 劍州：州名。治所在今四川劍閣縣。

[7]"俄改同州節度使"至"移鎮襄州"：《輯本舊史》卷四一長興元年（930）九月乙酉條："以左驍衛上將軍趙在禮爲同州節度使兼西南行營馬步軍都指揮使。"《通鑑》卷二七七長興元年十一

月壬申條："石敬瑭入散關，階州刺史王弘贄、瀘州刺史馮暉與前鋒馬步都虞候王思同、步軍都指揮使趙在禮引兵出人頭山後，過劍門之南，還襲劍門，克之，殺東川兵三千人，獲都指揮使齊彥溫，據而守之。"《輯本舊史》卷四四《唐明宗紀十》長興四年十月丙午條："以前同州節度使趙在禮爲襄州節度使。"

[8]清泰：後唐廢帝李從珂年號（934—936）。　宋州：州名。治所在今河南商丘市睢陽區。　檢校太尉：官名。爲散官或加官，以示恩寵，無實際職掌。　同平章事：官名。"同中書門下平章事"之簡稱。唐高宗以後，凡實際任宰相之職者，常在其本官後加"同平章事"的職銜。後成爲宰相專稱。後晉天福五年（940），升中書門下平章事爲正二品。　"清泰三年"至"同平章事"：中華書局本有校勘記："本書卷四七《唐末帝紀中》繫其事於清泰二年。"《輯本舊史》卷四五《唐閔帝紀》應順元年（934）正月戊戌條："襄州節度使趙在禮加檢校太尉。"卷四六《唐末帝紀上》清泰元年（934）六月丙戌條："襄州節度使趙在禮加同平章事。"卷四七《唐末帝紀中》清泰二年九月己亥條："以襄州節度使趙在禮爲宋州節度使。"

[9]鄆州：州名。治所在今山東東平縣。　檢校太師：官名。爲散官或加官，以示恩寵，無實際職掌。太師，與太傅、太保並爲三師。　侍中：官名。秦始置。隋、唐前期爲門下省長官。唐後期多爲大臣加銜，不參與政務，實際職務由門下侍郎執行。正二品。

[10]天福：五代後晉高祖石敬瑭年號（936—942）。出帝石重貴沿用至九年（944）。後漢高祖劉知遠繼位後沿用一年，稱天福十二年（947）。　許州：州名。治所在今河南許昌市。

[11]徐州：州名。治所在今江蘇徐州市。　"高祖登極"至"進封楚國公"：《輯本舊史》卷七六《晉高祖紀二》天福二年（937）正月丙寅條："歸德軍節度使趙在禮並加食邑實封，改功臣名號。"卷七七《晉高祖紀三》天福三年四月甲午條："歸德軍節度使趙在禮並加兼侍中。"同年十一月丙辰條："歸德軍節度使趙在禮

改天平軍節度使。”據此，在禮“兼侍中”在“移鎮鄆州”之前。《輯本舊史》卷七八《晋高祖紀四》天福四年三月己未條：“天平軍節度使趙在禮封衛國公。”卷八〇《晋高祖紀六》天福六年七月癸亥條：“以前鄆州節度使趙在禮爲許州節度使。”卷八一《晋少帝紀一》天福八年四月庚戌條：“以許州節度使趙在禮爲徐州節度使。”《新五代史》卷四九《皇甫暉傳》：“晋天福中，以衛將軍居京師。在禮已秉旄節，罷鎮來朝，暉往候之曰：‘與公俱起甘陵，卒成大事，然由我發也，公今富貴，能卹我乎？不然，禍起坐中！’在禮懼，遽出器幣數千與之，而飲以酒，暉飲自若，不謝而去。”《宋本册府》卷六八八《牧守部·薦賢門》：“趙在禮天福中爲宋州節度使，奏薦前秦州節度推官李毅，乞除一官，尋授監察御史。”

開運元年，以契丹爲患，少帝議北征。[1]八月朔，降制命一十五將，以在禮爲北面行營馬步都虞候。[2]十一月，改行營副都統，都虞候如故。[3]受詔屯澶州，再除兗州節度使，依前副都統。[4]三年正月，授晋昌軍節度使。[5]時少帝爲其子延煦娶在禮女爲妻，禮會之日，其儀甚盛，京師以爲榮觀。[6]五月，進封秦國公，累食邑至一萬三千户，實封一千五百户。

[1]開運：後晋出帝石重貴年號（944—946）。　契丹：部族名、政權名。公元 4 世紀中葉宇文部爲前燕攻破，始分離而成單獨的部落，自號契丹。唐貞觀中，置松漠都督府，以其首領爲都督。唐末强盛，916 年迭剌部耶律阿保機建立契丹國（遼）。先後與五代、北宋並立，遼天祚帝保大五年（1125）爲金所滅。參見張正明《契丹史略》，中華書局 1979 年版。　少帝：即唐哀帝李柷。唐昭宗之子。904 年至 907 年在位，年號天祐。爲朱温所殺。紀見《舊

唐書》卷二〇下、《新唐書》卷一〇。

　　[2]"開運元年"至"以在禮爲北面行營馬步都虞候"：《輯本舊史》卷八三《晋少帝紀三》開運元年（944）八月辛丑條："命十五將以禦契丹……徐州節度使趙在禮充馬步軍都虞候。"

　　[3]行營副都統：官名。唐末設諸道行營都統、副都統，作爲各道出征兵士的正、副統帥。　　十一月，改行營副都統：《輯本舊史》卷八三繫此事於開運元年十月庚戌條："以徐州節度使、北面行營馬步都虞候趙在禮爲北面行營副都統。"《新五代史》卷九《晋本紀》同。

　　[4]澶州：州名。唐、五代初，治所在今河南清豐縣。後晋高祖天福四年（939），移治於今河南濮陽縣。

　　[5]晋昌軍：方鎮名。治所在京兆府（今陝西西安市）。後晋改永平軍置，後漢改爲永興軍。　　"受詔屯澶州"至"授晋昌軍節度使"：《通鑑》卷二八四開運元年閏十二月丁酉條："契丹復大舉入寇，盧龍節度使趙延壽引兵先進。契丹前鋒至邢州，順國節度使杜威遣使間道告急。帝欲自將拒之，會有疾，命天平節度使張從恩、鄴都留守馬全節、護國節度使安審琦會諸道兵屯邢州，武寧節度使趙在禮屯鄴都。"《輯本舊史》卷八三開運二年正月己亥條："人情震恐，趙在禮還屯澶州。"同年四月庚寅條："徐州趙在禮移鎮兗州。"卷八四《晋少帝紀四》開運三年正月辛亥條："以兗州節度使趙在禮爲晋昌軍節度使。"《宋本册府》卷四一二《將帥部·仁愛門》："晋趙在禮爲晋昌節度使，或賑人之急，時論賞之。"卷四一三《將帥部·禮賢門》："趙在禮爲晋昌節度使，好延士大夫。"

　　[6]延煦：人名。即石延煦。後晋出帝之子。傳見本書卷八七、《新五代史》卷一七。　　"時少帝爲其子延煦娶在禮女爲妻"至"京師以爲榮觀"：《通鑑》卷二八五開運三年三月庚申條："晋昌節度使兼侍中趙在禮，更歷十鎮，所至貪暴，家貲爲諸帥之最。帝利其富，三月，庚申，爲皇子鎮寧節度使延煦娶其女。在禮自費繒錢十萬，縣官之費，數倍過之。"《輯本舊史》卷八四《晋少帝紀

四》開運三年四月戊寅條："皇子延煦與晉昌軍節度使趙在禮結婚，命宗正卿石光贊主之。"《新五代史》卷一七《石延煦傳》："是時，河北用兵，天下旱蝗，民餓死者百萬計，而諸鎮爭爲聚斂，趙在禮所積鉅萬，爲諸侯王最。出帝利其貨，乃以延煦娶在禮女，在禮獻絹三千匹，前後所獻不可勝數。三年五月，遣宗正卿石光贊以聘幣一百五十床迎于其第，出帝宴在禮萬歲殿，所以賜予甚厚，君臣窮極奢侈，時人以爲榮。在禮謂人曰：'吾此一婚，其費十萬。'"

　　在禮歷十餘鎮，善治生殖貨，積財鉅萬，兩京及所蒞藩鎮，皆邸店羅列。在宋州日，值天下飛蝗爲害，在禮使比戶張幡幟，鳴鼙鼓，蝗皆越境而去，人亦服其智焉。凡聚斂所得，唯以奉權豪、崇釋氏而已。[1]及契丹亂華，自鎮赴闕，時契丹首領、奚王拽剌等在洛下，在禮望塵致敬，蕃酋等倨受其禮，加之凌辱，邀索貨財，在禮不勝其憤。[2]行至鄭州，泊於逆旅，聞同州劉繼勳爲虜所鎖，大驚。[3]丁未歲正月二十五日夜，以衣帶就馬櫪自絞而卒，年六十六。[4]漢高祖即位，贈中書令。[5]

　　[1]"在禮歷十餘鎮"至"崇釋氏而已"：亦見明本《冊府》卷四五五《將帥部·貪黷門》。

　　[2]拽剌：人名。又名素姑。五代奚族部落聯盟首領。前首領掃剌之子。後唐明宗天成四年（929），父死代立。清泰三年（936），欲背後唐投契丹，得後唐末帝李從珂撫慰。年底，後唐亡。次年二月，降契丹。事見本書本卷。

　　[3]鄭州：州名。治所在今河南鄭州市。行至鄭州，《宋本冊府》卷九五三《總錄部·困辱門》作"行至鄆州"，按鄆州在汴州之東北，自洛陽至汴州無繞道鄆州之理，作"行至鄆州"誤。

[4]年六十六：《輯本舊史》之原輯者案語：“《歐陽史》作六十二。”見《新五代史》卷四六《趙在禮傳》。此段亦見《宋本册府》卷九〇九《總録部·憂懼門》、卷九五三《總録部·困辱門》。

“及契丹亂華”至“年六十六”：“亂華”《輯本舊史》原作“入汴”，“蕃酋”原作“首領”，“爲虜所鎖”之“虜”原作“契丹”，乃《輯本舊史》忌清諱而改，據《宋本册府》卷九五三回改。《通鑑》卷二八六天福十二年（947）正月癸丑條：“晋昌節度使趙在禮入朝，其裨將留長安者作亂，節度副使建人李肅討誅之，軍府以安。”同月乙卯條：“趙在禮至洛陽，謂人曰：‘契丹主嘗言莊宗之亂由我所致。我此行良可憂。’契丹遣契丹將述軋、奚王拽刺、勃海將高謨翰戍洛陽，在禮入謁，拜於庭下，拽刺等皆踞坐受之。乙卯，在禮至鄭州，聞繼勳被鎖，大驚，夜，自經於馬櫪間。契丹主聞在禮死，乃釋繼勳，繼勳憂憤而卒。”

[5]漢高祖：即後漢高祖劉知遠。紀見本書卷九九、卷一〇〇及《新五代史》卷一〇。　中書令：官名。漢代始置，隋、唐前期爲中書省長官，屬宰相之職；唐後期多爲授予元勳大臣的虚銜。正二品。　漢高祖即位贈中書令：《輯本舊史》卷一〇〇《漢高祖紀下》繫此事於天福十二年閏七月壬申條：“故晋昌軍節度使趙在禮贈中書令。”

在禮凡四子，雖歷内職，皆早卒。孫延勳，仕皇朝，歷岳、蜀二州刺史。[1]《永樂大典》卷一萬八千一百三十。[2]

[1]岳：州名。治所在今湖南岳陽市。　蜀：州名。治所在今四川崇州市。　刺史：官名。漢武帝時始置。州一級行政長官，總掌考覈官吏、勸課農桑、地方教化等事。唐中期以後，節度、觀察使轄州而設，刺史爲其屬官，職任漸輕。從三品至正四品下。

[2]《大典》卷一八一三〇"將"字韻"後晉將（一）"事目。《輯本舊史》在此後録《五代史補》："趙在禮之在宋州也，所爲不法，百姓苦之。一旦下制移鎮永興，百姓欣然相賀，曰：'此人若去，可爲眼中拔釘子，何快哉！'在禮聞之怒，欲報'拔釘'之謗，遽上表更求宋州一年，時朝廷姑息勳臣，詔許之。在禮於是命吏籍管內户口，不論主客，每歲一千，納之於家，號曰'拔釘錢'，莫不公行督責，有不如約，則加之鞭朴，雖租賦之不若也。是歲獲錢百萬。"見《五代史補》卷三趙在禮拔釘錢條。亦見《新五代史》卷四六《趙在禮傳》。

馬全節

馬全節，字大雅，魏郡元城人也。[1]父文操，本府軍校，官至檢校尚書左僕射，以全節之貴，累贈太師。[2]全節少從軍旅，同光末，爲捉生指揮使。[3]趙在禮之據魏州也，爲鄴都馬步軍都指揮使。[4]唐明宗即位，授檢校司空，歷博、單二州刺史。[5]天成三年，賜竭忠建策興復功臣，移刺鄆州。[6]長興初，就加檢校司徒，在郡有政聲，俄授河西節度使。[7]時明宗命高祖伐蜀，師次岐山，全節赴任及之，具軍容謁於轅門，高祖以地理隔越，乃奏還焉，移沂州刺史。[8]

[1]元城：縣名。治所在今河北大名縣。

[2]檢校尚書左僕射：官名。尚書左僕射，隋唐宰相名號。檢校尚書左僕射爲散官或加官，以示恩寵，無實際職掌。　太師：官名。與太傅、太保合稱"三師"，唐後期、五代多爲大臣、勳貴加官。正一品。　"父文操"至"累贈太師"：《新輯會證》本傳録

《馬文操神道碑》，可參見。

[3]同光末：《新五代史》卷四七《馬全節傳》作"同光中"。捉生指揮使：官名。所部統兵將領。"捉生"爲部隊番號。

[4]馬步軍都指揮使：官名。唐末、五代行軍統兵主帥。詳見杜文玉《晚唐五代都指揮使考》，《學術界》1995年第1期。

[5]唐明宗：原作"唐莊宗"，中華書局本據浙江本、宗文本改，今從。　檢校司空：官名。爲散官或加官，以示恩寵，無實際職掌。司空，與太尉、司徒並爲三公。　博：州名。治所在今山東聊城市。　單：州名。治所在今山東單縣。

[6]郢州：州名。治所在今湖北鍾祥市。

[7]長興：後唐明宗李嗣源年號（930—933）。　檢校司徒：官名。爲散官或加官，以示恩寵，無實際職掌。　河西：方鎮名。治所在涼州（今甘肅武威市）。

[8]岐山：縣名。治所在今陝西寶雞市。　轅門：軍營大門。沂州：州名。治所在今山東臨沂市。

清泰初，爲金州防禦使。[1]會蜀軍攻其城，州兵纔及千人，兵馬都監陳隱懼，託以他事出城，領三百人順流而逸，賊既盛，人情憂沮。[2]全節悉家財以給士，復出奇拒戰，以死繼之。[3]賊退，朝廷嘉其功，詔赴闕，將議賞典。時劉延朗爲樞密副使，邀其厚賄，全節無以賂之，謂全節曰："絳州闕人，請事行計。"[4]全節不樂，告其同輩，由是衆口諠然，以爲不當，皇子重美爲河南尹，聞而奏焉。[5]清泰帝召全節謂曰："滄州乏帥，欲命卿制置。"[6]翼日，授橫海軍兩使留後。[7]

[1]金州：州名。治所在今陝西安康市。　防禦使：官名。唐

代始置，設有都防禦使、州防禦使兩種。常由刺史或觀察使兼任，實際上爲唐代後期州或方鎮的軍政長官。　清泰初，爲金州防禦使：《舊五代史考異》：“《歐陽史》作明宗時，爲金州防禦史，與《薛史》先後互異。”見《新五代史》卷四七《馬全節傳》。明本《册府》卷六九四《牧守部·武功門二》作“全州”，誤。

[2]會蜀軍攻其城，州兵纔及千人：《舊五代史考異》：“《歐陽史》作州兵纔數百。”見《新五代史·馬全節傳》。“城州”明本《册府》卷六九四作“州城”。　領三百人順流而逸：“逸”明本《册府》作“逃”。中華書局本有校勘記：“‘三’，原作‘二’，據殿本、劉本、《册府》卷六九四、《通鑑》卷二七九改。”　兵馬都監：官名。唐代中葉命將出征，常以宦官爲監軍、都監。後爲臨時委任的統兵官，稱都監、兵馬都監。掌屯戌、邊防、訓練之政令。

[3]全節悉家財以給士：明本《册府》卷六九四作“全節悉出家財以給士”。　《輯本舊史》卷四七《唐末帝紀中》清泰二年(935)七月丁酉條：“西京弓弩指揮使任漢權奏，六月二十一日與川軍戰於金州之漢陰，王師不利，其部下兵士除傷痍外，已至鳳翔。先是，鰲屋鎮將劉贇引軍入川界，爲蜀將全師郁所敗。金州都監崔處訥重傷，諸州屯兵潰散。金州防禦使馬全節收合州兵，固守獲全。”《通鑑》卷二七九清泰二年九月戊寅條：“蜀金州防禦使全師郁寇金州，拔水寨。城中兵纔千人，都監陳知隱託他事將兵三百沿流遁去。防禦使馬全節罄私財以給軍，出奇死戰，蜀兵乃退。戊寅，詔斬知隱。”

[4]劉延朗：人名。宋州虞城（今河南虞城縣）人。後唐大臣。傳見本書卷六九、《新五代史》卷二七。　樞密副使：官名。樞密院副長官。　絳州：州名。治所在今山西新絳縣。

[5]重美：人名。即李重美。後唐廢帝李從珂之子。傳見本書卷五一、《新五代史》卷一六。

[6]清泰帝：即後唐廢帝李從珂。

[7]橫海軍：方鎮名。治所在滄州（今河北滄縣舊州鎮）。

翼日，授横海軍兩使留後：《輯本舊史》卷四七清泰二年十一月乙
卯條：“以前金州防禦使馬全節爲滄州留後。”

　　高祖即位，加檢校太保，正授旄節。[1]天福五年，
授檢校太傅，移鎮安州。[2]時李金全據州叛，引淮軍爲
援，因命全節將兵討平之，以功加檢校太尉，改昭義軍
節度、澤潞遼沁等州觀察處置等使。[3]六年秋，移鎮邢
州，加同中書門下平章事。[4]安重榮之叛也，授鎮州行
營副招討兼排陣使，與重榮戰於宗城，大敗之。[5]鎮州
平，加開府儀同三司，充義武軍節度、易定祁等州觀察
處置、北平軍等使。[6]八年秋，丁母憂，尋起復焉。[7]屬
契丹侵寇，加之蝗旱，國家有所徵發，全節朝受命而夕
行，治生餘財，必充貢奉。[8]

　　[1]高祖即位，加檢校太保，正授旄節：《輯本舊史》卷七六
《晋高祖紀二》天福二年（937）二月甲辰條：“以滄州留後馬全節
爲橫海軍節度使。”
　　[2]檢校太傅：官名。爲散官或加官，以示恩寵，無實際職掌。
安州：州名。治所在今湖北安陸市。
　　[3]李金全：人名。吐谷渾族。早年爲後唐明宗李嗣源奴僕，
驍勇善戰，因功升遷。後晋時封安遠軍節度使，後投奔南唐。傳見
本書卷九七、《新五代史》卷四八。　昭義軍：方鎮名。治所在潞
州（今山西長治市）。　澤：州名。治所在今山西澤州縣。　潞：
州名。治所在今山西長治市。　遼：州名。治所在今山西左權縣。
沁：州名。治所在今山西沁源縣。　觀察處置使：官名。即觀察
使之全稱。唐代後期出現的地方軍政長官。唐玄宗開元二十一年
（733）置十五道採訪使，唐肅宗乾元元年（758）改爲觀察使。無

旌節，地位低於節度使。掌一道州縣官的考績及民政。　　"天福五年"至"澤潞遼沁等州觀察處置等使"：《輯本舊史》卷七九《晉高祖紀五》天福五年四月庚戌條："以滄州節度使馬全節爲安州節度使。"同年五月丙戌條："安州節度使李金全叛，詔新授安州節度使馬全節以洛、汴、汝、鄭、單、宋、陳、蔡、曹、濮十州之兵討之。"明本《册府》卷一二三《帝王部・征討門三》亦作以十州之兵討李金全，較《輯本舊史》無單州，多鄆州；《通鑑》卷二八二作以十二州之兵，較《輯本舊史》多申、唐二州；《宋本册府》卷一六六《帝王部・招懷門四》亦作以十二州之兵，較《通鑑》無單州，多鄆州。亦見《宋本册府》卷三六〇《將帥部・立功門》。《輯本舊史》卷七九《晉高祖紀五》天福五年五月甲辰條："馬全節自應山縣進軍於大化鎮。"同月戊申條："與鄂州賊軍陣於安陸之南，三戰而後克之，斬首三千級，生擒千餘人。供奉官安友謙登鋒力戰，奮不顧身。全節賞其忠勇，使馳獻捷書，暍死於路。"《舊五代史考異》以此爲六月事。同月丁巳條："淮夷僞校李承裕率衆掠城中資貨而遁，馬全節入城撫其遺民，遣安審暉率兵以逐承裕，擒而斬之。執其僞都監杜光鄴及淮南軍五百餘人，露布獻於闕下。"《新五代史》卷八《晉本紀》天福五年六月癸卯條："李昇遣其將李承裕入于安州，金全奔于唐，安遠軍節度使馬全節及承裕戰，敗之。"同月丁巳條："克安州，承裕奔于雲夢，全節執而殺之。"《通鑑》卷二八二天福五年六月甲辰條："馬全節自應山進軍大化鎮，與承裕戰于城南，大破之。承裕掠安州南走，全節入安州。"同月丙午條："安審暉追敗唐兵于黃花谷，段處恭戰死。"同月丁未條："審暉又敗唐兵於雲夢澤中，虜承裕及其衆。唐將張建崇據雲夢橋拒戰，審暉乃還。馬全節斬承裕及其衆千五百人于城下，送監軍杜光業等五百七人于大梁。"《輯本舊史》《新五代史》《通鑑》所載互異。《新五代史》卷四七《馬全節傳》："承裕棄城去，審暉追至雲夢，執承裕及其兵二千人，全節斬千五百人，以其餘兵并承裕獻于京師。承裕謂全節曰：'吾掠城中，所得百萬計，將軍皆取之矣。

吾見天子，必訴此而後就刑。’全節懼，因殺承裕，高祖置而不問，徙全節鎮昭義。”

[4]六年秋，移鎮邢州，加同中書門下平章事：《輯本舊史》卷八〇《晉高祖紀六》天福六年七月己巳條：“以昭義節度使馬全節爲邢州節度使，加同平章事。”

[5]安重榮：人名。朔州（今山西朔州市朔城區）人。後唐、後晉將領。傳見本書卷九八、《新五代史》卷五一。　鎮州：州名。治所在今河北正定縣。　副招討：官名。即招討副使。唐德宗貞元末始置招討使。爲戰時權置軍事長官，兵罷則停。其下有副使等。　排陣使：官名。唐節度使所屬武官中有排陣使，後梁時設於諸軍，爲先鋒之職。參見王軼英《中國古代排陣使述論》，《西北大學學報》2010年第6期。　宗城：縣名。治所在今河北威縣。

[6]開府儀同三司：官名。曹魏始置，隋、唐時爲散官之最高官階，多授功勳重臣。從一品。　義武軍：方鎮名。治所在定州（今河北定州市）。　易：州名。治所在今河北易縣。　定：州名。治所在今河北定州市。　祁：州名。治所在今河北無極縣。　觀察處置：官名。即觀察處置使。唐玄宗以後，採訪、觀察、都統等使加“處置”，賦予處理、決斷權。唐玄宗開元二十二年（734）初置採訪處置使，以御史中丞盧絢等爲之，唐肅宗乾元元年（758）改爲觀察處置使。　北平軍：部隊番號。唐、五代邊軍，天寶後由范陽節度使統領。　“安重榮之叛也”至“北平軍等使”：《輯本舊史》卷八〇天福六年十二月丁亥條：“鎮州節度使安重榮稱兵向闕，以侍衛親軍馬步軍都指揮使杜重威爲北面行營招討使，率兵擊之，以邢州節度使馬全節爲副。”《通鑑》卷二八二繫此事於天福六年十二月壬辰。《輯本舊史》卷八〇天福七年正月戊辰條：“以北面行營副招討使、邢州節度使馬全節爲定州節度使。”

[7]起復：官吏服喪未滿而再起用。

[8]“八年秋”至“必充貢奉”：《通鑑》卷二八三天福八年條：“朝廷以恒、定饑甚，獨不括民穀。順國節度使杜威奏稱軍食

不足，請如諸州例，許之。威用判官王緒謀，檢索殆盡，得百萬斛。威止奏三十萬斛，餘皆入其家；又令判官李沼稱貸於民，復滿百萬斛，來春糶之，得緡錢二百萬，闔境苦之。定州吏欲援例爲奏，義武節度使馬全節不許，曰：‘吾爲觀察使，職在養民，豈忍效彼所爲乎！’”《輯本舊史》卷八二《晋少帝紀二》開運元年（944）正月甲午條：“以北京留守劉知遠爲幽州道行營招討使……定州節度使馬全節爲都虞候。”《新五代史》卷九《晋本紀》開運元年二月癸丑條：“北面行營都虞候馬全節及契丹戰于北平，敗之。”《宋本册府》卷九八七《外臣部·征討門六》：“少帝天福九年，定州節度使馬全節戰契丹於北平，擒千餘人而斬之。”《通鑑》卷二八四開運元年二月戊午條：“詔劉知遠將部兵自土門出恒州擊契丹，又詔會杜威、馬全節於邢州。知遠引兵屯樂平不進。”《輯本舊史》卷八二開運元年三月辛卯條：“定州馬全節攻泰州，拔之，俘其兵士二千人，雜畜戎仗稱是。”《通鑑》卷二八四亦繫此事於開運元年三月辛卯。明本《册府》卷一一八《帝王部·親征門三》晋少帝天福九年三月己未條：“定州節度使馬全節率州兵掠泰州，破白團城，生擒賊軍七百人，獲牛馬千餘及器械八百。”開運元年三月癸酉朔，無己未，二月己未爲十六日。《新五代史》卷九開運元年四月己未條：“馬全節及契丹戰于定豐，敗之。”

開運元年秋，授鄴都留守、檢校太師、兼侍中、廣晋尹、幽州道行營馬步軍都虞候，尋加天雄軍節度使、北面行營副招討使，陽城之戰，甚有力焉。[1] 全節始拜鄴都，以元城是桑梓之邑，具白襴詣縣庭謁拜縣令沈遘，遘逡巡避之，不敢當禮。[2] 全節曰：“父母之鄉，自合致敬，勿讓之也。”州里榮之。二年，授順國軍節度使，未赴鎮卒，年五十五。贈中書令。[3]

[1]尋加天雄軍節度使、北面行營副招討使：中華書局本有校勘記："'節度使'三字原闕，據《册府》卷三六〇補。按《册府》卷九一七：'晋馬全節爲天雄軍節度、北面行營副招討。'"見《宋本册府》卷三六〇《將帥部·立功門》、卷九一七《總錄部·改節門》。《輯本舊史》卷八三《晋少帝紀三》開運元年七月癸酉條："以定州節度使馬全節爲鄴都留守，加兼侍中。"同年十月庚戌條："以……鄴都留守馬全節爲北面行營副招討使。"《通鑑》卷二八四開運元年閏十二月丁酉條："契丹復大舉入寇，盧龍節度使趙延壽引兵先進。契丹前鋒至邢州，順國節度使杜威遣使間道告急。帝欲自將拒之，會有疾，命天平節度使張從恩、鄴都留守馬全節、護國節度使安審琦會諸道兵屯邢州，武寧節度使趙在禮屯鄴都。"《輯本舊史》卷八三開運二年正月己亥條："馬全節歸鄴都。"同月癸卯條："滑州奏，今月二日至四日，相州路烽火不至。"同月乙巳條："詔……馬全節赴相州。"《通鑑》卷二八四開運二年正月壬子條："張從恩、馬全節、安審琦悉以行營兵數萬，陳於相州安陽水之南。"《新五代史》卷九《晋本紀》開運二年正月壬子條："馬全節及契丹戰于榆林，兩軍皆潰。"《通鑑》卷二八四開運二年正月甲寅條："趙延壽與契丹愓隱帥衆踰水，環相州而南，詔右神武統軍張彦澤將兵趣相州。延壽等至湯陰，聞之，甲寅，引還；馬全節等擁大軍在黎陽，不敢追。"同月："北面副招討使馬全節等奏：'據降者言，虜衆不多，宜乘其散歸種落，大舉徑襲幽州。'帝以爲然，徵兵諸道。壬戌，下詔親征。"《輯本舊史》卷八三開運二年二月戊寅條："北面行營副招討使馬全節、行營都監李守貞、右神武統軍張彦澤等以前軍先發。"《通鑑》卷二八四開運二年二月己卯條："馬全節等諸軍以次北上。"《輯本舊史》卷八三開運二年二月辛巳條："詔恒州杜威與馬全節等會合進軍。"《通鑑》卷二八四開運二年二月丙戌條："詔北面行營都招討使杜威以本道兵會馬全節進軍。"《輯本舊史》卷八三開運二年三月乙巳條："杜威奏，與李守貞、馬全節、安審琦、皇甫遇部領大軍赴定州。"明本《册府》卷

一一八《帝王部·親征門》繫此事於開運二年三月甲辰。《新五代史》卷九開運二年三月庚戌條："馬全節克泰州。"《輯本舊史》卷八三開運二年四月庚寅條："鄴都留守馬全節改天雄軍節度使。"《宋本册府》卷九一七："晉馬全節爲天雄軍節度、北面行營副招討，從杜威北討，困於陽城，而贍軍竭其私帑，僅十萬貫。及還任，稍稍聚斂，百姓苦焉，鄉舊有識者非之。"

[2]桑梓之邑：代指故鄉。 遘迍巡避之：中華書局本有校勘記："'遘'字原闕，據《册府》卷三八八、卷七九四補。"見《宋本册府》卷三八八《將帥部·有禮門》、明本《册府》卷七九四《總録部·知禮門》。

[3]順國軍：方鎮名。治所在鎮州（今河北正定縣）。 "二年"至"贈中書令"：《輯本舊史》卷八四《晉少帝紀四》開運二年六月癸酉條："以鄴都留守馬全節爲恒州節度使。"同月己卯條："新授恒州節度使馬全節卒，輟朝，贈中書令。"

全節事母王氏至孝，位歷方鎮，温清面告，畢盡其敬。政事動與幕客謀議，故鮮有敗事。鎮中山日，杜重威爲恒州，[1]奏括境内民家粟，時軍吏引重威例，堅請行之，全節曰："邊民遇蝗旱，而家食方困，官司復擾之，則不堪其命矣。我爲廉察，安忍效尤。"百姓稱其德。

先是，全節自上黨携歌妓一人之中山，館於外舍，有人以讒言中之，全節害之。及詔除恒陽，遇疾，數見其妓，厭之復來。妓曰："我已得請，要公俱行。"全節具告家人，數日而卒。[2]

[1]杜重威：人名。朔州（今山西朔州市朔城區）人。後晉重

要軍政官員。傳見本書卷一○九、《新五代史》卷五二。　恒州：
州名。即鎮州。治所在今河北正定縣。

　　[2]上黨：即潞州。治所在今山西長治市。　“先是”至“數
日而卒”：參見《太平廣記》卷一三○《馬全節婢》，録自《玉堂閒
話》。

　　子令威，歷隰、陳、懷三州刺史，卒。^[1]《永樂大
典》卷一萬八千一百三十。^[2]

　　[1]令威：《宋史》卷二七一有《馬令琮傳》，蓋避後周太祖郭
威諱改。　隰（xí）：州名。治所在今山西隰縣。　陳：州名。治
所在今河南淮陽縣。　懷：州名。治所在今河南沁陽市。
　　[2]《大典》卷一八一三○“將”字韻“後晉將（一）”
事目。

　　張筠　弟籛

　　張筠，海州人也。^[1]父傳古，世爲郡之大商，唐乾
符末，屬江淮俶擾，遂徙家彭門。^[2]時彭門連帥時溥爲
東南面招討使，據有數郡之地，擢筠爲偏將，累有軍
功，奏授宿州刺史。^[3]後溥與梁祖不協，梁人進攻宿州，
下之，獲筠以歸。^[4]梁方圖霸業，以筠言貌辨秀，命爲
四鎮客將，久之，轉長直軍使。^[5]梁革唐命，遷右龍武
統軍，歷客省使、宣徽使，出爲復、商二州刺史，復爲
宣徽使。^[6]梁室割相、澶、衛爲昭德軍，命筠爲兩使
留後。^[7]

[1]海州：州名。治所在今江蘇連雲港市海州區。

[2]俶：人名。即錢俶。原名錢弘俶，錢元瓘第九子，五代十國吳越末代君主。傳見本書卷一三三、《新五代史》卷六七。　彭門：古時徐州別稱。　乾符：唐僖宗李儇年號（874—879）。

[3]時溥：人名。徐州彭城（今江蘇徐州市）人。唐末地方武裝割據，平定了黃巢之亂，後割據徐州。傳見《舊唐書》卷一八二、《新唐書》卷一八八。　招討使：官名。唐始置。戰時任命，兵罷則省。常以大臣、將帥或地方軍政長官兼任。掌招撫討伐等事務。　偏將：即副將，泛指將佐等武官。　宿州：州名。治所在今安徽宿州市。

[4]“時彭門連帥時溥”至“獲筠以歸”：《宋本冊府》卷一八七《閏位部·勳業門五》大順元年（890）四月丙辰條：“宿州小將張筠逐刺史張紹光，擁衆以朋時溥。帝率親軍討之，殺千餘人，筠遂堅守。”同卷大順二年八月己丑條：“帝遣丁會急攻宿州，刺史張筠堅守其壁，會乃率衆於州東築堰，壅汴水以浸其城。”同年十月壬午條：“筠遂降，宿州平。”

[5]客將：官名。亦稱典客。唐末、五代方鎮負責接待賓客、出使等外交職責的武官。品秩詳見吳麗娛《試論晚唐五代的客將、客司與客省》，《中國史研究》2002年第4期。　長直：部隊番號。《新唐書》卷五〇《兵志》：“唐初，兵之戍邊者，大曰軍，小曰守捉，曰城，曰鎮……武德至天寶以前邊防之制，其軍、城、鎮、守捉皆有使。”《通鑑》卷二六五天祐三年（906）四月癸未條：“先是，（史）仁遇求救於河東及滄州，李克用遣其將李嗣昭將三千騎攻邢州以救之。時邢州兵纔二百，團練使牛存節守之，嗣昭攻七日不克。全忠遣右長直都將張筠將數千騎助存節守城，筠伏兵於馬嶺，擊嗣昭，敗之，嗣昭遁去。”《宋本冊府》卷一八七天祐三年四月條：“是時晉人圍邢州，刺史牛存節堅壁固守，帝遣符道昭帥師救之，晉人乃遁去。”未提張筠。《輯本舊史》卷二六《唐武皇紀下》天祐三年正月條：“魏博既殺牙軍，魏將史仁遇據高唐以叛，

遣人乞師于武皇，武皇遣李嗣昭率三千騎攻邢州以應之，遇汴將牛存節、張筠於青山口，嗣昭不利而還。"

[6]右龍武統軍：官名。唐置六軍，分左、右羽林，左、右龍武，左、右神武，即"北衙六軍"。唐德宗興元元年（784），六軍各置統軍，以寵勳臣。五代沿之。其品秩，《唐會要》卷七一《十二衛》、《舊唐書》卷一二《德宗紀上》記載爲"從二品"；《通鑑》卷二二九興元元年正月辛丑條記載爲"從三品"。　客省使：官名。唐代宗時始置，五代沿置。客省長官，掌接待四方奏計及外族使者。　宣徽使：官名。宣徽南院使、北院使通稱宣徽使。復：州名。治所在今湖北天門市。　商：州名。治所在今陝西商洛市商州區。

[7]相：州名。治所在今河南安陽市。　澶：州名。治所在今河南濮陽市。　衛：州名。治所在今河南衛輝市。　昭德軍：方鎮名。治所在相州（今河南安陽市）。　梁室割相、澶、衛爲昭德軍：《輯本舊史》原作"割相衛爲昭德軍"，有原輯者案語："梁割'相、澶'、衛三州爲昭德軍，原本作相、衛，疑有脫誤。"《新五代史》卷三《梁本紀》貞明元年（915）三月丁卯條："平盧軍節度使賀德倫爲天雄軍節度使，分其相、澶、衛州爲昭德軍，宣徽使張筠爲節度使。"亦見《輯本舊史》卷八《梁末帝紀上》同年三月丁卯條、《通鑑》卷二六九同年三月丁卯條。今據此補。

　　唐莊宗入魏，筠委城南歸，授右衛上將軍。[1]會雍州康懷英以病告，詔筠往代之，比至，懷英已卒，因除筠爲永平軍節度使、大安尹。[2]懷英在長安日，家財甚厚，筠盡奪之，復於大內掘地，繼獲金玉。時有涇陽鎮將侯莫陳威，前與溫韜同剽唐氏諸陵，大貯瓌異之物，筠乃殺威而籍其家，遂蓄積巨萬。[3]然性好施，每出，遇貧民於路，則給與口食衣物，境內除省賦外，未嘗聚斂，遂致百姓不撓，十年小康，秦民懷惠，呼爲“佛子”。

[1]右衛上將軍：官名。唐置，掌宮禁宿衛。唐代置十六衛，即左右衛、左右驍衛、左右武衛、左右威衛、左右領軍衛、左右金吾衛、左右監門衛、左右千牛衛，各置上將軍，從二品；大將軍，正三品；將軍，從三品。中華書局本有校勘記：“‘右’，《通鑑》卷二六九《考異》引劉恕廣本作‘左’。按本書卷九《梁末帝紀中》：‘（貞明四年）以左衛上將軍張筠爲權知永平軍節度觀察留後。’”《輯本舊史》卷八《梁末帝紀上》貞明二年（916）七月甲寅條：“晋王自太原至魏州，相州節度使張筠棄城奔京師。”《新五代史》卷三《梁本紀》略同。《通鑑》卷二六九繫此事於貞明二年八月丙午；《輯本舊史》卷二八《唐莊宗紀二》繫此事於天祐十三年八月，卷三五《唐明宗紀》繫此事於天祐十三年四月。《輯本舊史》卷二三《賀瓌傳》：“貞明二年，慶州叛，爲李繼陟所據，瓌以本官充西面行營馬步軍都指揮使兼諸軍都虞候，與張筠破涇、鳳之衆三萬，下寧、衍二州。三年秋，慶州平。”亦見《宋本冊府》卷三八六《將帥部·褒異門十二》賀瓌條。《輯本舊史》卷九《梁末帝紀中》貞明三年十月壬午條：“以權西面行營都監、右武衛上將軍張筠權知商州軍州事。”同卷貞明四年三月壬午條：“以前右武衛上將軍張筠爲左衛上將軍。”《新五代史》卷五〇《王峻傳》：“峻少以善歌事梁節度使張筠。唐莊宗已下魏博，筠棄相州，走歸京師。租庸使趙巖過筠家，筠命峻歌佐酒，巖見而悅之。是時巖方用事，筠因以峻遺巖。”

[2]雍州：地名。即京兆府，治所在今陝西西安市。　康懷英：人名。兗州（今山東濟寧市兗州區）人。唐末、五代將領。本名懷貞，避後梁末帝朱友貞諱改懷英。傳見本書卷二三、《新五代史》卷二二。　永平軍：方鎮名。治所在大安府（今陝西西安市）。

大安：縣名。治所在今陝西西安市。後梁改長安爲大安，後唐復爲長安。 "會雍州康懷英以病告" 至 "因除筠爲永平軍節度使、大安尹"：《輯本舊史》卷九貞明四年六月丙辰條："以左衛上將軍張筠爲權知永平軍節度觀察留後，兼判大安府事。" 同年八月戊辰條："以權知永平軍節度觀察留後、兼判大安府事張筠爲永平軍節度觀察留後，依前兼判大安府事。" 同卷貞明五年四月壬寅條："以永平軍留後兼判大安府事張筠爲永平軍節度使、檢校太保，行大安尹。"

[3]侯莫陳威：人名。或作 "侯莫威"。籍貫不詳。時爲涇陽鎮將。事見本書本卷《張筠傳》。《輯本舊史》原作 "侯莫威"，有原輯者案語："《歐陽史》作 '侯莫陳威'。"見《新五代史》卷四七《張筠傳》。"侯莫陳" 爲姓，見《通志》卷二九《氏族五·代北三字姓》，故補。 溫韜：人名。京兆華原（今陝西銅川市耀州區）人。唐末李茂貞部將，後梁、後唐將領。傳見本書卷七三、《新五代史》卷四〇。

同光中，從郭崇韜爲劍南安撫使，蜀平歸洛，權領河南尹，俄鎮興元，所治之地，咸用前政，上下安之。[1]筠時有疾，軍州官吏久不得見，副使符彥琳等面請問疾，[2]筠又不諾，彥琳等疑其已死，慮左右有謀，遂請權交牌印，筠命左右收彥琳下獄，以叛聞。詔取彥琳等至洛，釋而不問，因授筠西京留守，誘離興元。[3]及至長安，守兵閉門不內，筠束朝於洛，詔遣歸第。[4]

[1]郭崇韜：人名。代州雁門（今山西代縣）人。後唐大臣。傳見本書卷五七、《新五代史》卷二四。 劍南：方鎮名。指劍南東川、劍南西川。簡稱兩川或東、西川。 安撫使：官名。隋代以

安撫大使爲行軍主帥的兼職。唐太宗貞觀初遣大使十三人巡省天下諸州水旱，有安撫、巡撫、存撫等名，多爲安民賑恤而設。唐高宗顯慶四年（659），左驍衛大將軍蘇定方出師西域，充任安撫大使。中唐以後，或以節度使兼任，合軍政民政於一人。　興元：府名。治所在今陝西漢中市。　所治之地：中華書局本有校勘記："句下《册府》卷六七五、《職官分紀》卷三九有‘咸用前政’四字。"見《宋本册府》卷六七五《牧守部·仁惠門》，據補。《輯本舊史》卷三〇《唐莊宗紀四》同光元年（923）十一月辛酉條："以永平軍節度使、行大安尹、檢校太保張筠爲西都留守、行京兆尹。"明本《册府》卷三一《帝王部·奉先門四》唐莊宗同光二年正月甲子條："西都留守張筠奏重修高祖、太宗十聖宮殿。"《輯本舊史》卷三二《唐莊宗紀六》同光二年五月己酉條："以西都留守、京兆尹張筠依前檢校太保，充西都留守。"明本《册府》卷二五《帝王部·符瑞門》唐莊宗同光三年正月條："西都留守張筠奏：‘昭應縣華清宮道士張沖虛狀四聖天尊院枯檜樹重生枝葉，畫圖以進。’"《輯本舊史》卷三三《唐莊宗紀七》同光三年九月庚子條："命大舉伐蜀，詔曰：……今命興聖宮使、魏王繼岌充西川四面行營都統，命侍中、樞密使郭崇韜充西川東北面行營都招討制置等使，荆南節度使高季興充西川東南面行營都招討使，鳳翔節度使李㙈充都供軍轉運應接等使，同州節度使李令德充行營招討副使，陝府節度使李紹琛充行營蕃漢馬步軍都排陣斬斫使，西京留守張筠充西川管內安撫應接使，華州節度使毛璋充行營左廂馬步都虞候，邠州節度使董璋充行營右廂馬步都虞候，客省使李嚴充西川管內招撫使，總領闕下諸軍，兼四面諸道馬步兵士，取九月十八日進發。"《通鑑》卷二七四同光三年閏十二月辛亥條："時成都雖下，而蜀中盜賊群起，布滿山林。崇韜恐大軍既去，更爲後患，命任圜、張筠分道招討，以是淹留未還。"《輯本舊史》卷三四《唐莊宗紀八》同光四年三月甲戌條："西京留守張筠部署西征兵士到京，見於上東門外，晡晚，帝還宮。"卷三六《唐明宗紀二》天成元年（926）五月甲子條："前西都留守、京兆尹張筠加檢校太傅，充山南西道節度使。"

　　[2]符彥琳：人名。陳州宛丘（今河南淮陽縣）人。符存審之子。五代將領。事見本書本卷《張筠傳》、卷一一一《周太祖紀二》。

　　[3]"筠時有疾"至"誘離興元"：《通鑑》卷二七六天成二年十月辛丑條："山南西道節度使張筠久疾，將佐請見，不許。副使符彥琳等疑其已死，恐左右有奸謀，請權交符印；筠怒，收彥琳及判官都指揮使下獄，誣以謀反。詔取彥琳等詣闕，按之無狀，釋之；徙筠爲西都留守。"

　　[4]"及至長安"至"詔遣歸第"：《輯本舊史》之原輯者案語："《歐陽史》作'以爲左驍衛上將軍'。"見《新五代史》卷四七《張筠傳》。《通鑑》卷二七六天成三年二月庚辰條："張筠至長安，守兵閉門拒之；筠單騎入朝，以爲左衛上將軍。"《輯本舊史》卷三九《唐明宗紀五》天成三年二月辛卯條："以山南西道節度使張筠爲左驍衛上將軍。"《宋本册府》卷四八五《邦計部·輸財門》："張筠爲左驍衛上將軍致仕。長興元年十月，進助軍粟五千石。"《新五代史》卷六《唐本紀》繫此事於該年十月甲辰："驍衛上將軍致仕張筠進助軍粟。"《宋本册府》卷九二六《總録部·愧恨門》："張筠前任興元節度使，請歸私第。筠昔在山南，縶其副使判官都校，輒加楚掠，誣其反狀，按之無驗，帝俱釋之。筠知其非，故乞歸私第。"

　　筠前爲京兆尹，奉詔殺僞蜀主王衍，衍之妓樂寶貨，悉私藏於家。[1]及罷歸之後，第宅宏敞，花竹深邃，聲樂飲膳，恣其所欲，十年之內，人謂"地仙"。天福二年，上表乞歸長安，俄而洛下有張從賓之亂，[2]筠獨免其難，人咸謂筠有五福之具美焉。是歲，卒於家。[3]

贈太子太師。[4]弟籛。《永樂大典》卷六千三百五十。[5]

[1]京兆尹：官名。唐玄宗開元元年（713）改雍州置京兆府，治所在今陝西西安市。以京兆尹總其政務。從三品。　王衍：人名。許州舞陽（今河南舞陽縣）人。五代十國前蜀君主，後爲後唐莊宗李存勗所殺。傳見本書卷一三六、《新五代史》卷六三。

[2]長安：《宋本冊府》卷七九〇作“咸陽”。　張從賓：人名。籍貫不詳。後唐、後晉將領。傳見本書卷九七。　俄而洛下有張從賓之亂：《輯本舊史》原無“有”字，據《宋本冊府》卷七九〇《總録部·知幾門二》補。

[3]是歲，卒於家：《輯本舊史》卷七七《晋高祖紀三》天福三年（938）正月壬申條：“前興元節度使張筠卒於西京，輟視朝一日。”

[4]太子太師：官名。與太子太傅、太子太保統稱“太子三師”。隋、唐以後多作加官或贈官。從一品。《輯本舊史》之原輯者案語：“《歐陽史》作‘贈少師’。”見《新五代史》卷四七《張筠傳》。

[5]《大典》卷六三五〇“張”字韻“姓氏（二〇）”事目。

籛，字慕彭，少嗜酒無節，爲鄉里所鄙。唐天復中，兄筠爲大梁四鎮客將，籛自海州省兄，兄薦於兗州連帥王瓚，用爲裨校。[1]籛性桀黠，善事人，累遷軍職。後唐莊宗都洛，筠鎮長安，自衙内指揮使授檢校司空、右千牛衛將軍同正，領饒州刺史、西京管内三白渠營田制置使。[2]

[1]天復：唐昭宗李曄年號（901—904）。　海州：州名。治

所在今江蘇連雲港市海州區。　王瓚：人名。太原祁（今山西祁縣）人。唐河中節度使王重盈之子。後梁將領，官至開封尹。傳見本書卷五九。

[2]衙内指揮使：官名。唐、五代時衙内指揮使爲節度使府衙内之牙將，統最親近衛兵。　右千牛衛將軍：官名。唐置，掌宮禁宿衛。唐代十六衛之一。從三品。　饒州：州名。治所在今江西鄱陽縣。　三白渠：唐關中平原太白、中白、南白三渠的合稱。　營田制置使：官名。簡稱"營田使"。唐置。掌營田事務。

　　同光末，筠隨魏王繼岌伐蜀，奏籛權知西京留守事。蜀平，王衍挈族入朝，至秦川驛，莊宗遣中使向延嗣乘驛騎盡戮王衍之族，所有奇貨，盡歸於延嗣。[1]俄聞莊宗遇内難，繼岌軍次興平，籛乃斷咸陽浮橋，繼岌浮渡至渭南死之，一行金寶妓樂，籛悉獲之。[2]俄而明宗使人誅延嗣，延嗣暗遁，[3]衍之行裝復爲籛有，因爲富家，積白金萬鎰，藏於窟室。明宗即位，籛進王衍犀玉帶各二，馬一百五十匹，魏王打毬馬七十匹，旋除沂州刺史，入爲西衛將軍。[4]

　　[1]秦川驛：地名。唐京兆府驛站。今地不詳。　中使：官名。泛指朝廷派出的使臣。多由宦官擔任。　向延嗣：人名。籍貫不詳。後唐宦官。事見《通鑑》卷二七四。

　　[2]渭南：縣名。治所在今陝西渭南市。　"俄聞莊宗遇内難"至"籛悉獲之"：《通鑑》卷二七五天成元年（926）四月庚子條："魏王繼岌自興平退至武功，宦者李從襲曰：'禍福未可知，退不如進，請王亟東行以救内難。'繼岌從之。還，至渭水，權西都留守張籛已斷浮梁；循水浮渡，是日至渭南，腹心呂知柔等皆已竄

匿。"亦見《宋本册府》卷八一二《總録部·富門》。

　　[3]俄而明宗使人誅延嗣，延嗣暗適：《舊五代史考異》："《九國志》：明宗即位，忿閹豎輩怙勢擅權，先朝使四方及逃遁不出者，皆擒戮之，死者殆盡。"此《考異》中華書局本有校勘記："'朝'原作'勒'，'逃'原作'此'，據《九國志》卷七改。"見《九國志》卷七《焦彥賓傳》。

　　[4]魏王打毬馬七十匹：中華書局本有校勘記："'七十'，本書卷三六《唐明宗紀二》、《册府》卷一六九作'七十二'。"見明本《册府》卷一六九《帝王部·納貢獻門》明宗天成元年（926）五月條。《輯本舊史》卷三六《唐明宗紀二》天成元年五月己未條："西都知府張籛進魏王繼岌打毬馬七十二疋。"同月丁丑條："西都衙内指揮使張籛進納僞蜀主王衍犀玉帶各二條、馬一百五十匹。初，莊宗遣中官向延嗣就長安之殺王衍也，旋屬蕭牆之禍，延嗣藏竄，不知所之，而衍之資裝妓樂並爲籛所有，復懼事泄，故聊有此獻。"《通鑑》卷二七七長興二年（931）三月乙酉條："復以錢鏐爲天下兵馬都元帥、尚父、吳越國王，遣監門上將軍張籛往諭旨，以暴日致仕，安重誨矯制也。"明本《册府》卷八一《帝王部·慶賜門三》後唐末帝清泰元年（934）七月條："詔……密州刺史張籛……敍進爵邑，從恩例也。"

　　高祖即位之明年，加檢校太保，出典密州，未幾，復居環衛。[1]時湖南馬希範與籛有舊，奏朝廷請命籛爲使，允之。[2]籛密齎蜀之奇貨往售，又獲十余萬緡以歸。籛出入以庖者十餘人從行，食皆水陸之珍鮮，厚自奉養，無與爲比。少帝嗣位，詔遣往西蕃，及迴，以其馬劣，爲有司所糾，復當路有不足者，遂有詔徵其舊價。籛上言請貨故京田業，許之，因憤惋成病而卒。[3]

[1]密州：州名。治所在今山東諸城市。

[2]馬希範：人名。許州鄢陵（今河南鄢陵縣）人，一説扶溝（今河南扶溝縣）人。五代十國南楚國主馬殷子。後唐明宗長興三年（932）至後晉出帝開運四年（947）在位。傳見本書卷一三三、《新五代史》卷六六。

[3]詔遣往西蕃：《新五代史》卷四七《張籛傳》：“晋出帝時，以將軍市馬於回鶻。坐馬不中式，有司理其價直，籛性鄙，因鬱鬱而卒。”

籛始在雍州，因春景舒和，出遊近郊，憩於大塚之上，忽有黄雀銜一銅錢置於前而去。未幾，復於衙院晝臥，見二鶯相鬬畢，各銜一錢落於籛首。前後所獲三錢，嘗秘於巾箱，識者以爲大富之徵。其後家雖厚積，性實鄙吝，未嘗與士大夫游處。及令市馬，利在私門，不省咎以輸其直，鬱鬱致死，愚之甚耶！[1]《永樂大典》卷六千三百五十。[2]

[1]“籛始在雍州”至“愚之甚耶”：參見《太平廣記》卷一三八《張籛》，出自《玉堂閒話》。

[2]《大典》卷六三五〇“張”字韻“姓氏（二〇）”事目。

華温琪

華温琪，字德潤，宋州下邑人也。祖楚，以農爲業。父敬忠，後以温琪貴，官至檢校尚書。[1]温琪長七尺餘，唐廣明中，從黄巢爲紀綱，巢陷長安，僞署温琪爲供奉都知。[2]巢敗，奔至滑臺。[3]以形貌魁岸，懼不自容，乃投白馬河下流，[4]俄而浮至淺處，會行人救免；又登桑自經，枝折，墜地不死。夜至胙縣界，有田父見溫琪非常人，遂匿於家。經歲餘，會梁將朱裕爲濮州刺史，召募勇士，溫琪往依之，裕署爲小校，漸升爲馬軍都將。[5]從裕擊秦宗權於曹南有功，奏加檢校太子賓客，梁祖擢爲開道指揮使，加檢校工部尚書，出屯鄜畤。[6]會延州胡璋叛命，來寇郡境，溫琪擊退之。[7]尋奉詔營長安，以功遷絳州刺史。歲餘，刺棣州。[8]溫琪以州城每年爲河水所壞，居人不堪其苦，表請移於便地，朝廷許之。板築既畢，賜立紀功碑，仍加檢校尚書左僕射，[9]繼遷齊州、晋州節度使。[10]

[1]下邑：縣名。治所在今河南夏邑縣。　檢校尚書：官名。爲散官或加官，以示恩寵，無實際職掌。

[2]廣明：唐僖宗李儇年號（880—881）。　黃巢：人名。曹州冤句（今山東菏澤市）人。唐末農民起義領袖。傳見《舊唐書》卷二〇〇下、《新唐書》卷二二五下。　供奉都知：官名。或作"供奉都知官"。此處指黃巢特署親從官之長官。

[3]滑臺：地名。位於今河南滑縣。　"溫琪長七尺餘"至"奔至滑臺"：《宋本册府》卷九四〇《總録部・患難門》："華溫琪年始二十，長七尺餘。唐廣明中，黃巢爲亂，掠爲紀綱。從巢南犯交阯，西陷長安，僞署溫琪供奉都知官。既得志，習平時官者故態，每肩舁出入以自奉，及巢敗，奔至滑臺。"

[4]白馬河：水名。係黃河支流，以流經白馬縣而得名。位於今河南滑縣北。

[5]朱裕：人名。籍貫不詳。事見本書卷一《梁太祖紀一》、《新五代史》卷四七《華溫琪傳》。《輯本舊史》原作"朱友裕"。

中華書局本有校勘記：“‘朱友裕’，《新五代史》卷四七《華溫琪傳》作‘朱裕’。按本書卷一《梁太祖紀一》：‘攻陷濮州，刺史朱裕單騎奔鄆。’《新五代史》卷二一《朱珍傳》：‘又取濮州，刺史朱裕奔于鄆州。’疑即其人。”該校勘記所引之“本書卷一《梁太祖紀》”，並非録自《大典》所輯《舊五代史》，而爲《宋本册府》卷一八七《閏位部·勳業門五》。《宋本册府》此門明言梁太祖親帥兵於光啓三年（887）十月丁未攻陷濮州，刺史朱裕單騎奔鄆，而朱友裕則爲太祖長子，《輯本舊史》卷一二有已經驗證符合原本《舊史》之傳，本無亦不可能有太祖攻友裕、友裕奔鄆之事。朱友裕與朱裕爲兩人。《華溫琪傳》之“朱友裕”爲“朱裕”之誤，故改。下同。　濮州：州名。治所在今山東鄄城縣。　馬軍都將：官名。唐、五代時節度使屬將。執掌騎兵部隊。

[6]秦宗權：人名。河南郡許州（今河南許昌市）人。唐末軍閥。傳見《舊唐書》卷二〇〇下、《新唐書》卷二二五下。　檢校太子賓客：官名。太子賓客爲太子官屬，掌侍從規諫、贊相禮儀。檢校太子賓客爲散官或加官，以示恩寵，無實際職掌。　檢校工部尚書：檢校官名。地方使職帶檢校三公、三師及臺省官之類，表示遷轉經歷和尊崇的地位，檢校兵部尚書爲其中之一階，爲虛銜。鄜畤：地名。秦漢時代設於陝西境内的祭祀地點之一。參見墨默《鄜畤所在考》，《延安大學學報》1984年第2期；楊曙明《秦漢雍畤考》，《西安財經大學學報》2021年第3期。

[7]胡璋：中華書局本有校勘記：本書卷二《梁太祖紀二》、卷一三《楊崇本傳》作‘胡章’。”該校勘記所引之《梁太祖紀二》亦爲《宋本册府》卷一八七，見該門天祐三年（906）十月辛巳記事。

[8]棣州：州名。治所在今山東惠民縣。

[9]“板築既畢”至“檢校尚書左僕射”：《宋本册府》卷六七三《牧守部·褒寵門二》：“作畢，賜立紀功碑，仍加檢校尚書左僕射、開國男，食邑三百户。”

[10]齊州：州名。治所在今山東濟南市。　晋州：州名。治所在今山西臨汾市。　繼遷齊州、晋州節度使：中華書局本有校勘記：“《新五代史》卷四七《華溫琪傳》敘其事作‘歷齊、晋二州’，又《通鑑》卷二六七有晋州刺史華溫琪。按齊州隸天平軍，未嘗升爲節鎮。本卷下文：‘溫琪在平陽日，唐莊宗嘗引兵攻之，踰月不下，梁人賞之，升晋州爲定昌軍，以溫琪爲節度使。’則晋州本因華溫琪城守之功升爲節鎮，此處‘節度使’疑爲‘刺史’之誤。”《通鑑》卷二六七開平四年（910）四月壬申條：“帝以晋州刺史下邑華溫琪拒晋兵有功，欲賞之，會護國節度使冀王友謙上言晋、絳邊河東，乞別建節鎮，壬申，以晋、絳、沁三州爲定昌軍，以溫琪爲節度使。”是開平四年定昌已建節。

溫琪在平陽日，唐莊宗嘗引兵攻之，踰月不下，梁人賞之，升晋州爲定昌軍，以溫琪爲節度使，加檢校太保。既而溫琪臨民失政，嘗掠人之妻，爲其夫所訴，罷，入爲金吾大將軍。[1]時梁末帝方姑息諸侯，[2]重難其命，故責詞云：“若便行峻典，謂予不念功勳；若全廢舊章，謂我不安黎庶。爲人君者，不亦難乎！”溫琪大有愧色。俄轉右監門衛上將軍、右龍武統軍。[3]會河中朱友謙叛，權授溫琪汝州防禦使、河中行營排陣使，尋爲耀州觀察留後。[4]

[1]金吾大將軍：官名。唐置，掌宫禁宿衛。正三品。

[2]梁末帝：即後梁末帝朱友貞。後梁太祖朱溫之子。913年至923年在位。紀見本書卷八至卷一〇、《新五代史》卷三。

[3]右監門衛上將軍：官名。唐置，掌宫禁宿衛。從二品。
“既而溫琪臨民失政”至“右龍武統軍”：明本《册府》卷二〇九

《閏位部·念功門》："華温琪仕梁，爲晋州節度使。温琪在任，違法籍民家財入己，其家訟於朝，制使劾之。伏罪。末帝以先朝草昧之臣，不忍加法，左拾遺李愚堅案其罪。帝詔曰：'朕若不與鞫究，謂予不念赤子；若遂行與憲，謂予不念功臣。爲子君者不亦難乎？其華温琪所受贓宜官給，代還所訟之家。'"《輯本舊史》卷九《梁末帝紀中》貞明三年（917）十二月庚申條："以左金吾衛大將軍、充街使華温琪爲右龍虎軍統軍。"《新五代史》卷四七《華温琪傳》："坐掠部民妻，爲其夫所訟，罷爲金吾衛大將軍、左龍武統軍。"

[4]朱友謙：人名。許州（今河南許昌市）人。朱温養子，唐末、五代軍閥。傳見本書卷六三、《新五代史》卷四五。　汝州：州名。治所在今河南汝州市。　耀州觀察留後：官名。唐、五代時，代行方鎮長官之職者稱留後。代觀察使之職者，即爲觀察留後。掌一州或數州軍政。《通鑑》卷二七一貞明六年九月條："河中兵進攻崇州，静勝節度使温昭圖甚懼。帝使供奉官竇維説之……（維）即教昭圖表求移鎮，帝以汝州防禦使華温琪權知静勝留後。"《輯本舊史》卷一〇《梁末帝紀下》龍德元年（921）二月己未條："以權知静勝軍節度觀察留後、前汝州防禦使華温琪爲静勝軍節度觀察留後，依前檢校太傅。"

　　莊宗入洛，温琪來覲，詔改耀州爲順義軍，復以温琪鎮之，加推忠向義功臣。[1]同光末，西蜀既平，命温琪爲秦州節度使。[2]明宗即位，因入朝，願留闕下，明宗嘉而許之，除左驍衛上將軍，逐月别賜錢粟，以豐其家。[3]踰歲，明宗謂樞密使安重誨曰："温琪舊人，宜選一重鎮處之。"[4]重誨奏以天下無闕。他日又言之，重誨素强愎，對曰："臣累奏未有闕處，可替者，唯樞密院使而已。”明宗曰：“可。”重誨不能答。溫琪聞其事，懼爲權臣所怒，幾致成疾，由是數月不出。俄拜華州節度使，依前光禄大夫、檢校太傅，進封平原郡開國公，累加食邑至三千户。[5]溫琪至任，以己俸補葺祠廟廨舍凡千餘間，復於郵亭創待客之具，華而且固，往來稱之。清泰中，上表乞骸骨歸宋城，制以太子少保致仕。[6]天福元年十二月，終於家，年七十五。詔贈太子太保。《永樂大典》卷一萬八千一百三十。[7]

[1]加推忠向義功臣：中華書局本有校勘記：“‘向’《册府》卷九九作‘尚’。”明本《册府》卷九九《帝王部·推誠門》：“華溫琪爲耀州觀察使留後，莊宗入洛，溫琪入覲，賞曩歲守平陽之功，且無二於梁，所賜甚厚，詔改耀州威勝軍爲順義軍。復以溫琪鎮之，加推忠尚義功臣。”《輯本舊史》卷三一《唐莊宗紀五》同光二年（924）四月甲戌條：“以順義軍留後華溫琪依前檢校太保，充留後。”

[2]秦州：州名。治所在今甘肅天水市。

[3]願留闕下：中華書局本有校勘記：“‘下’字原闕，據《册府》卷五七、卷三八七，《新五代史》卷四七《華溫琪傳》補。”見《宋本册府》卷五七《帝王部·英斷門》、卷三八七《將帥部·褒異門一三》。 左驍衛上將軍：官名。唐置，掌宮禁宿衛。唐代十六衛之一。從二品。

[4]樞密使：官名。樞密院長官。五代時以士人爲之，備顧問，參謀議，出納詔奏，權侔宰相。參見李全德《唐宋變革期樞密院研究》，國家圖書館出版社2009年版。 安重誨：人名。應州（山西應縣）人。後唐大臣。傳見本書卷六六、《新五代史》卷二四。

[5]華州：州名。治所在今陝西渭南市華州區。 光禄大夫：

官名。唐、五代文散官。從二品。　　"明宗即位"至"累加食邑至三千户"：《輯本舊史》卷三九《唐明宗紀五》天成三年（928）正月辛酉條："以左驍衛上將軍華溫琪爲右金吾大將軍。"《通鑑》卷二七六天成三年二月乙未條："秦州節度使華溫琪入朝，請留闕下，帝嘉之，除左驍衛上將軍，月別賜錢穀。歲餘，帝謂重誨曰：'溫琪舊人，宜擇一重鎮處之。'重誨對以無闕。他日，帝屢言之，重誨愠曰：'臣累奏無闕，惟樞密使可代耳。'帝曰：'亦可。'重誨無以對。溫琪聞之懼，數月不出。"《輯本舊史》卷三九天成三年二月甲辰條："以右金吾衛大將軍華溫琪爲左金吾衛大將軍。"卷四二《唐明宗紀八》長興二年（931）十一月庚子條："以左威衛上將軍華溫琪爲華州節度使。"

　　[6]乞骸骨：古代官員請求退休的一種説法。　　宋城：古時商丘別稱。　　太子少保：官名。與太子少師、太子少傅統稱"太子三少"。隋、唐以後多作加官或贈官。從二品。　　致仕：官員告老辭官。　　太子太保：官名。與太子太師、太子太傅統稱"太子三師"。隋、唐以後多作加官或贈官。從一品。　　"清泰中"至"詔贈太子太保"：《輯本舊史》之原輯者案語："《歐史》作以太子太保致仕，卒，贈太子太傅。"見《新五代史》卷四七《華溫琪傳》。《輯本舊史》卷四六《唐末帝紀上》清泰元年六月甲午條："以前華州節度使華溫琪爲太子太傅致仕。"卷七六《晋高祖紀二》天福二年（937）正月庚申條："太子少保致仕華溫琪卒，贈太子太保。"

　　[7]《大典》卷一八一三〇"將"字韻"後晋將（一）"事目。

安崇阮

　　安崇阮，字晋臣，潞州上黨人也。[1]少倜儻，有詞辯，善騎射。父文祐，初爲牙門將。[2]唐中和中，潞州軍校劉廣逐節度使高潯，據其城，僖宗詔文祐平之，既殺劉廣，召赴行在，授邛州刺史。[3]其後孟方立據邢、洺，率兵攻上黨，朝廷以文祐本潞人也，授昭義節度使，令討方立，自蜀至澤州，與方立戰，敗歿於陣。[4]昭宗朝，宰臣崔魏公以文祐歿於王事，薦崇阮於朝，自是累任諸衛將軍。

[1]安崇阮：人名。一作"安重阮"。潞州上黨（今山西長治市）人。後唐、後晉將領。傳見本書本卷。中華書局本有校勘記："原作'安重阮'，據殿本、邵本校、《通鑑》卷二五五《考異》引《薛史·安崇阮傳》及本卷下文改。影庫本批校：安崇阮，'崇'訛'重'。"見《通鑑》卷二五五中和二年（882）末《考異》。　潞州：州名。治所在今山西長治市。　上黨：即潞州，治所在今山西長治市。

[2]初爲牙門將：中華書局本有校勘記："'初'字原闕，據《通鑑》卷二五五《考異》引《薛史·安崇阮傳》補。"

[3]中和：唐僖宗李儇年號（881—885）。《輯本舊史》原作"光啓"。《舊唐書》卷一九下《僖宗紀》中和元年九月條："澤潞高潯牙將劉廣擅還據潞州。是月，潯天井關戍將孟方立率戍卒攻劉廣，殺之。方立遂自稱留後，仍移軍鎮於邢州。"據改。　劉廣：人名。籍貫不詳。唐末將領。事見本書本卷《安崇阮傳》、《通鑑》卷二五五。　高潯：人名。幽州（今北京市）人。高駢從孫。唐末軍閥。事見《通鑑》卷二五一、卷二五四。中華書局本有校勘記："本書卷六二《孟方立傳》、《通鑑》卷二五二、《新唐書》卷九《僖宗紀》敘其事作'高湜'。"　僖宗：即唐僖宗李儇。唐朝第十八位皇帝。873年至888年在位。紀見《舊唐書》卷一九下、《新唐書》卷九。　邛州：州名。治所在今四川邛崍市。

[4]孟方立：人名。邢州平鄉（今河北平鄉縣）人。唐末將

領。傳見《新唐書》卷一八七、本書卷六二、《新五代史》卷四二。　昭義：方鎮名。治所在潞州（今山西長治市）。　澤州：州名。治所在今山西晉城市。

　　梁氏革命，以崇阮明辯，遣使吳越，迴以所獲橐裝，悉充貢奉，梁祖嘉之，故每歲乘軺於江、浙間，及迴，貢獻皆如初。梁末帝嗣位，授客省使，知齊州事。[1]時梁軍與莊宗對壘於河上，冀王友謙以河中叛，末帝使段凝領軍經略蒲、晉，詔崇阮監軍，又知華、雍軍府事。[2]期年，授青州兵馬留後，入爲諸衛上將軍。唐天成中，授黔南節度使、檢校太保，尋移鎮夔州。[3]以蜀寇侵逼，棄城歸闕，改晉州節度使，復爲諸衛上將軍。[4]高祖登極之二年，詔葬梁末帝，以崇阮梁之舊臣，令主葬事。崇阮盡哀致禮，以襄其事，時人義之。[5]五年，以老病請告，授右衛上將軍致仕。開運元年九月，卒於西京。贈太傅。[6]《永樂大典》卷一萬八千三百三十一。[7]

　　[1]梁末帝：人名。即後梁末帝朱友貞，913 年至 923 年在位。紀見本書卷八至卷一〇、《新五代史》卷三。

　　[2]蒲：州名。唐玄宗開元八年（720）改蒲州爲河中府，因地處黃河中游而得名，其後名稱屢有改易。治所在今山西永濟市。

　　[3]黔南：方鎮名。治所在黔州（今重慶彭水苗族土家族自治縣）。　夔州：州名。治所在今重慶奉節縣。　"唐天成中"至"尋移鎮夔州"：《輯本舊史》卷三〇《唐莊宗紀四》同光元年（923）十一月辛酉條："以……權知青州軍州事、檢校司空、左監門上將軍安崇阮，檢校舊官，卻復本任。"卷三四《唐莊宗紀八》

同光四年三月庚辛條：“詔潞州節度使孔勍赴闕，以右龍虎統軍安崇阮權知潞州。”此月《輯本舊史》干支全誤，三月庚辛（十四）誤作庚申，據《二十史朔閏表》回改。卷三六《唐明宗紀二》天成元年（926）六月甲寅條：“以右龍武統軍安崇阮爲晉州留後。”《新五代史》卷八《晉本紀》：“是時，諸侯多不奉法，鄧州陶玘、亳州李鄴皆以贓汙論死，（唐）明宗下詔書褒廉吏普州安崇阮、洺州張萬進、耀州孫岳等以諷天下，而以敬瑭爲首。”此句“普州”當爲“晉州”。《輯本舊史》卷三九《唐明宗紀五》天成三年九月壬午條：“以晉州節度使安崇阮爲左驍衛上將軍。”卷四〇《唐明宗紀六》天成四年正月戊子條：“以左衛上將軍安崇阮爲黔南節度使。”同年五月乙酉條：“以黔州節度使安崇阮爲夔州節度使。”

　　[4]“以蜀寇侵逼”至“復爲諸衛上將軍”：《通鑑》卷二七七長興二年（931）三月壬戌條：“李仁罕至夔州，寧江節度使安崇阮棄鎮，與楊漢賓自均、房逃歸；壬戌，仁罕陷夔州。”《輯本舊史》卷四二《唐明宗紀八》長興二年閏五月庚寅條：“夔州節度使安崇阮棄城歸闕，待罪於閤門，詔釋之。時董璋寇峽內諸州，崇阮望風遁走。”卷四三《唐明宗紀九》長興三年二月庚午條：“以前夔州節度使安崇阮爲右驍衛上將軍。”卷四四《唐明宗紀十》長興四年十月辛酉條：“以左驍衛上將軍安崇阮爲左神武統軍。”

　　[5]“高祖登極之二年”至“時人義之”：《輯本舊史》卷七六《晉高祖紀二》天福二年（937）九月甲寅條：“以右龍武統軍安崇阮爲右衛上將軍。”《通鑑》卷二八一天福二年九月甲寅條：“婁繼英未及葬梁均王而誅死，詔梁故臣右衛上將軍安崇阮與王故妃郭氏葬之。”《新五代史》卷一三《末帝次妃郭氏傳》繫此事於天福三年。

　　[6]太傅：官名。與太師、太保並爲三師。唐後期、五代多爲大臣、勳貴加官。正一品。

　　[7]《大典》卷一八三三一爲“葬”字韻“事韻（七）”事目，與本傳無涉，應爲卷一八一三一“將”字韻“後晉將（二）”

事目。

楊彦詢

楊彦詢，字成章，河中寶鼎人。父規，累贈少師。[1]彦詢年十三，事青帥王師範，[2]有書萬卷，以彦詢聰悟，使掌之。及長，益加親信，常委監護郡兵。及梁將楊師厚降下青州，彦詢隨師範歸命。[3]洎師範見殺，楊師厚領鄴，召置麾下，俾掌賓客。唐莊宗入魏，復事焉。同光元年冬，從平大梁，升爲引進副使，將命西川及淮南稱旨，累遷内職。[4]明宗時，爲客省使、檢校司徒，使兩浙迴，授德州刺史。[5]

[1]寶鼎：縣名。治所在今山西萬榮縣西南。　少師：官名。即太子少師。與太子少傅、太子少保合稱"太子三少"，唐後期、五代多爲大臣、勳貴加官。從二品。

[2]彦詢年十三，事青帥王師範：按《輯本舊史》卷八四《晋少帝紀四》，楊彦詢卒於開運二年（945）十月辛未，年七十四。故彦詢生於唐懿宗咸通十三年（872），其十三歲時正值唐僖宗中和四年（884）。按《輯本舊史》卷一三《王師範傳》，師範於龍紀中始被三軍推舉爲帥，即唐昭宗龍紀元年（889）。故彦詢年十三時，青帥非王師範，而爲其父王敬武，本傳誤。

[3]楊師厚：人名。穎州斤溝（今安徽太和縣阮橋鎮斤溝村）人。唐末、五代將領。傳見本書卷二二、《新五代史》卷二三。青州：州名。治所在今山東青州市。

[4]引進副使：官名。五代置，引進司副長官。協助引進使掌臣僚藩屬進奉禮物事宜。

[5]德州：州名。治所在今山東德州市陵城區。

　　末帝即位，改羽林將軍。[1]時高祖鎮太原，朝廷疑貳，以彦詢沉厚，擇充北京副留守。[2]清泰末，以宋審虔爲北京留守，高祖深懷不足，以情告彦詢。[3]彦詢恐高祖失臣節，乃曰：“不知太原兵甲芻粟幾何，可敵大國否？請明公反覆慮之。”蓋欲迴其意也。高祖曰：“我不忿小人相代，方寸決矣。”彦詢知其不可諫，遂止。左右欲害之，高祖曰：“唯副使一人我自保明，爾勿復言也。”[4]及即位，授齊州防禦使、檢校太保，旋改宣徽使。從高祖入洛，加左驍衛上將軍兼職。[5]

　　[1]羽林將軍：官名。唐代左、右羽林軍統兵官。唐肅宗至德二載（757）置禁軍，也叫神武天騎，分爲左、右神武天騎，左、右羽林及左、右龍武等六軍，稱“北衙六軍”。從二品。

　　[2]擇充北京副留守：《輯本舊史》之原輯者案語：“《歐史》作‘太原節度副使’。”見《新五代史》卷四七《楊彦詢傳》。并州，後唐莊宗同光元年（923）四月建爲西京，同年十一月改曰北都。《新五代史》卷五《唐本紀》同光元年四月己巳條：“以……太原爲西京。”同年十一月乙巳條：“復……太原爲北都。”

　　[3]宋審虔：人名。籍貫不詳。後唐官員。事見本書卷四八、《新五代史》卷二七。

　　[4]“清泰末”至“爾勿復言也”：《通鑑》卷二八〇天福元年（936）五月甲午條：“先是，朝廷疑敬瑭，以羽林將軍寶鼎楊彦詢爲北京副留守，敬瑭將舉事，亦以情告之。彦詢曰：‘不知河東兵糧幾何，能敵朝廷乎？’左右請殺彦詢，敬瑭曰：‘惟副使一人我自保之，汝輩勿言也。’”《新五代史》卷四七：“是時，高祖乞兵於

契丹，契丹耶律德光立高祖于太原，以兵送至河上。彥詢爲宣徽使，數往來虜帳中，德光亦愛其爲人。”

[5]從高祖入洛，加左驍衛上將軍兼職：《輯本舊史》卷七六《晋高祖紀二》天福二年三月己未條：“以宣徽南院使楊彥詢爲左監門衛上將軍，依前充宣徽使。”

天福二年秋，出爲鄧州節度使，[1]歲餘，入爲宣徽使。四年，使於契丹。[2]六年春，授邢州節度使、檢校太傅。[3]時鎮州安重榮有不臣之狀，彥詢憂其窺伺，會車駕幸鄴，表求入覲。高祖慮契丹怒安重榮之殺行人也，移兵犯境，復命彥詢使焉，仍恐重榮要之，由滄州路以入蕃。戎王果怒重榮，彥詢具言非高祖本意，蓋如人家惡子，無如之何。尋聞重榮犯闕，乃放還。[4]七年春，授華州節度使、檢校太尉。在任二年，屬部内蝗旱，道殣相望，彥詢以官粟假貸，州民賴之存濟者甚衆。[5]開運初，以風痺授右金吾衛上將軍，俄卒於官，年七十四。贈太子太師。[6]《永樂大典》卷一萬八千一百三十。[7]

[1]鄧州：州名。治所在今河南鄧州市。　出爲鄧州節度使：《輯本舊史》卷七六《晋高祖紀二》天福二年（937）十月壬午條：“以宣徽南院使、左監門衛上將軍楊彥詢爲鄧州威勝軍節度使。”

[2]四年，使於契丹：《輯本舊史》卷七九《晋高祖紀五》天福五年正月甲戌條：“遣宣徽使楊彥詢使於契丹。”

[3]六年春，授邢州節度使、檢校太傅：中華書局本有校勘記：“本書卷七九《晋高祖紀五》繫其事於天福五年。”《輯本舊史》卷七九天福五年七月甲戌條：“宣徽使楊彥詢加檢校太傅，充安國軍

節度使。”

[4]“高祖慮契丹怒安重榮之殺行人也”至“乃放還”：《通鑑》卷二八二天福六年九月乙亥條：“帝以安重榮殺契丹使者，恐其犯塞，乙亥，遣安國節使楊彦詢使于契丹。彦詢至其帳，契丹責以使者死狀，彦詢曰：‘譬如人家有惡子，父母所不能制，將如之何？’契丹主怒乃解。”同年十二月戊戌條：“契丹聞重榮反，乃聽楊彦詢還。”

[5]“七年春”至“州民賴之存濟者甚衆”：《輯本舊史》卷八〇《晉高祖紀六》天福七年正月戊辰條：“以前邢州節度使楊彦詢爲華州節度使。”卷一四一《五行志·蝗》：“晉天福七年四月，山東、河南、關西諸郡蝗害稼，至八年四月，天下諸州飛蝗害田，食草木葉皆盡。詔州縣長吏捕蝗。華州節度使楊彦詢、雍州節度使趙瑩命百姓捕蝗一斗，以禄粟一斗償之。”

[6]俄卒於官，年七十四。贈太子太師：《輯本舊史》卷八四《晉少帝紀四》開運二年十月辛未條：“右金吾衛上將軍楊彦詢卒，贈太子太師。”

[7]《大典》卷一八一三〇“將”字韻“後晉將（一）”事目。

李承約

李承約，字德儉，薊州人也。[1]曾祖瓊，薊州別駕，贈工部尚書。[2]祖安仁，檀州刺史，贈太子太保。父君操，平州刺史，贈太子少師。[3]承約性剛健篤實，少習武事，弱冠爲幽州牙門校，遷山後八軍巡檢使。[4]屬劉守光凶殺父兄，名儒宿將經事其父兄者多無辜被戮，承約自以握兵在外，心不自安。[5]時屬唐武皇召募英豪，方開霸業，乃以所部二千騎歸於并州，即補匡霸都指揮使、檢校右僕射，兼領貝州刺史。[6]從破夾寨，及與梁人戰於臨清有功，再遷洺、汾二州。[7]莊宗即位，授檢校司空、慈州刺史，爲治平直，移授潁州團練使。[8]天成中，以邠州節度使毛璋將圖不軌，乃命爲涇州節度副使，[9]且承密旨往偵之。既至，以善言諭之，璋乃受代。明宗賞其能，加檢校太保，拜黔南節度使。數年之間，巴、邛蠻蜑不敢犯境，外勸農桑，內興學校，凶邪盡去，民皆感之，故父老數輩重跰詣闕，言其政化。[10]又聽留周歲，徵爲左衛上將軍，自左龍武統軍加特進、檢校太傅，充昭義軍節度使，賜推忠奉節翊戴功臣。[11]歲餘歸朝，復爲左龍武統軍。[12]高祖御宇之二年，授左驍衛上將軍，進封開國公。累上表請老，尋以病卒，時年七十五。贈太子太師。[13]《永樂大典》卷二萬四百二十。[14]

[1]薊州：州名。治所在今天津市薊州區。

[2]工部尚書：官名。尚書省工部主官。掌百工、屯田、山澤之政令。正三品。

[3]檀州：州名。治所在今北京密雲區。　平州：州名。治所在今河北盧龍縣。

[4]幽州：州名。治所在今北京市。　山後八軍：唐末幽州劉仁恭首設於山後地區、具有防禦性質的八個軍鎮，主要防備契丹和河東，爲模擬東北邊的“八防禦軍”而來。詳見李翔《關於五代“山後八軍”的幾個問題》，《中南大學學報》2016年第4期。　巡檢使：官名。唐末、五代置。掌巡邏重鎮、要地。

[5]名儒宿將經事其父兄者多無辜被戮，承約自以握兵在外：中華書局本有校勘記云，“其”字、“承約”二字原闕，據《册府》

卷七六六補。見《宋本册府》卷七六六《總録部·攀附門二》。

　　[6]檢校右僕射：官名。爲散官或加官，以示恩寵，無實際職掌。　　"時屬唐武皇召募英豪"至"兼領貝州刺史"：中華書局本有校勘記："'騎'字原闕，據《册府》卷七六六補。"《通鑑》卷二六六開平元年（907）四月己酉條："山後八軍巡檢使李承約帥部兵二千奔河東。"又："河東節度使晉王克用以承約爲匡霸指揮使。"

　　[7]臨清：縣名。治所在今河北臨西縣。

　　[8]慈州：中華書局本有校勘記："慈州，殿本作'磁州'。"　　潁州：州名。治所在今安徽阜陽市潁州區。　　團練使：官名。唐代中期以後，於不設節度使的地區設團練使，掌本區各州軍事。

　　[9]乃命爲涇州節度副使：中華書局本有校勘記："'涇州'，《册府》卷六五三、《新五代史》卷四七《李承約傳》同，《通鑑》卷二七五敘其事云：'靜難節度使毛璋驕借不法，訓卒繕兵，有跋扈之志。詔以潁州團練使李承約爲節度副使以察之。'按靜難軍治邠州。"見《宋本册府》卷六五三《奉使部·稱旨門》、《通鑑》卷二七五天成元年（926）十月壬辰條。

　　[10]邛（qióng）：地名。位於今四川西昌市。　　蠻蜑（dàn）：部族名。古時南方少數民族的稱呼。

　　[11]特進：官名。西漢末期始置，授給列侯中地位較特殊者。隋、唐時期，特進爲散官，授給有聲望的文武官員。正二品。

　　[12]"又聽留周歲"至"復爲左龍武統軍"：《輯本舊史》卷四〇《唐明宗紀六》天成四年十月庚子條："以前黔州節度使李承約爲右驍衛上將軍。"明本《册府》卷四九七《邦計部·河渠門》明宗天成四年十二月庚申條："脩雄河北岸，宣差左衛上將軍李承約祭之。"《輯本舊史》卷四二《唐明宗紀八》長興二年（931）八月壬申條："以左龍武統軍李承約爲潞州節度使。"卷四四《唐明宗紀十》長興四年十月辛酉條："以前潞州節度使李承約爲左龍武統軍。"

　　[13]"高祖御宇之二年"至"贈太子太師"：《輯本舊史》卷

七六《晋高祖紀二》天福二年（937）六月丙戌條："以前左龍武統軍李承約爲左驍衛上將軍。"卷七九《晋高祖紀五》天福六年三月乙丑條："左驍衛上將軍李承約卒。"

[14]《大典》卷二〇四二〇爲"稷"字韻"社稷（一）"事目，與本傳無涉，應爲卷一〇四二〇"李"字韻"姓氏（六五）"事目。

陸思鐸

陸思鐸，澶州臨黄人。[1]父再端，贈光禄卿。[2]思鐸有武幹，梁太祖領四鎮，隸於麾下。及即位，授廣武都指揮使，歷突陣、拱辰軍使，積前後戰勳，累官至檢校司徒、拱辰左廂都指揮使，遥領恩州刺史。[3]初，梁軍與莊宗對壘於河上，思鐸以善射，日預其戰。嘗於箭笴之上自鏤其姓名，一日射中莊宗之馬鞍，莊宗拔箭視之，覩思鐸姓名，因而記之。及莊宗平梁，思鐸隨衆來降，莊宗出箭以視之，思鐸伏地待罪，莊宗慰而釋之。尋授龍武右廂都指揮使，加檢校太保。[4]天成中，爲深州刺史，改雄捷右廂馬軍都指揮使。[5]會南伐荆門，思鐸亦預其行。[6]時高季興以舟兵拒王師，思鐸每發矢中敵，則洞胸達腋，由是賊鋒稍挫，不敢輕進，諸軍咸壯之。[7]高祖革命，拜陳州刺史，秩滿，歷左神武、羽林二統軍，[8]出爲蔡州刺史，遇代歸朝。天福八年，以疾卒，時年五十四。思鐸典陳郡日，甚有惠政，常戒諸子曰："我死則藏骨於宛丘，使我棲魂於所治之地。"[9]及卒，乃葬於陳，從其志也。《永樂大典》卷一萬八千一百三十一。[10]

[1]臨黄：縣名。治所在今河南浚縣。

[2]光禄卿：官名。南朝梁武帝天監七年（508）改光禄勳置，隋、唐沿置。掌宫殿門户、帳幕器物、百官朝會膳食等。從三品。

[3]廣武都指揮使：官名。所部統兵將領。“廣武”爲部隊番號。 拱辰軍使：官名。所部統兵將領。“拱辰”爲部隊番號。 遥領：雖居此官職，然實際上並不赴任。 恩州：州名。治所在今廣東陽江市。中華書局本有校勘記：“‘恩州’，原作‘思州’，據殿本、《册府》卷三六〇、《新五代史》卷四五《陸思鐸傳》改。按影庫本批校：‘“思州”應作“恩州”。’”見《宋本册府》卷三六〇《將帥部·立功門一三》。《新五代史》卷四五《陸思鐸傳》：“少事梁爲宣武軍卒，以善射知名。累歷拱辰左廂都指揮使，領恩州刺史。”

[4]思鐸隨衆來降：中華書局本有校勘記：“‘隨衆’，殿本，孔本，《册府》卷四三、卷八四六作‘以例’。”見《宋本册府》卷四三《帝王部·度量門》、卷八四六《總録部·善射門》。《通鑑》卷二七二同光元年（923）十月丙戌條：“帝之與梁戰於河上也，梁拱宸左廂都指揮使陸思鐸善射，常於笴上自鏤姓名，射帝，中馬鞍，帝拔箭藏之。至是，思鐸從衆俱降，帝出箭示之，思鐸伏地待罪，帝慰而釋之，尋授龍武右廂都指揮使。”《宋本册府》卷八四六：“晋陸思鐸……後爲梁州刺史，尤以挽强見稱。”

[5]深州：州名。治所在今河北深州市。 天成中，爲深州刺史：《宋本册府》卷六九五《牧守部·屏盗門》：“陸思鐸爲深州刺史，群盗結聚，與屬邑爲患。思鐸率數十騎朝夕討捕，出必擒獲，境内肅然，百姓賴之。”

[6]荆門：地名。位於今湖北中部。

[7]高季興：人名。原名高季昌，陝州硤石（今河南三門峽

市）人。南平（即荆南）開國君主。傳見本書卷一三三、《新五代史》卷六九。　則洞胸達腋：《輯本舊史》原作“達掖”，據《宋本册府》卷八四六改。

[8]歷左神武、羽林二統軍：中華書局本有校勘記：“本書卷七九《晋高祖紀五》：‘以左神武統軍陸思鐸爲右羽林統軍。’疑‘羽林’前脱‘右’字。”見《輯本舊史·晋高祖紀五》天福五年正月癸巳條。

[9]宛丘：縣名。治所在今河南淮陽縣。

[10]《大典》卷一八一三一“將”字韻“後晋將（二）”事目。

安元信

安元信，朔州馬邑人也。[1]少善騎射。後唐莊宗爲晋王時，元信詣軍門求自效。尋隸明宗麾下，累從明宗征討有功，明宗即位，擢爲捧聖軍使，加檢校兵部尚書。[2]清泰三年，遷雄義都指揮使，受詔屯於代州，太守張朗遇之甚厚，元信亦以兄事之。[3]是歲五月，高祖建義於太原，俄聞北虜有約赴難，[4]元信入説朗曰：“張敬達雖圍太原，[5]而兵尚未合，代郡當雁門之衝，虜至其何以禦？[6]僕觀石令公素長者，舉必成事，若使人道意歸款，俟其兩端，亦求全之上策也。”[7]朗不納，元信悔以誠言之，反相猜忌。尋聞安重榮、安審信相次以騎兵赴太原，元信遂率部曲以歸高祖。[8]高祖見之喜，謂元信曰：“爾覩何利害，背强歸弱？”元信曰：“某非知星識氣，唯以人事斷之。夫帝王者，出語行令，示人以信。嘗聞主上許令公河東一生，今遽改之，是自欺也。且令公國之密親，親尚不能保，肯保天下之心乎！以斯而言，見其亡也，何得爲强也。"高祖知其誠，因開懷納之，委以戎事。高祖即位之元年，授耀州團練使，[9]加檢校太保。四年，入爲右神武統軍，其年八月，復出牧洺州。少帝嗣位，尋遷宿州，九年，罷任來朝。開運初，授復州防禦使。三年，卒于任，年六十三。[10]贈太傅。《永樂大典》卷一萬八千一百三十一。[11]

[1]朔州：州名。治所在今山西朔州市朔城區。　馬邑：縣名。治所在今山西朔州市朔城區東北馬邑村。

[2]捧聖：五代禁軍番號。因全爲騎兵，故又稱"捧聖馬軍"。檢校兵部尚書：官名。爲散官或加官，以示恩寵，無實際職掌。

[3]雄義都指揮使：官名。所部統兵將領。"雄義"爲部隊番號。　代州：州名。治所在今山西代縣。

[4]俄聞北虜有約赴難："北虜"原作"契丹"，因輯者忌清諱而改，今據《宋本册府》卷七九六《總録部·先見門二》回改。

[5]張敬達：人名。代州（今山西代縣）人。後唐將領。傳見本書卷七〇、《新五代史》卷三三。　張敬達雖圍太原："太原"，《宋本册府》卷七九六作"晉陽"。

[6]代郡：郡名。治所在今山西大同市。　雁門：關名。位於今山西代縣西北。　虜至其何以禦："虜"原作"敵"，據《宋本册府》卷七九六回改。

[7]石令公：即石敬瑭。

[8]安審信：人名。沙陀部人。五代將領安審琦從兄。五代後唐至後周將領。傳見本書卷一二三。　尋聞安重榮、安審信相次以騎兵赴太原，元信遂率部曲以歸高祖：《舊五代史考異》："案《通

鑑》云：元信謀殺朗，不克，帥其衆奔審信，審信遂帥麾下數百騎，與元信掠百井奔晉陽。”見《通鑑》卷二八〇天福元年（936）五月戊申條。《輯本舊史》卷四八《唐末帝紀下》清泰三年（938）五月戊申條、卷七五《晉高祖紀一》清泰三年七月條，《宋本冊府》卷八《帝王部‧創業門四》，《通鑑》卷二八〇亦作安元信與安審信同奔晉高祖，入太原。《輯本舊史》卷四八亦繫此事於清泰三年五月戊申；《輯本舊史》卷七五、《宋本冊府》卷八繫此事於清泰三年七月。

[9]耀州：州名。治所在今陝西銅州市耀州區。 授耀州團練使：《宋本冊府》卷七七五《總録部‧幼敏門三》：“安元信幼爲兒童時，嘗與里中同輩戲爲營陣，獨申明進退交擊之勢，宛成部分。邑之耆老有尚懷古者，謂元信父萬金曰：‘此子成人，必達軍旅之事。若賦以壽，則爲將爲侯，爾其志之。’後至耀州團練使。”

[10]復州：州名。治所在今湖北天門市。 “開運初”至“卒于任”：《宋本冊府》卷六七九《牧守部‧廉儉門九》：“安元信，少帝開運二年爲復州防禦使，卒。元信歷數任，皆名郡也，親族嘗謂曰：‘公身俸二千石，鬢有白髮，家無肥美田園，何以爲子孫計？’元信曰：‘吾本無文經武略，遭遇先帝風雲之會，繼提郡印，位在親人，平生之望過矣。每以衣食豐足爲愧，安有積貨治產，欲爲豚犬輩後面，不亦愚乎？’聞者美之。”

[11]《大典》卷一八一三一“將”字韻“後晉將（二）”事目。

張朗

張朗，徐州蕭縣人。[1]父楚，贈工部尚書。朗年十八，善射，膂力過人，鄉里敬憚之，梁祖聞其名，就補蕭縣鎮使，充吾縣都遊奕使，時朗年纔二十三。[2]歲餘，補宣武軍内衙都將，歷洺州步軍、曹州開武、汴州十内衙、鄆州都指揮使。[3]梁末，從招討使段凝襲衛州，下之，遂授衛州刺史。[4]事梁僅三十年，凡有征討，無不預之。同光三年，從魏王繼岌伐蜀，爲先鋒橋道使。[5]明宗朝，歷興、忠、登三州刺史。[6]清泰初，以契丹犯邊，補西北面行營步軍都指揮使，從高祖屯軍於代北，俄兼代州刺史，又改行營諸軍馬步都虞候。[7]高祖建義於太原，遣使以書諭之，朗曰：“爲人臣而有二心可乎!”乃斬其使。泊高祖入洛，領全師朝覲，[8]授貝州防禦使，在任數載。天福五年，除左羽林統軍，六年，授光禄大夫、檢校太傅、慶州刺史。[9]在官二年卒，年七十四。《永樂大典》卷六千三百五十。[10]

[1]蕭縣：縣名。治所在今江蘇蕭縣。

[2]都遊奕使：官名。負責軍事巡邏偵查。充吾縣都遊奕使，《輯本舊史》之原輯者案語：“‘吾縣’二字疑有舛誤。”

[3]宣武軍：方鎮名。治所在汴州（今河南開封市）。　內衙都將：官名。所部統兵將領。　開武：或爲部隊番號。　汴州：州名。治所在今河南開封市。　十內衙：或爲部隊番號。　鄆州：州名。治所在今山東東平縣。

[4]段凝：人名。開封（今河南開封市）人。後梁將領。其妹爲朱溫美人，因其妹而爲朱溫親信。傳見本書卷七三、《新五代史》卷四五。　“梁末”至“遂授衛州刺史”：《通鑑》卷二七一龍德二年（922）八月條：“晋衛州刺史李存儒……專事掊斂……莊宅使段凝與步軍都指揮使張朗引兵夜渡河襲之，詰旦登城，執存儒，遂克衛州。……帝以張朗爲衛州刺史。”亦見《輯本舊史》卷一〇《梁末帝紀下》龍德二年八月條。

[5]先鋒橋道使：官名。掌行軍中道路、橋梁修整。

[6]興：州名。治所在今陝西略陽縣。　忠：州名。治所在今重慶忠縣。　登：州名。治所在今山東蓬萊市。　明宗朝，歷興、忠、登三州刺史：明本《册府》卷一二八《帝王部·明賞門二》明宗天成三年（928）十月：“是月，代州刺史、檢校司空張朗超授檢校太保。”

[7]馬步都虞候：官名。五代侍衛親軍馬步軍統兵官，僅次於馬步軍都指揮使、副都指揮使。

[8]“高祖建義於太原”至“領全師朝覲”：“乃斬其使”，《舊五代史考異》：“《通鑑》云：‘帝以晋安已降，遣使諭諸州，代州刺史張朗斬其使。’蓋晋祖初起，安元信勸朗歸順，不從，至是復斬其使也。”見《通鑑》卷二八〇天福元年（936）閏十一月甲子條。《通鑑》卷二八〇天福元年五月戊申條：“張敬達將兵三萬營於晋安鄉，戊申，敬達奏西北先鋒馬軍都指揮使安審信叛奔晋陽。審信，金全之弟子也，敬瑭與之有舊。先是，雄義都指揮使馬邑安元信將所部六百餘人戍代州，代州刺史張朗善遇之，元信密説朗曰：‘吾觀石令公長者，舉事必成；公何不潛遣人通意，可以自全。’朗不從，由是互相猜忌。元信謀殺朗，不克，帥其衆奔審信，審信遂帥麾下數百騎與元信掠百井奔晋陽。”《輯本舊史》卷四八《唐末帝紀下》亦繫此事於清泰三年（936）五月戊申；《輯本舊史》卷七五《晋高祖紀一》、明本《册府》卷八《帝王部·創業門四》晋高祖條與之異，繫此事於清泰三年七月。《通鑑》卷二八〇天福元年九月條：“契丹主將五萬騎，號三十萬，自揚武谷而南，旌旗不絶五十餘里。代州刺史張朗、忻州刺史丁審琦嬰城自守，虜騎過城下，亦不誘脅。”《輯本舊史》卷四八清泰三年十月戊辰條：“代州刺史張朗超授檢校太保，以其屢殺敵衆，故以是命獎之。”《通鑑》卷二八〇天福元年十二月癸巳條：“張朗將其衆入朝。”

[9]光禄大夫：官名。唐、五代文散官。從二品。　檢校太傅：官名。爲散官或加官，以示恩寵，無實際職掌。　慶州：州名。治

所在今甘肅慶城縣。

[10]《大典》卷六三五〇“張”字韻“姓氏（二〇）”事目。《宋本册府》卷八四七《總録部·勇門》：“張朗，唐昭宗末，徐方亂，盜賊鋒起，剽劫鄉川。朗聚少年數百人，固護親族，隣里賴其保全者甚衆，終於光禄大夫、檢校太傅、慶州刺史。”

李德珫

李德珫，應州金城人。[1]祖晟，父宗元，皆爲邊將。德珫少善騎射，事後唐武皇爲偏校。及從莊宗戰潞州、柏鄉、德勝渡，繼有軍功，累加檢校尚書左僕射，遥食郡俸。[2]天成中，檢校司空，領蔚州刺史。[3]長興元年，授雄武軍節度、秦成階觀察處置等使，加檢校司徒。[4]二年六月，移鎮定州，充北面副招討使。[5]高祖即位，改鎮涇原，及受代歸闕，會高祖幸鄴，授東京留守，加同平章事。[6]少帝嗣位，移廣晉尹，加檢校太師。[7]開運中，再領涇州，以病卒於鎮。[8]德珫幼與明宗俱事武皇，故後之諸將多兄事之，時謂之李七哥。所治之地，雖無殊政，然以寬恕及物，家無濫積，亦武將之廉者。《永樂大典》卷二萬四百二十。[9]

[1]應州：州名。治所在今山西應縣。　金城：縣名。治所在今山西應縣。

[2]柏鄉：地名。位於今河北柏鄉縣。　德勝渡：地名。黄河重要渡口之一。李存勗部將李存審築於黄河津要處德勝口，有南、北二城。南城在今河南濮陽市東南五里，北城即今河南濮陽市。

[3]蔚州：州名。治所在今河北蔚縣。《輯本舊史》卷三八

《唐明宗紀四》天成二年（927）九月乙丑條："以代州刺史李德珫爲蔚州刺史。"

[4]秦：州名。治所在今甘肅秦安縣。　成：州名。治所在今甘肅成縣。　階：州名。治所在今甘肅康縣西。

[5]二年六月，移鎮定州，充北面副招討使：《輯本舊史》卷四二《唐明宗紀八》長興二年（931）六月壬午條："以前秦州節度使李德珫爲定州節度使兼北面行營副招討使。"卷四五《唐閔帝紀》應順元年（934）二月丁酉條："以前定州節度使李德珫爲權北京留守。"同年三月辛亥條："以前定州節度使李德珫爲北京留守，充河東節度使。"卷四七《唐末帝紀中》清泰二年（935）三月丙辰條："以右龍武統軍李德珫爲涇州節度使。"

[6]"高祖即位"至"加同平章事"：《輯本舊史》卷七六《晋高祖紀二》天福二年（937）正月庚午條："涇州節度使李德珫、徐州節度使安彥威……並加食邑實封。"卷七七《晋高祖紀三》天福三年十二月丙子條："以前涇州彰義軍節度使李德珫爲晋州建雄軍節度使，加同平章事。"卷七九《晋高祖紀五》天福五年三月癸酉條："以晋州節度使李德珫爲北京留守。"同卷天福六年五月甲戌條："北京遣牙將劉從以吐渾大首領白承福、念龐里、赫連功德來朝。"《舊五代史考異》："《通鑑》：四月辛巳，北京留守李德珫遣牙校以吐谷渾酋長白承福入朝。《薛史》作五月甲戌，與《通鑑》異。《歐陽史》從《薛史》。"《通鑑》卷二八二天福六年四月辛巳條："北京留守李德珫遣牙校以吐谷渾酋長白承福入朝。"《輯本舊史》卷八〇《晋高祖紀六》天福六年七月己巳條："以北京留守李德珫爲廣晋尹，充鄴都留守。"《通鑑》卷二八二天福六年七月己巳條："帝憂安重榮跋扈，己巳，以劉知遠爲北京留守、河東節度使，復以遼、沁隸河東；以北京留守李德珫爲鄴都留守。"同年十一月庚辰條："以鄴都留守李德珫權東京留守，召鄭王重貴如鄴都。"《輯本舊史》卷八〇天福六年十二月丙戌條："以鄴都留守、廣晋尹李德珫爲開封尹，充東京留守。"

[7]少帝嗣位，移廣晋尹，加檢校太師：《輯本舊史》卷八一《晋少帝紀一》天福七年九月己丑條："以東京留守兼開封尹李德珫爲廣晋尹。"同年十二月丙寅條："宰臣馮道、滑州節度使兼侍衛馬軍都指揮使李守貞、河陽節度使皇甫遇、西京留守安彦威、廣晋尹李德珫，並加爵邑，以山陵充奉之勞也。"同卷天福八年二月癸丑條："以廣晋尹李德珫權鄴都留守。"

[8]涇州：州名。治所在今甘肅涇川縣。　開運中，再領涇州，以病卒於鎮：《輯本舊史》卷八二《晋少帝紀二》天福八年十一月己卯條："以前鄴都留守、廣晋尹李德珫爲涇州節度使。"卷八四《晋少帝紀四》開運三年（946）三月丙申條："以前涇州節度使李德珫爲邠州節度使。"卷八五《晋少帝紀五》開運三年十月丁亥條："邠州節度使李德珫卒，輟朝，贈太尉。"

[9]《大典》卷二〇四二〇爲"稷"字韻"社稷（一）"事目，與本傳無涉，應爲卷一〇四二〇"李"字韻"姓氏（六五）"事目。

田武

田武，字德偉，大名元城人。[1]父簡，累贈右僕射。武少有拳勇，初事莊宗爲小校，歷遷勝節指揮使。[2]明宗登極，轉帳前都指揮使，領澶州刺史。天成二年，改左羽林都指揮使，遥領宜州，充襄州都巡檢使。[3]三年，自汴州馬步軍都指揮使授曹州刺史。[4]長興初，遷齊州防禦使，又移洺州。清泰中，歷成、隴二州，充西面行軍副部署。[5]天福初，授金州防禦使，及金州建節鉞，武丁母憂，乃起復爲節度使。[6]開運元年，移鎮滄州，兼北面行營步軍右廂都指揮使。[7]二年，授寧江軍節度使，充侍衛步軍都指揮使。[8]歲内改昭義軍節度、澤潞等州管内觀察處置等使、潞州大都督府長史、檢校太傅，封雁門郡開國公。[9]未赴任，以疾卒。[10]武出身戎行，性鯁正，御軍治民，咸盡其善。及卒，朝廷惜之，詔贈太尉，輟視朝一日。

[1]大名：府名。治所在今河北大名縣。

[2]勝節指揮使：官名。所部統兵將領。“勝節”爲部隊番號。

[3]宜州：州名。治所在今廣西河池市宜州區。　襄州：州名。治所在今湖北襄陽市。

[4]曹州：州名。治所在今山東曹縣西北。

[5]清泰中：明本《册府》卷八一《帝王部·慶賜門三》：“清泰元年七月，詔……洺州團練使田武……叙進爵邑，從恩例也。”

[6]“天福初”至“乃起復爲節度使”：《輯本舊史》卷七九《晋高祖紀五》天福五年（940）八月庚子條：“以前金州防禦使田武爲金州懷德軍節度使。”

[7]“開運元年”至“兼北面行營步軍右廂都指揮使”：《輯本舊史》原無“步軍”二字，中華書局本有校勘記：“‘行營’下本書卷八三《晋少帝紀三》有‘步軍’二字。”未補。《輯木舊史》卷八三《晋少帝紀三》開運元年（944）八月辛丑條：“命十五將以禦契丹……前金州節度使田武充步軍左廂排陣使。”同年十一月丙戌條：“以前金州節度使田武爲滄州節度使兼北面行營步軍右廂都指揮使。”據補。

[8]寧江軍：方鎮名。治所在夔州（今重慶奉節縣白帝城）。

二年，授寧江軍節度使，充侍衛步軍都指揮使：《新五代史》卷九《晋本紀》開運二年二月己巳條：“幸黎陽，橫海軍節度使田武爲東北面行營都部署，以備契丹。”亦見《輯本舊史》卷八三開運二年二月己巳條。《輯本舊史》卷八四《晋少帝紀四》開運二年五月戊戌條："以滄州節度使田武遥領夔州節度使兼侍衛步軍都指揮使。"夔州此時在後蜀轄區，且任歐陽彬爲節度使，故田武爲遥領，非實授；田武之實職爲侍衛步軍都指揮使。

[9]長史：官名。州府屬官。協助處理州府公務。正四品上至正六品上。 歲内改昭義軍節度：《輯本舊史》卷八四開運二年七月乙未條："以侍衛步軍都指揮使、領夔州節度使田武爲昭義軍節度使。"

[10]未赴任，以疾卒：《輯本舊史》卷八四開運二年八月庚辰條："新授潞州節度使田武卒，輟朝，贈太尉。"

子仁朗、仁遇並歷內職。[1]《永樂大典》卷四千八百六。[2]

[1]子仁朗、仁遇並歷內職：《舊五代史考異》："《宋史》云：仁朗以父任西頭供奉官。"見《宋史》卷二七五《田仁朗傳》。
[2]《大典》卷四八〇六"田"字韻"姓氏（五）"事目。

李承福

李承福，字德華，漢陽人。少寒賤，事元行欽掌皂棧之役，後爲高祖家臣。[1]高祖登極，歷皇城武德宣徽使、左千牛將軍，出爲澶州刺史，遷齊州防禦使、檢校太保。[2]承福性鄙狹，無器局，好察人微事，多所詆訐，雖小過不能恕，工商之業，輿隸之情，官吏之幸，皆善知之，然自任所見，[3]無所準的，故人多薄之。少帝嗣位，授同州節度使，尋卒於鎮。[4]少帝以高祖佐命之臣，聞之嗟歎，賻物加等，輟視朝一日，詔贈太傅。《永樂大典》卷一萬三百八十九。[5]

[1]元行欽：人名。幽州（今北京市）人。後唐將領。傳見本書卷七〇、《新五代史》卷二五。　皂棧：古時馬厩的別稱。

[2]左千牛將軍：中華書局本有校勘記：“《册府》卷七六六作‘左千牛大將軍’。”見《宋本册府》卷七六六《總録部·攀附門二》。《輯本舊史》卷八一《晋少帝紀一》天福七年（942）九月壬寅條：“以澶州防禦使李承福爲宣徽北院使。”同卷天福八年三月庚寅條：“以宣徽北院使李承福爲右武衛大將軍，充宣徽南院使。”據以上及下一校勘記所引《輯本舊史》卷八二《晋少帝紀二》天福八年七月丁亥條，李承福自“出爲澶州刺史”至“授同州節度使”，無“遷爲齊州防禦使、檢校太保”之事，此傳疑有舛誤。

[3]然自任所見：中華書局本有校勘記：“句上《册府》卷六九七有‘雖不欺詐不貪濁’七字。”見《宋本册府》卷六九七《牧守部·苛細門》。

[4]少帝嗣位，授同州節度使，尋卒於鎮：《輯本舊史》卷八二天福八年七月丁亥條：“以宣徽南院使李承福爲同州節度使。”同年十二月癸丑條：“詔河陽節度使符彥卿、宋州節度使高行周、貝州節度使王令温、同州節度使李承福、陳州梁漢璋、亳州李尊、懷州薛懷讓並赴闕，分命使臣諸州郡巡檢，以契丹入寇故也。”卷八三《晋少帝紀三》開運元年七月辛卯條：“同州節度使李承福卒，贈太傅。”

[5]《大典》卷一〇三八九“李”字韻“姓氏（三四）”事目。

相里金

相里金，字奉金，[1]并州人也。性勇悍果敢，能折節下士。唐景福初，武皇始置五院兵，金首預其選。從莊宗攻下夾寨，得補爲小校，後與梁師戰於柏鄉及胡柳陂，以功授黃甲指揮使。[2]同光中，統帳前軍拔中都，賜忠勇拱衛功臣、檢校刑部尚書。二年，自羽林都虞候出爲忻州刺史，[3]凡部曲私屬，皆不令干預民事，但優其瞻給，使分掌家事而已，故郡民安之，大有聲績。應順元年，爲隴州防禦使，會唐末帝起兵於鳳翔，傳檄於鄰道，諸侯無應者，唯金遣判官薛文遇往來計事，末帝深德之。[4]及即位，擢爲陝州節度使，加檢校太保。[5]清泰三年夏，高祖建義於太原，唐末帝發兵來攻，以金爲太原四面步軍都指揮使。[6]高祖即位，移鎮晉州，及受代歸闕，累爲諸衛上將軍，加開府儀同三司，官至檢校太尉，爵列開國公，勳登上柱國，以久居散地，優之故也。[7]天福五年夏，卒於任，贈太師。[8]《永樂大典》卷一萬三百四十一。[9]

[1]字奉金：《輯本舊史》之原輯者案語：“相里金墓碑作字國寶，當得其實。《歐陽史・雜傳》多襲《薛史》原文，與碑異。”

[2]胡柳陂：地名。位於今河南濮陽縣。　“唐景福初”至“以功授黃甲指揮使”：《新五代史》卷四七《相里金傳》：“事晉王爲五院軍隊長。”《宋本册府》卷三九六《將帥部・勇敢門三》：“相里金，初爲唐莊宗親衛小校，後與梁師戰于柏鄉及胡柳陂，襲德勝口，攻廣邊軍，擒元行欽，圍幽州，救慈丘、馮翊，所至登鋒奮武，罕出其右。”

[3]自羽林都虞候出爲忻州刺史：《輯本舊史》之原輯者案語：“《歐陽史》作沂州。”《新五代史・相里金傳》實作忻州。

[4]應順：後唐愍帝（閔帝）李從厚年號（934）。　判官：官

名。爲長官的佐吏，協理政事，或備差遣。　薛文遇：人名。籍貫不詳。後梁大臣。事見本書卷四八《唐末帝紀下》及《通鑑》卷二七九、卷二八〇。

［5］"應順元年"至"加檢校太保"：《通鑑》卷二七九清泰元年（934）二月乙酉條："時潞王使者多爲鄰道所執，不則依阿操兩端，惟隴州防禦使相里金傾心附之，遣判官薛文遇往來計事。"《輯本舊史》卷四六《唐末帝紀上》清泰元年五月戊午條："以隴州防禦使相里金爲陝州節度使。初，帝以檄書告藩鄰，惟金遣判官薛文遇往來計事，故以節鎮獎之。"

［6］以金爲太原四面步軍都指揮使：《輯本舊史》卷四八《唐末帝紀下》繫此事於清泰三年五月乙卯。

［7］爵列開國公：《輯本舊史》之原輯者案語："碑文云：封西河郡開國侯。《薛史》作開國公，未知孰是。《歐陽史》諸臣傳官爵多闕略，無可考證。"　上柱國：官名。北周武帝建德四年（575），置上柱國爲高級勳官。隋唐沿置。五代後唐明宗天成三年（928）詔，今後凡加勳，先自武騎尉經十二轉方授爲上柱國。正二品。

［8］天福五年夏，卒於任，贈太師：《輯本舊史》之原輯者案語："碑文作贈太子太師，與《傳》異。考《晉高祖紀》，五年八月，相里金卒，贈太師。其贈與《傳》同，而其卒在八月，則《傳》中'夏'字疑誤。"《輯本舊史》卷七九《晉高祖紀五》天福五年八月戊午條："左龍武統軍相里金卒，廢朝一日，贈太師。"

［9］《大典》卷一〇三四一"里"字韻"姓氏（二）"事目。《新輯會證》本傳錄《相里金神道碑》文，可參見。

　　史臣曰：在禮之起甘陵也，當鼎革之期，會富貴來逼，既因人成事，亦何足自多。及其仗鉞擁旄，積財敗德，貨之爲累，可不誡乎！全節之佐晉氏也，平安陸之

妖,[1]預宗城之戰，功既茂矣，貴亦宜然。張篤歷事累
朝，享茲介福，蓋近代之幸人也。自溫琪而下，皆服冕
乘軒，苴茅燾土，垂名汗簡，諒亦宜焉。《永樂大典》卷
一萬三百四十一。[2]

[1]平安陸之妖：《輯本舊史》之影庫本粘籤："之妖，原本作
'之禮'，今從《夏文莊集》所引《薛史》改正。"
[2]《大典》卷一〇三四一"里"字韻"姓氏（二）"事目。

舊五代史　卷九一

晋書十七

列傳第六

房知温

　　房知温，字伯玉，兗州瑕丘人也。[1]少有勇力，[2]籍名於本軍，爲赤甲都官健。[3]梁將葛從周鎮其地，選置麾下。[4]時部將牛存節屯於鎮，好捔博，每求辨采者，知温以善博見推，因得侍左右，遂熟於存節。[5]及王師範遣劉鄩據兗州，梁祖命存節將兵討之，知温夕縋出奔，存節喜而納焉。[6]明夜，竊良馬一駟，復入城，鄩乃擢爲裨將。[7]鄩降，隸于同州劉知俊，知俊補爲克和軍使。[8]知俊奔岐，改隸魏州楊師厚，以爲馬鬭軍校，漸升至親隨指揮使，繼加檢校司空。[9]

　　[1]兗州：州名。治所在今山東濟寧市兗州區。　瑕丘：縣名。治所在今山東濟寧市兗州區。

　　[2]少有勇力：《舊五代史考異》：“《玉堂閒話》云：知温少年，與外弟徐某爲盜于兖、鄆之境。”《太平廣記》卷一五八房知温條，録自《玉堂閒話》：“故青帥房公知温，少年與外弟徐褍爲盜於兖、鄆之境，晝則匿於古冢。一夕遇雨未出間，二鬼至。一鬼曰：‘此有節度上主，宜緩之。’與外弟俱聞之。二人相問曰：‘適聞外面語否？’徐曰：‘然。’房曰：‘吾與汝未知孰是，來宵汝當宿於他所，吾獨在此以驗之。’迨夕，二鬼又至。一鬼復曰：‘昨夜貴人尚在矣。’房聞之喜。後果節制數鎮，官至太師、中書令、東平王，則知《晉書》説魏陽元聞鬼以三公呼之，爲不謬矣。”

　　[3]赤甲都：“都”爲軍隊的編制單位，“赤甲”即部隊番號。唐末、五代之際，軍隊中已有都的編制。諸藩鎮所設特種兵和牙兵中就有燕子都、落雁都、廳子都等名。五代時形成爲指揮以下的軍事編制。　官健：唐代軍士名稱。也稱“健兒”“長征健兒”。唐高宗以後，隨着均田制的破壞，府兵無力自備武器資糧。自玄宗開元時起，逐漸改用官給身糧、家糧或者賜與的辦法。自此，戍兵成爲長期服役的職業兵。因資糧兵器由自備而變爲官給，故稱之爲“官健”。

　　[4]葛從周：人名。濮州鄄城（今山東鄄城縣）人。唐末、五代將領。傳見本書卷一六、《新五代史》卷二一。

　　[5]牛存節：人名。青州博昌（今山東博興縣）人。唐末將領。傳見本書卷二二、《新五代史》卷二二。　摴（chū）博：我國古代一種擲骰子決勝負的遊戲。

　　[6]王師範：人名。青州（今山東青州市）人。唐末、五代軍閥。傳見本書卷一三、《新五代史》卷四二。　劉鄩：人名。密州安丘（今山東安丘市）人。唐末、五代將領。傳見本書卷二三、《新五代史》卷二二。　梁祖：即後梁太祖朱温。宋州碭山（今安徽碭山縣）人。後梁開國皇帝。紀見本書卷一至卷七及《新五代史》卷一、卷二。

　　[7]裨將：副將。

[8]同州：州名。治所在今陝西大荔縣。　劉知俊：人名。徐州沛縣（今江蘇沛縣）人。唐末、五代將領。先後隸時溥、朱温、李茂貞、王建。傳見本書卷一三、《新五代史》卷四四。　軍使：官名。掌領本軍軍務，或兼理地方政務。《新唐書》卷五〇《兵志》："唐初，兵之戍邊者，大曰軍，小曰守捉，曰城，曰鎮……武德至天寶以前邊防之制，其軍、城、鎮、守捉皆有使。"

[9]岐：封國名。時鳳翔節度使李茂貞爲岐王，故稱。　魏州：州名。治所在今河北大名縣。　楊師厚：人名。潁州斤溝（今安徽太和縣阮橋鎮斤溝村）人。唐末、五代將領。傳見本書卷二二、《新五代史》卷二三。　以爲馬鬮軍校：中華書局本有校勘記："'馬鬮'，原作'馬步'，據殿本、《新五代史》卷四六《房知温傳》改。影庫本粘籤：'馬步，原本作"馬鬮"，今從《歐陽史》改正。'"軍校，即牙校，爲低級武職。　親隨指揮使：官名。親隨，即親隨部隊。指揮使，爲所部統兵將領。　檢校司空：官名。爲散官或加官，以示恩寵加此官，無實際職掌。司空，與太尉、司徒並爲三公。

　　莊宗入魏，賜姓，名紹英，改天雄軍馬步都指揮使，加檢校司徒、澶州刺史、行臺右千牛衛大將軍。[1]莊宗平梁，歷曹、貝州刺史，權充東北面蕃漢馬步都虞候，遣戍瓦橋關。[2]明宗自鄴入洛，知温與王晏球首赴焉。[3]明宗自總管府署知温滑州兩使留後。[4]天成元年，授兗州節度使。[5]明宗即位，詔充北面招討，屯於盧臺軍。[6]以盧文進來歸，加特進、同平章事，賞招討之功也。[7]

　　[1]莊宗：即後唐莊宗李存勗。沙陀部人。後唐王朝的建立者。

紀見本書卷二七至卷三四及《新五代史》卷四、卷五。　天雄軍：方鎮名。治所在魏州（今河北大名縣）。　馬步都指揮使：官名。即馬步軍都指揮使。五代時侍衛親軍長官，多爲皇帝親信。　檢校司徒：官名。爲散官或加官，以示恩寵，無實際職掌。　刺史：官名。漢武帝時始置。州一級行政長官，總掌考覈官吏、勸課農桑、地方教化等事。唐中期以後，節度、觀察使轄州而設，刺史爲其屬官，職任漸輕。從三品至正四品下。　行臺：官署名。尚書省在京城稱中臺、内臺，在外稱行臺。自魏晋至唐初，天子、大臣在外征討，或置行臺隨軍。　右千牛衛大將軍：官名。唐高宗龍朔二年（662），改右奉宸衛大將軍而置，一員，掌侍衛宮禁及供御兵器儀仗，皇帝受朝之日，備身左右升殿列侍，親射則率屬以從。唐德宗貞元二年（786）添置上將軍前，爲右千牛衛長官。正三品。

[2]曹：州名。治所在今山東曹縣西北。　貝州：州名。治所在今河北清河縣。　馬步都虞候：官名。五代侍衛親軍馬步軍統兵官，僅次於馬步軍都指揮使、副都指揮使。　瓦橋關：唐置。位於今河北雄縣。五代晋初地入契丹。後周顯德六年（959）收復，建爲雄州。與益津、淤口合稱三關。

[3]明宗：即李嗣源。沙陀部人，應州金城（今山西應縣）人。李克用養子，逼宫李存勖後自立爲後唐皇帝。紀見本書卷三五至卷四〇、《新五代史》卷六。　鄴：地名。即鄴都。治所在今河北大名縣。後唐莊宗同光元年（923），改魏州爲興唐府，建號東京，三年改東京爲鄴都。　洛：州名。即洛陽。治所在今河南洛陽市。　王晏球：人名。洛陽（今河南洛陽市）人。五代將領。傳見本書卷六四、《新五代史》卷四六。　明宗自鄴入洛，知温與王晏球首赴焉：《通鑑》卷二七四天成元年（926）三月辛未條："時齊州防禦使李紹虔、泰寧節度李紹欽、貝州刺史李紹英屯瓦橋……嗣源遣使召之。"同月甲申條："李紹虔、李紹英引兵來會。"

[4]總管府：官署名。北周始設，多治於扼要之地，始掌軍政防務，後兼有民政職能。　滑州：州名。治所在今河南滑縣。

[5]天成：後唐明宗李嗣源年號（926—930）。　節度使：官名。唐時在重要地區所設掌握一州或數州軍、民、財政的長官。

[6]招討：官名。唐始置。戰時任命，兵罷則省。常以大臣、將帥或地方軍政長官兼任。掌招撫討伐等事務。　盧臺軍：方鎮名。治所在今天津市寧河區盧臺鎮。參見余蔚《中國行政區劃通史》（遼金卷），復旦大學出版社 2012 年版，第 326 頁。“軍”字原闕。中華書局本據撫州刊本、浙江本、宗文本補，今從。　“天成元年”至“屯於盧臺軍”：亦見《宋本册府》卷三八七《將帥部‧褒異門十三》。《輯本舊史》卷三五《唐明宗紀一》同光四年三月：“既而房知溫、杜晏球自北面相繼而至。”同年四月己丑條：“帝至洛陽，止於舊宅，分命諸將止其焚掠。……時魏王繼岌征蜀未還，帝謂朱守殷曰：‘公善巡撫，以待魏王。吾當奉大行梓宮山陵禮畢，即歸藩矣。’是日，羣臣諸將上牋勸進，帝面諭止之。樞密使李紹宏、張居翰，宰相豆盧革、韋說，六軍馬步都虞候朱守殷、青州節度使符習、徐州節度使霍彦威、宋州節度使杜晏球、兗州節度使房知溫等頓首言曰：‘……今日廟社無依，人神乏主，天命所屬，人何能爭！……願殿下俯徇樂推，時哉無失，軍國大事，望以教令施行。’帝優答不從。”卷三六《唐明宗紀二》天成元年五月丙辰條：“貝州刺史李紹英……等上言，前朝寵賜姓名，今乞還舊。李紹英復曰房知溫。”同月戊午條：“以貝州刺史房知溫爲兗州節度使。”卷三八《唐明宗紀四》天成二年正月癸酉條：“北面副招討房知溫奏，營州界奚陁羅支内附。”《傳》云知溫爲“北面招討”，與《紀》不同。明本《册府》卷四〇一《將帥部‧行軍法門》：“房知溫爲兗州節度使，上言指揮使郭令威擅離本軍，處斬訖。”

[7]盧文進：人名。范陽（今河北涿州市）人。後唐、後晉、吳國、南唐將領。傳見本書卷九七、《新五代史》卷四八。　特進：官名。西漢末期始置，授給列侯中地位較特殊者。隋唐時期，特進爲散官，授給有聲望的文武官員。正二品。　同平章事：官名。全稱“同中書門下平章事”。唐高宗以後，凡實際任宰相之職者，常

在其本官後加"同平章事"的職銜。後成爲宰相專稱。後晋天福五年（940），升中書門下平章事爲正二品。

　　後除烏震爲招討副使，代知温歸鎮。[1]知温怒震遽至，有怨言，因縱博，誘牙兵殺震於席上。[2]會次將安審通保騎軍隔河按甲不動，知温懼不濟，乃束身渡水，復結審通逐其亂軍以奏。[3]時朝廷姑息知温，下詔於鄴，盡殺軍士家口老幼凡數萬，清漳爲之變色。[4]尋詔遣知温就便之鎮，以安反側。俄改徐州節度使，加兼侍中。[5]會朝廷起兵伐高季興，授荆南招討使、知行府事。[6]尋丁母憂，起復雲麾將軍，墨縗即戎，竟無功而還。[7]長興中，節制汶陽。越二年，除平盧軍節度使，累官至開府儀同三司、檢校太師、兼中書令，封東平王，食邑五千户，食實封三百户。[8]天福元年冬十二月辛巳，卒於鎮。贈太尉，歸葬於瑕丘，詔立神道碑。[9]

　　[1]烏震：人名。冀州信都（今河北衡水市冀州區）人。後唐將領。傳見本書卷五九、《新五代史》卷二六。　招討副使：官名。爲招討使副將，多以大臣、將帥或地方軍政長官兼任，掌管鎮壓起義、抗禦外敵、討伐叛亂等事。　後除烏震爲招討副使，代知温歸鎮：《輯本舊史》卷三八《唐明宗紀四》天成二年（927）二月甲辰條："兖州節度使房知温加同平章事。"《通鑑》卷二七五天成二年二月戊子條："以震爲河北道副招討，領寧國節度使，屯盧臺軍。代泰寧節度使、同平章事房知温歸兖州。"

　　[2]牙兵：五代時期藩鎮親兵。參見來可泓《五代十國牙兵制度初探》，《學術月刊》1995年第11期。

　　[3]安審通：人名。代北（今山西代縣）人。唐末、五代軍

閱。事見本書本卷及本書卷三八。

　　［4］"知溫怒震遽至"至"清漳爲之變色"：《通鑑》卷二七五天成二年三月壬申條："房知溫怨震驟來代己，震至，未交印。壬申，震召知溫及諸道先鋒馬軍都指揮使、齊州防禦使安審通博於東寨，知溫誘龍晊所部兵殺震於席上，其衆噪於營外，安審通脱身走，奪舟濟河，將騎兵按甲不動。知溫恐事不濟，亦上馬出門，甲士攬其轡曰：'公當爲士卒主，去欲何之？'知溫紿之曰：'騎兵皆在河西，不收取之，獨有步兵，何能集事！'遂躍馬登舟濟河，與審通合謀擊亂兵，亂兵遂南行。騎兵徐踵其後，部伍甚整。亂者相顧失色，列炬宵行，疲於荒澤，詰朝，騎兵四合擊之，亂兵殆盡，餘衆復趣故寨，審通已焚之，亂兵進退失據，遂潰。其匿於叢薄溝塍得免者什無一二。"《輯本舊史》卷三八天成二年四月辛巳條："房知溫奏：'前月二十一日，盧臺戍軍亂，害副招討寧國軍節度使烏震，尋與安審通斬殺亂兵訖。'"同月庚寅條："詔：'盧臺亂軍龍晊所部鄴都奉節等九指揮三千五百人在營家口骨肉，並可全家處斬。'"

　　［5］徐州：州名。治所在今江蘇徐州市。　侍中：官名。秦始置。隋、唐前期爲門下省長官。唐後期多爲大臣加銜，不參與政務，實際職務由門下侍郎執行。正二品。　俄改徐州節度使，加兼侍中：《輯本舊史》卷三八天成二年四月癸巳條："兗州節度使房知溫加侍中……賞盧臺之功也。"《通鑑》卷二七五天成二年四月癸巳條："朝廷雖知房知溫首亂，欲安反仄，癸巳，加知溫兼侍中。"《輯本舊史》卷三八天成二年七月壬申條："兗州節度使房知溫移鎮徐州。"據此，房知溫加兼侍中在改徐州節度使之前。

　　［6］高季興：人名。原名高季昌。陝州硤石（今河南三門峽市陝州區硤石鄉）人。五代十國南平（即荆南）開國君主。傳見本書卷一三三、《新五代史》卷六九。　招討使：官名。掌招撫討伐等事務。唐德宗貞元始置。戰時任命，兵罷則省。常以大臣、將帥或地方軍政長官兼任。　"會朝廷起兵"至"知行府事"：《輯本

舊史》卷三八天成二年十一月乙卯條：“徐州房知溫來朝。”明本
《册府》卷一一一《帝王部・宴享門》唐明宗天成二年十一月己巳
條：“宴宰臣學士、在京侯伯、親衛將校於玉華殿，勞霍彦威、符
習、房知溫三帥。”《通鑑》卷二七六天成三年九月己亥條：“以武
寧節度使房知溫兼荆南行營招討使，知荆南行府事；分遣中使發諸
道兵赴襄陽，以討高季興。”《輯本舊史》卷三九《唐明宗紀五》
天成三年十一月壬午條：“房知溫奏，荆南高季興卒。”高季興卒
日，《通鑑》卷二七六繫於天成三年十二月丙辰日。

[7]起復：官吏服喪未滿而再起用。　雲麾將軍：官名。南朝
始設，唐、宋爲武散官名。從三品上。　“尋丁母憂”至“竟無
功而還”：明本《册府》卷四三五《將帥部・獻捷門》唐明宗天成
四年正月條：“房知溫攻帥子口白波砦，獻捷於行闕。”

[8]長興：後唐明宗李嗣源年號（930—933）。　汶陽：縣名。
治所在今山東泰安市。　平盧軍：方鎮名。治所在青州（今山東青
州市）。　開府儀同三司：官名。曹魏始置，隋、唐時爲散官之最
高官階，多授功勳重臣。從一品。　檢校太師：官名。爲散官或加
官，以示恩寵，無實際職掌。　中書令：官名。漢代始置，隋、唐
前期爲中書省長官，屬宰相之職；唐後期多爲授予元勳大臣的虛
銜。正二品。　“長興中”至“食實封三百戶”：《輯本舊史》卷
四一《唐明宗紀七》長興元年（930）三月丙子條：“徐州節度使房
知溫移鎮鄆州。”卷四三《唐明宗紀九》長興三年八月己未條：“以
鄆州節度使房知溫兼中書令，移鎮青州。”卷四五《唐閔帝紀》應
順元年（934）正月庚寅條：“青州節度使、檢校太尉、兼中書令房
知溫加檢校太師。”《宋本册府》卷一六九《帝王部・納貢獻門》
唐廢帝清泰元年五月壬戌條：“平盧軍節度使房知溫來朝，及與諸
將歸鎮，宴于長春殿，始奏樂，知溫獻奉數萬計。”明本《册府》
卷一一一繫此事於清泰元年（934）五月壬午。案《輯本舊史》卷
四六《唐末帝紀上》，清泰元年五月庚子朔，無壬午，故宋本“五
月壬午”誤，應從明本《册府》卷一一一作“五月壬戌”。《輯本

《舊史》卷四六清泰元年六月壬申條："青州節度使房知温進封東平王。"

[9]天福：五代後晋高祖石敬瑭年號（936—942）。出帝石重貴沿用至九年（944）。後漢高祖劉知遠繼位後沿用一年，稱天福十二年（947）。　太尉：官名。與司徒、司空並爲三公，唐後期、五代多爲大臣、勳貴加官。正一品。　天福元年冬十二月辛巳，卒於鎮：《輯本舊史》卷七六《晋高祖紀二》天福元年（936）十二月庚子條："青州奏，節度使房知温卒，詔鄆州王建立以所部牙兵往青州安撫。"

　　知温性麤獷，動罕由禮。每迎待王人，不改戎服，寡言笑，多縱左右排辱賓僚，他日知悞，亦無愧色。始與唐末帝嘗失意於杯盤間，以白刃相恐，及末帝即位，知温憂甚，末帝乃封王爵以寧之也。[1]知温徑赴洛陽，申其宿過，且感新恩，末帝開懷以厚禮慰而遣之。[2]及還郡，厚斂不已，積貨數百萬，治第於南城，出則以妓樂相隨，任意所之，曾不以政事爲務。有幕客顔衎者，正直之士也，委曲陳其利病，知温不能用焉。[3]及高祖建義入洛，尚不即進獻，耀兵於牙帳之下，衎正色謂曰："清泰帝富有天下，多力善戰，豈明公之比，而天運有歸，坐成灰燼。今青州遷延不貢，何以求安？千百武夫，無足爲恃，深爲大王之所憂也。"[4]知温遂馳表稱賀，青人乃安。未幾，以沈湎成疾而卒，部曲將吏分其所聚，列爲富室。[5]衎又勸其子彦儒進錢十萬貫，以助國用，朝廷除彦儒爲沂州刺史。[6]其家幸獲保全，皆衎之力也。《永樂大典》卷一萬八千一百三十。[7]

[1]唐末帝：即後唐末帝李從珂。又稱廢帝。鎮州（今河北正定縣）人。後唐明宗養子，明宗入洛陽，他率兵追隨，以功拜河中節度使，封潞王。紀見本書卷四六至卷四八、《新五代史》卷七。

[2]"始與唐末帝嘗失意"至"以厚禮慰而遣之"：《輯本舊史》之原輯者案語："《歐陽史》：廢帝起鳳翔，愍帝出奔，知溫乘間有窺覦之意，司馬李沖請懷表而西以覘之。及沖至京師，廢帝已入立，沖即奉表稱賀，還勸知溫入朝。此事《薛史》不載。"見《新五代史》卷四六《房知溫傳》。亦見明本《册府》卷七二一《幕府部·謀畫門二》李沖條。《通鑑》卷二七九清泰元年（934）五月壬戌條："初，明宗爲北面招討使，平盧節度使房知溫爲副都部署，帝以別將事之，嘗被酒忿爭，拔刃相擬。及帝舉兵入洛，知溫密與行軍司李沖謀拒之，沖請先奉表以觀形勢，還，言洛中已安定。知溫懼，壬戌，入朝謝罪，帝優禮之。知溫貢獻甚厚。"

[3]顔衎：人名。兗州曲阜（今山東曲阜市）人。五代、宋初地方官員、大臣。以行政才幹聞名。傳見《宋史》卷二七〇。《舊五代史考異》："案《宋史·顔衎傳》：喪亂之後，朝綱不振，衎執憲頗有風采，嘗上言：'纔除御史者旋授外藩賓佐，復有以私故細事求假外拜，州郡無參謁之儀，出入失風憲之體，漸恐四方得以輕易，百辟無所準繩。請自今藩鎮幕僚，勿得任臺官，雖親王宰相出鎮，亦不得奏充賓佐；非奉制勘事，勿得出京；自餘不令釐雜務。'詔惟辟召入幕如故，餘從其請。"對《舊五代史考異》所引"詔惟辟召入幕如故"，中華書局本有校勘記："'如故'二字原闕，據《宋史》卷二七〇《顔衎傳》補。"《舊五代史考異》所引《宋史·顔衎傳》前有："開運末，授左諫議大夫，權判河南府，召拜御史中丞。"

[4]清泰帝：即後唐廢帝李從珂。中華書局本有校勘記："'帝'字原闕，據《册府》卷七二五補。"見明本《册府》卷七二五《幕府部·盡忠門》。 青州：州名。治所在今山東青州市。

[5]列爲富室：中華書局本有校勘記："'列'，原作'例'，據

邵本校、《册府》卷七二二改。”見明本《册府》卷七二二《幕府部·裨贊門》。

[6]彦儒：人名。即房彦儒。兗州瑕丘（今山東濟寧市兗州區）人。房知温之子。五代將領。事見本書本卷。　沂州：州名。治所在今山東臨沂市。　衍又勸其子彦儒進錢十萬貫，以助國用，朝廷除彦儒爲沂州刺史：《輯本舊史》之原輯者案語：“《歐陽史》：彦儒獻父錢三萬緡，絹布三萬疋，金百兩，銀千兩，茶千五百斤，絲十萬兩，拜沂州刺史。不言其謀出于顔衍。據《宋史·顔衍傳》：知温諸子不慧，衍勸令以家財十萬餘上進，晉祖嘉之，歸功于衍，知温子彦儒授沂州刺史，衍拜殿中侍御史。與《薛史》合。蓋《薛史》去石晉未遠，猶得當時實事也。”見《新五代史》卷四六、《宋史》卷二七〇。亦見明本《册府》卷四八五《邦計部·輸財門》。

[7]《大典》卷一八一三〇“將”字韻“後晉將（一）”事目。《輯本舊史》於此後録《五代史補》：“房知温爲青州節度，封東平王，所爲不法，百姓苦之。一旦，有從事張澤者，素好嗜鼈，忽暴卒，但心頭微煖，家人未即殮，經宿而活，自云爲泰山所追，行未幾，過一公宇，門庭甚壯，既見有人衣紫據案而坐，自謂之府君，叱澤曰：‘何故食鼈過差耶？’言訖，有執筆挾簿引羣鬼，皆怪狀，携以鼎鑊刀几之具至，擒澤投于沸鼎中，移時復用鐵叉撥出，以刀支解，去骨肉，然後烹飪，大抵亦如治鼈之狀，既熟，諸鬼分噉。凡出自鼎鑊，至于支解，又至于分噉，其于慘毒苦痛之狀，皆名狀之所不及，如此者近數十度，府君始恕之，且問曰：‘汝受諸苦如何，爾其敢再犯乎？’答曰：‘不敢。’于是遣去。將行，府君又于案上取一物，封之甚固，授澤曰：‘爲吾將此物與房知温，不法之事宜休矣。’澤領而置于懷，遂覺。知温聞知澤復活，遽使人肩舁入府而問之，澤備以所受之苦對，仍于懷中探取封物付温，即錦被角也，知温大駭曰：‘吾昨覺體寒如中瘧，遂擁被就火，忽聞足下無疾而卒，遂驚起，不虞一角之被爲火所燒，此其是乎！’遽

取被視之，不差毫釐。知温顫慄不知所措，謂澤曰：'足下之過小可耳，尚如此，老夫不知如何也。'自是知温稍稍近理。"見《五代史補》卷二。

王建立

王建立，遼州榆社人也。[1]曾祖秋，祖嘉，父弁，累贈太保。[2]建立少鷙猛無檢。明宗領代州刺史，擢爲虞候將。[3]莊宗鎮晋陽，以諸陵在代郡，遣女使饗祭，其下有擾於民者，建立必捕而答之。莊宗怒，令收之，爲明宗所護而免，由是知名。明宗歷遷藩鎮，皆署爲牙門都校，累奏加檢校司空。[4]及明宗爲魏軍所迫，時皇后曹氏、淑妃王氏在常山，使建立殺其監護并部下兵，故明宗家屬因而保全。[5]及即位，以功授鎮州節度副使，加檢校司徒，旋爲留後。未幾，正授節旄，繼加檢校太尉、同平章事。[6]

[1]遼州：州名。治所在今山西左權縣。　榆社：縣名。治所在山西榆社縣。

[2]太保：官名。與太師、太傅並爲三師。唐後期、五代多爲大臣、勳貴加官。正一品。　祖嘉：中華書局本有校勘記："'嘉'，《光緒榆社縣志》卷九載《韓王王建立墓銘》作'喜'。"

[3]代州：州名。治所在今山西代縣。　虞候將：官名。州鎮統兵將領。

[4]牙門都校：官名。中低級軍官。

[5]常山：即鎮州，治所在今河北正定縣。　"及明宗爲魏軍所迫"至"家屬因而保全"：《通鑑》卷二七四天成元年（926）三

月辛未條：“嗣源家在真定，嗣源鎮真定，入朝於洛，其家留真定。虞候將王建立先殺其監軍，由是獲全……李從珂自橫水將所部兵由盂縣趣鎮州，與王建立軍合，倍道從嗣源。”

[6]鎮州：州名。治所在今河北正定縣。　節度副使：官名。唐、五代方鎮屬官。位於行軍司馬之下、判官之上。　留後：官名。唐、五代節度使多以子弟或親信爲留後，以代行節度使職務，亦有軍士、叛將自立爲留後者。掌一州或數州軍政。　檢校太尉：官名。爲散官或加官，以示恩寵，無實際職掌。　“及即位”至“同平章事”：中華書局本有校勘記：“‘檢校太尉’，本書卷三八《唐明宗紀四》、《光緒榆社縣志》卷九載《韓王王建立墓銘》作‘檢校太傅’。按本書卷三九《唐明宗紀五》記其天成三年方加檢校太尉。”《輯本舊史》卷三六《唐明宗紀二》天成元年六月甲寅條：“以鎮州副使王建立爲鎮州留後。”同年七月乙亥條：“鎮州留後王建立奏，涿州刺史劉殷肇不受代，謀叛，昨發兵收掩，擒劉殷肇及其黨一十三人，見折足勘詰。”《通鑑》卷二七五繫此事於天成元年七月丁丑。胡三省注：“唐之方鎮，涿州，幽州節度屬郡也，不屬鎮州節度；而王建立得討之者，明宗初得天下，方鎮州郡反側者尚多，王建立明宗之所親者，越境討擒劉殷肇，奏以爲不受代，朝廷亦聽之耳。”《輯本舊史》卷三八《唐明宗紀四》天成二年正月辛未條：“以鎮州留後、檢校司徒王建立爲鎮州節度使、檢校太傅。”同年九月辛亥條：“鎮州節度使王建立加同平章事。”

會王都據中山叛，密使通弟兄之好。[1]安重誨素與建立不協，知其事，奏之。[2]明宗慮陷建立，尋征赴闕，拜右僕射兼中書侍郎、平章事、判鹽鐵户部度支，充集賢殿大學士。[3]天成四年，出爲青州節度使。[4]五年，移鎮上黨，辭不赴任，請退居丘園，制以太子少保致仕，建立自是鬱鬱不得志。[5]長興中，嘗欲求見，中旨不許，皆重誨蔽之也。[6]清泰初，末帝召赴闕，授天平軍節度使。[7]

[1]王都：人名。原名“劉雲郎”。中山陘邑（今河北定州市）人。妖人李應之送與王處直爲養子，改姓名爲王都。後爲義武軍節度使。傳見本書卷五四、《新五代史》卷三九。　中山：地名。此處代指唐末河北方鎮義武軍（治所在定州）。時王都任義武軍節度使。　會王都據中山叛，密使通弟兄之好：《舊五代史考異》：“《通鑑》云：王都陰與謀復河北故事，建立陽許而密奏之。”見《通鑑》卷二七六天成三年（928）四月癸巳條。

[2]安重誨：人名。應州（今山西應縣）人。後唐大臣。傳見本書卷六六、《新五代史》卷二四。

[3]明宗慮陷建立，尋征赴闕：《舊五代史考異》：“《通鑑》云：建立奏重誨專權，求入朝面言其狀，帝召之。”《通鑑》卷二七六天成三年三月辛亥條：“重誨惡成德節度使、同平章事王建立，奏建立與王都交結，有異志。建立亦奏重誨專權，求入朝面言其狀，帝召之；既至，言重誨與宣徽使判三司張延朗結婚，相表裏，弄威福。三月，辛亥，帝見重誨，氣色甚怒，謂曰：‘今與卿一鎮自休息，以王建立代卿，張延朗亦除外官。’重誨曰：‘臣披荊棘事陛下數十年，值陛下龍飛，承乏機密，數年間天下幸無事；今一旦棄之外鎮，臣願聞其罪！’帝不懌而起，以語宣徽使朱弘昭，弘昭曰：‘陛下平日待重誨如左右手，奈何以小忿棄之！願垂三思。’帝尋召重誨慰撫之。明日，建立辭歸鎮，帝曰：‘卿比奏欲入分朕憂，今復去何之！’”同月癸亥條：“以建立爲右僕射兼中書侍郎、同平章事、判三司。”明本《册府》卷七四《帝王部·命相門》唐明宗天成三年三月癸亥條：“以成德軍節度使王建立爲檢校太尉、尚書右僕射、同中書門下平章事，充集賢殿大學士，判三司事。”據此及上一校勘記所引《輯本舊史》卷三八天成二年正月辛未條與九月

辛亥條，王建立先爲鎮州節度使、檢校太傅，繼加同平章事，之後
又爲檢校太尉，則此傳記事先後有誤。明本《册府》卷三三八
《宰輔部·專恣門》王建立條："（天成三年）四月，明宗幸西莊，
召建立會食。中人迴建立附奏三司事忙，遂止。"卷三一四《宰輔
部·謀猷門》："王建立爲右僕射、中書侍郎、同中書門下平章事。
天成三年五月，以時所急務，陳六條以奏之。其一，以南北節氣有
殊，賦税起徵無別，請不預定月日，但考其年終殿最。其二，請不
令省使差人徵督州縣，乞明以賞罰，委於長吏。其三，以藩侯郡守
頻有替移，州縣以迎送爲勞，牧伯無化治之意，請立考限。其四，
請所在倉場許每斗加納三合，爲雀鼠之耗。其五，以凡於内班差使
臣，請選其夙舊或諳練事體者充，免取笑於四方，實有辱其君命。
其六，諸道軍職唯守本處，轉遷乞罷宣補之命。奉勅：'皇王宣政，
侯伯分憂，薄賦輕徭，方爲濟物，迎新送故，必恐擾人。徵賦以不
虐黎庶爲先，御命以不辱朝廷爲貴。乃至藩方職列，無非戮力奉
公，各有區分，不令踰越。朕自臨大寶，每尚淳風，動不疑人，靜
惟恭己，中外無間，上下相勸。建立既列台司，兼權邦計，所述否
臧之事，皆窮利病之源，情切參裨，理當俞允。宜準往例，州縣官
三十月爲限，刺史以二十五月爲限，仍以到任日爲數。其節度使以
山河是託，與牧宰有殊，繫自朕懷，難拘常限。若頻有除替，何暇
葺綏，宜仍舊。餘依所奏。'"《宋本册府》卷五八《帝王部·守
法門》唐明宗天成三年七月條："汴州倉吏三十七人定贓至死，分
戮於三市。史彦弼爲汴之衙校舊將之子，石敬瑭之戚屬，王建立奏
希免死。帝曰：'王法無親，豈可私徇。'乃皆就戮。""三十七人"，
明本《册府》作"七十二人"。《通鑑》卷二七六天成三年八月甲
戌條："王建立以目不知書，請罷判三司，不許。"《宋本册府》卷
五七《帝王部·明察門》："後唐明宗天成三年八月，宰臣王建立請
患假，累日不朝，帝謂侍臣曰：'建立欲退三司，今又稱病，人有
託疾得疾者，不宜如此。'"《輯本舊史》卷三九《唐明宗紀五》
天成三年九月壬辰條："宰臣王建立進玉杯，上有文曰'傳國萬歲

盃'。"　　右僕射：官名。秦始置。隋、唐前期以左、右僕射佐尚書令總理六官，綱紀庶務，如不置尚書令，則總判省事，爲宰相之職。唐後期多爲大臣加銜。從二品。　　中書侍郎：官名。中書省副長官。唐後期三省長官漸爲榮銜，中書、門下侍郎却因參議朝政而職位漸重，常常用爲以"同三品"或"同平章事"任宰相者的本官。正三品。　　鹽鐵：官署名。即鹽鐵司。唐末、五代稱鹽鐵、度支、户部爲三司，掌管統籌國家財政之事。鹽鐵司掌管鹽、鐵、茶專賣及徵税等事務。　　户部：官署名。唐末、五代稱鹽鐵、度支、户部爲三司，掌管統籌國家財政之事。户部掌户口、財賦等事務。

度支：財政官署。掌管天下租賦物産，歲計所出而支調之，故名。安史亂後，因軍事供應浩繁，以宰相爲度支使，由户部尚書、侍郎或他官兼領度支事務，稱度支使或判度支、知度支事，權任極重，與鹽鐵使、判户部或户部使合稱"三司"。　　集賢殿大學士：官名。唐中葉置，位在學士之上，以宰相兼。掌修書之事。

[4]天成四年，出爲青州節度使：《輯本舊史》卷三九天成三年十一月己丑條："青州奏，節度使霍彦威卒，輟朝三日。詔宰臣王建立權知青州軍州事。"同月甲午條："以尚書左僕射、同平章事、集賢殿大學士、判三司王建立爲青州節度使、檢校太尉、同平章事。"與本傳異。《輯本舊史》卷四〇《唐明宗紀六》天成四年四月庚申條："以王建立、孔循帶中書直省吏歸藩，並追迴。"明本《册府》卷四五四《將帥部‧奢侈門》："晋王建立爲青州節度，性好華，既至治所，息於正寢，翼日而出，寢達於序，百有餘步，以錦繡二段易而蹈之。其不率制限皆此類也。"卷四五〇《將帥部‧譴讓門》："王建立爲青州節度使，惡生好殺，麄暴無政，歷數鎮，以苛虐聞，明宗亦怒之。及鎮上黨，歲餘，乃令致仕。樞密使安重誨得罪後，建立不繇表，請自入朝，所繇司不知之，徑至後樓謁見，泣涕言己無罪，爲重誨擯斥。明宗不悦，曰：'爾作節度使，不行好事，非重誨譖言，亦宜自省。'旬日，令還遼州，賜茶藥而死。"

[5]上黨：即潞州，治所在今山西長治市。　太子少保：官名。與太子少傅、太子少師合稱“三少”，唐後期、五代多爲大臣、勳貴加官。從二品。　致仕：指古代高級官員退休。　以太子少保致仕：《舊五代史考異》：“《通鑑》作以太傅致仕，《歐陽史》從《薛史》。”《通鑑》卷二七七長興元年（930）五月丙寅條：“安重誨言昭義節度使王建立過魏州有搖衆之語，五月，丙寅，制以太傅致仕。”《新五代史》卷四六《王建立傳》作“太子少保”。《輯本舊史》卷四一《唐明宗紀七》長興元年四月壬寅條：“青州節度使王建立加侍中，移鎮潞州。”同年五月丙寅條：“以潞州節度使王建立爲太傅致仕。建立素與安重誨不協，因其入朝，乃言建立自鎮歸朝過鄴都，日有扇搖之言，以是罪之，故令致仕。”卷四二《唐明宗紀八》長興二年八月己巳條：“太傅致仕王建立、太子少保致仕朱漢賓皆上章求歸鄉里。詔内外致仕官，凡要出入，不在拘束之限。”

[6]“長興中”至“皆重誨蔽之也”：《新五代史》卷四六：“建立數請朝見，不許，乃自詣京師，闌至後樓見明宗，涕泣言己無罪，爲重誨所擯，明宗曰：‘汝爲節度使，不作好事，豈獨重誨讒汝邪！’賜以茶藥而遣之。”《宋本册府》卷四一《帝王部·寬恕門》唐明宗長興二年九月丙戌條：“太傅致仕王建立不由詔旨至京，而通事不敢引對，留於閤門久之，自至後樓朝見。帝以故將，不之罪。”

[7]清泰：後唐廢帝李從珂年號（934—936）。　天平軍：方鎮名。治所在鄆州（今山東東平縣）。　“清泰初”至“天平軍節度使”：《輯本舊史》卷四六《唐末帝紀上》清泰元年（934）六月壬午條：“以檢校太子太傅致仕王建立爲檢校太尉、兼侍中、鄆州節度使。”《册府》卷一七二《帝王部·求舊門》清泰元年六月辛巳：“以太子太傅致仕王建立兼侍中，充天平軍節度，鄆、齊、棣等州觀察處置等使。建立以微賤事明宗與帝，少而周旋，備嘗艱苦。明宗鎮真定，詔入朝，以建立巡檢，知留守事。及即位，遂用爲節度使，後歷數鎮，長興中致仕。帝與之親舊，乃有是拜。”

建立少歷軍校，職當捕盜，及位居方伯，爲政嚴烈。[1]閭里有惡跡者，必族而誅之，其刑失於入者不可勝紀，故當時人目之爲“王垛疊”，言殺其人而積其屍也。後聞末帝失勢，殺副使李彥贇及從事一人，報其私怨，人甚鄙之。[2]高祖即位，再爲青州節度使，累加檢校太尉、兼中書令。[3]建立晚年，歸心釋氏，飯僧營寺，戒殺慎獄，民稍安之。[4]

[1]“建立少歷軍校”至“爲政嚴烈”：亦見明本《册府》卷四四八《將帥部·殘酷門》，《宋本册府》卷八九七《總録部·改過門》《總録部·悔過門》。

[2]李彥贇：人名。籍貫不詳。後晉將領。事見本書本卷。從事：泛指一般屬官。　“後聞末帝失勢”至“人甚鄙之”：《新五代史》卷八《晉本紀》天福元年（936）十二月庚子條：“天平軍節度使王建立殺其副使李彥贇。”

[3]高祖即位，再爲青州節度使：《輯本舊史》卷七六《晉高祖紀二》天福元年十二月庚子條：“青州奏，節度使房知溫卒，詔鄆州王建立以所部牙兵往青州安撫。”同卷天福二年正月庚申條：“以前天平軍節度使、檢校太尉、兼侍中王建立爲平盧軍節度使。”

[4]飯僧：中國古代佛教信徒善舉的一種，通過向僧侶提供齋飯以祈福。

天福二年，封臨淄王。明年，封東平王。[1]五年，入覲，高祖曰：“三紀前老兄，宜賜不拜。”仍許肩輿入朝，上殿則使二宦者掖之，論者榮之。尋表乞休致，高祖不允。乃授潞州節度使，割遼、沁二州爲上黨屬郡，加檢校太師，進封韓王，以光其故里。[2]至鎮踰月而疾作，有大星墜于府署，建立即召賓介竹岳草遺章，[3]又謂其子守恩曰：“榆社之地，桑梓存焉，桑以養生，梓以送死。余生爲壽宮，刻銘石室，死當速葬，葬必從儉，違吾是言，非孝也。”旋以病篤而卒，年七十。冊贈尚書令。[4]建立先人之墳在於榆社，其岡阜重複，松檜藹然，占者云“後必出公侯”，[5]故建立自爲墓，恐子孫易之也。子守恩，《周書》有傳。[6]《永樂大典》卷六千五百三十。[7]

[1]“天福二年”至“封東平王”：《輯本舊史》卷七六《晉高祖紀二》天福二年（937）五月丙子條：“平盧軍節度使、兼中書令王建立進封臨淄王。”卷七七《晉高祖紀三》天福三年四月戊子條：“平盧軍節度使、檢校太尉、兼中書令、臨淄王王建立進封東平王。”同年八月戊戌條：“青州王建立奏，高麗國宿衞質子王仁翟乞放歸鄉里。從之。”

[2]遼：州名。治所在今山西左權縣。　沁：州名。治所在今山西沁源縣。　“五年”至“以光其故里”：《輯本舊史》卷七九《晉高祖紀五》天福五年二月丁巳條：“青州節度使、東平王王建立來朝。”同年三月癸酉條：“以青州節度使王建立爲昭義軍節度使，進封韓王，仍割遼、沁二州爲昭義屬郡，以建立本遼州人，用成其衣錦之美也。”同月庚寅條：“御明德樓，餞送昭義軍節度使王建立，賜玉斧、蜀馬。”亦見《宋本冊府》卷三八七《將帥部·褒異門十三》、卷七八二《總錄部·榮遇門》。

[3]竹岳：中華書局本有校勘記：“原作‘竺岳’，據《永樂大典》卷六八五〇引《五代薛史》、《冊府》卷八九五改。影庫本粘籤：‘竺岳，原本脱“竺”字，今從《冊府元龜》增入。’”《宋本冊府》卷八九五《總錄部·達命門》：“王建立鎮潞州，踰月疾作，

有大星墜於府署，神氣不撓，召賓介竹岳草遺章，陳諫諷之意。"

[4]尚書令：官名。秦始置。隋、唐前期爲尚書省長官，與中書令、侍中並爲宰相。唐後期多爲大臣加銜，不參與政務。正二品。　旋以病篤而卒，年七十。册贈尚書令：《輯本舊史》卷七九《晋高祖紀五》天福五年五月辛卯條："昭義節度使、韓王王建立薨，輟朝二日，册贈尚書令。"

[5]後必出公侯：中華書局本有校勘記："'必'字原闕，據《永樂大典》卷六八五○引《五代薛史》、《册府》卷八六九補。"見明本《册府》卷八六九《總録部·明地理門》。

[6]守恩：人名。即王守恩。太原（今山西太原市）人。後晋潞州節度使王建立之子，後漢時曾任宰相。傳見本書卷一二五。

[7]《大典》卷六五三○爲"長"字韻"公冶長篇（三）"事目，與傳無涉，注誤。《新輯會證》本傳録《山西省考古學會論文集》第二輯刊王太明《榆社縣發現一批石棺》所收 1995 年出土石棺底部題記，以及《光緒榆社縣志》卷九所收志鵬撰《韓王王建立墓銘》，可參見。

康福

康福，蔚州人，[1]世爲本州軍校。祖嗣，蕃漢都知兵馬使，累贈太子太師。[2]父公政，歷職至平塞軍使，累贈太傅。[3]福便弓馬，少事後唐武皇，累補軍職，充承天軍都監。[4]莊宗嗣位，嘗謂左右曰："我本蕃人，以羊馬爲活業。彼康福者，體貌豐厚，宜領財貨，可令總轄馬牧。"由是署爲馬坊使，大有蕃息。[5]及明宗爲亂兵所迫，將離魏縣，會福牧小馬數千匹於相州，乃驅而歸命。[6]明宗即位，授飛龍使，俄轉磁州刺史，充襄州兵馬都監。[7]尋以江陵叛命，朝廷舉兵伐之，以福爲荆南道行營兵馬都監，俄以王師無功而還。

[1]蔚州：州名。治所在今河北蔚縣。

[2]都知兵馬使：官名。唐、五代方鎮自置之部隊統率官，稱兵馬使，其權尤重者稱兵馬大使或都知兵馬使。掌兵馬訓練、指揮。　太子太師：官名。與太子太傅、太子太保統稱“太子三師”。隋、唐以後多作加官或贈官。從一品。

[3]太傅：官名。與太師、太保並爲三師。唐後期、五代多爲大臣、勳貴加官。正一品。

[4]承天軍：地名。治所在今山西平定縣。　都監：官名。唐代中葉命將出征，常以宦官爲監軍、都監。後爲臨時委任的統兵官，稱都監、兵馬都監。掌屯戍、邊防、訓練之政令。

[5]馬坊使：官名。唐置小馬坊，爲御馬諸廄之一，以小馬坊使主管。後梁時改小馬坊爲天驥坊，後唐復舊。後唐明宗長興元年（930）改稱右飛龍院，主官稱右飛龍使。

[6]魏縣：縣名。治所在今河北大名縣。　相州：州名。治所在今河南安陽市。　會福牧小馬數千匹於相州，乃驅而歸命：中華書局本有校勘記：“‘小馬’，《通鑑》卷二七四胡注引《薛史》、《册府》卷六二一同，殿本、劉本、《新五代史》卷四六《康福傳》作‘小坊馬’。”又：“‘命’字原闕，據《通鑑》卷二七四胡注引《薛史》、《册府》卷六二一、《新五代史》卷四六《康福傳》補。”見《宋本册府》卷六二一《卿監部·監牧門》。《通鑑》卷二七四天成元年（926）三月丁卯條：“自魏縣南趣相州，遇馬坊使康福，得馬數千匹，始能成軍。”

[7]飛龍使：官名。唐代掌閑廄御馬之內使，又稱內飛龍使。五代沿置。　磁州：州名。治所在今河北磁縣。　襄州：州名。治所在今湖北襄陽市。

　　福善諸蕃語，明宗視政之暇，每召入便殿，諮訪時之利病，福即以蕃語奏之。樞密使安重誨惡焉，[1]常面戒之曰：“康福但亂奏事，有日斬之！”福懼。會靈武兵馬留後韓澄以人情不協，慮爲所圖，上表請帥，制加福光禄大夫、檢校司空，行涼州刺史，充朔方、河西等軍節度，靈、威、雄、警、甘、肅等州觀察處置、管内營田押蕃落温池権税等使。[2]福之是拜，蓋重誨嫉而出之，福泣而辭之。明宗宣重誨別與商議，重誨奏曰：“臣累奉聖旨，令與康福一事，今福驟升節鎮，更欲何求！況已有成命，難於改移。”明宗不得已，謂福曰：“重誨不肯，非朕意也。”福辭，明宗曰：“朕遣兵援助，勿過憂也。”因令將軍牛知柔領兵送赴鎮。[3]行次青崗峽，會大雪，令人登山望之，見川下煙火，吐蕃數千帳在焉，寇不之覺，因分軍三道以掩之。蕃衆大駭，棄帳幕而走，殺之殆盡，獲玉璞、羊馬甚多。[4]到鎮歲餘，西戎皆款附，改賜福耀忠匡定保節功臣，累加官爵。

　　[1]樞密使安重誨惡焉：中華書局本有校勘記：“‘安’字原闕，據《册府》卷九九六、《新五代史》卷四六《康福傳》補。”見《宋本册府》卷九九六《外臣部·鞮譯門》。

　　[2]靈武：方鎮名。又稱朔方、靈州、靈鹽。治所在靈州（今寧夏吳忠市）。　兵馬留後：官名。唐、五代時，代行方鎮長官之職者稱留後。代行州兵馬使之職者，即爲兵馬留後。掌本州兵馬。

韓澄：人名。籍貫不詳。五代軍閥。事見本書卷一三二。　會靈武兵馬留後韓澄以人情不協：中華書局本有校勘記：“‘韓澄’，原作‘韓潯’，據本書卷一三二《韓洙傳》、《新五代史》卷四六《康福傳》、《通鑑》卷二七六改。《新五代史》卷四〇《韓遜傳》：'澄乃上章請帥於朝。'《舊五代史考異》卷三：'《通鑑》《歐陽史》俱作韓洙弟澄。'"《通鑑》卷二七六天成四年（929）十月丁酉條："韓澄遣使齎絹表乞朝廷命帥。"《通鑑》卷二七六天成四年十月："前磁州刺史康福，善胡語，上退朝，多召入便殿，訪以時事，福以胡語對；安重誨惡之，常戒之曰：'康福，汝但妄奏事，會當斬汝！'福懼，求外補。重誨以靈州深入胡境，爲帥者多遇害，戊戌，以福爲朔方、河西節度使。福見上，涕泣辭之；上命重誨爲福更他鎮，重誨曰：'福自刺史無功建節，尚復何求！且成命已行，難以復改。'上不得已，謂福曰：'重誨不肯，非朕意也。'福辭行，上遣將軍牛知柔、河中都指揮使衛審峻等將兵萬人衛送之。"《輯本舊史》卷四〇《唐明宗紀六》天成四年十月戊戌條："以襄州兵馬都監、守磁州刺史康福爲朔方、河西等軍節度使，靈、威、雄、警、涼等州觀察使。時朔方將吏請帥於朝廷，故命福往鎮之。"同月癸卯條："詔新授朔方節度使康福將兵萬人赴鎮。"　光禄大夫：官名。唐、五代文散官。從二品。　涼州：州名。治所在今甘肅武威市。　朔方：方鎮名。治所在靈州（今寧夏吳忠市）。　河西：方鎮名。治所在涼州（今甘肅武威市）。　甘：州名。治所在今甘肅張掖市。　觀察處置：官名。即觀察處置使。唐玄宗以後，採訪、觀察、都統等使加"處置"，賦予處理、決斷權。唐玄宗開元二十二年（734）初置採訪處置使，以御史中丞盧絢等爲之，唐肅宗乾元元年（758）改爲觀察處置使。　権税使：官名。唐末、五代掌税收諸事。

[3]牛知柔：人名。籍貫不詳。後唐將領。事見《通鑑》卷二七六、卷二七九。

[4]青崗峽：地名。即青岡峽、青岡嶺。位於今甘肅環縣西北。"行次青崗峽"至"羊馬甚多"：《通鑑》卷二七六天成四年十一月："康福行至方渠，羌、胡出兵邀福，福擊走之；至青剛峽，遇吐蕃野利、大蟲二族數千帳，皆不覺唐兵至，福遣衛審峻掩擊，

大破之，殺獲殆盡。由是威聲大振，遂進至靈州，自是朔方始受代。"《輯本舊史》卷四〇《唐明宗紀六》天成四年十二月丁酉條："靈武康福奏：'破野利、大蟲兩族三百餘帳於方渠，獲牛羊三萬。'"《通鑑》卷二七七長興元年三月丙子條："康福奏克保静鎮，斬李匡賓。"

福鎮靈武凡三歲，每歲大稔，倉儲盈羨，有馬千駟，因爲人所譖。安重誨奏曰："累據使臣所言，康福大有寶貨，必負朝廷。"[1]明宗密遣人謂曰："朕何負於卿，而有異心耶！"福奏曰："臣受國重恩，有死無貳，豈願負於聖人，此必讒人之言也。"因表乞入覲，不允。及再上章，隨而赴闕，移授彰義軍節度使，又轉邠州，檢校太傅。[2]清泰中，移鎮秦州，[3]加特進、開國侯，充西面都部署。高祖受命，就加檢校太尉、開國公。未幾，又加同平章事。及移領河中，加兼侍中。[4]以天和節入覲，[5]改賜輸忠守正翊亮功臣，加開府儀同三司，增食邑至五千户，實封五百户。久之，受代歸闕。天福七年秋，卒於京師，年五十八。贈太師，謚曰武安。[6]

[1]"福鎮靈武凡三歲"至"必負朝廷"：《舊五代史考異》："靈武受代，康福領節度在天成四年，次年爲長興元年，安重誨討蜀，二年賜死，是康福之任靈武甫匝歲而重誨已去朝，再期而賜死矣，此《傳》云福鎮靈武凡三歲，每歲大稔，重誨奏其必負朝廷，疑有舛誤。《歐陽史》仍《薛史》之舊。"見《新五代史》卷四六《康福傳》。《通鑑》卷二七七長興三年（932）正月己丑條："樞密使范延光言：'自靈州至邠州方渠鎮，使臣及外國入貢者多爲党項所掠，請發兵擊之。'己丑，遣静難節度使藥彦稠、前朔方節度使

康福將步騎七千討党項。"《宋本冊府》卷一五八《帝王部・誡勵門》唐明宗長興三年正月條："詔藥彥稠、康福往方渠鎮討党項叛命者。丁酉，康福等率騎軍先進，帝御興教樓，誡以賞罰之令而遣之。"《輯本舊史》卷四三《唐明宗紀九》長興三年二月甲戌條："藥彥稠奏，誅党項阿埋等十族，與康福入白魚谷追襲叛黨，獲大首領六人、諸羌二千餘人、孳畜數千，及先劫掠到迴鶻物貨。"《通鑑》卷二七七長興三年二月辛未條："藥彥稠等奏破党項十九族，俘二千七百人。"《宋本冊府》卷三九八《將帥部・冥助門》有裴彥稠條，當爲藥彥稠，云："長興中與康福率師自牛兒族入白魚谷，追及皆叛党項白馬、盧家六族，客户三族，獲大首領連香（此處原闕'香'字，據《輯本舊史》卷一三八《党項傳》補）、李八薩王、都統悉那、埋摩，侍御乞埋、嵬悉逋等六人，兼黨類二千餘人，獲駝馬牛羊數千計。至晚，師還野次，其地無水，軍士方渴，俄有風雲自東起，是夜初更，降雪一尺，軍中以爲神助。"《通鑑》卷二七七長興三年五月己丑條："康福奏党項鈔盗者已伏誅，餘皆降附。"明本《冊府》卷四八五《邦計部・輸財門》馮暉條："天福中，官吏言朔方軍自康福、張從賓、張希崇相承三正，市馬和入糴、蕃客賞賜、軍州俸禄、供事戎仗，三司歲支錢六千萬。"

[2]彰義軍：方鎮名。治所在涇州（今甘肅涇川縣）。　邠州：州名。治所在今陝西彬縣。　檢校太傅：官名。爲散官或加官，以示恩寵，無實際職掌。　移授彰義軍節度使，又轉邠州，檢校太傅：《輯本舊史》卷四三長興三年七月己亥條："以前靈武節度使康福爲涇州節度使。"卷四五《唐閔帝紀》應順元年（934）正月甲午條："前彰義軍節度使康福加檢校太傅，充邠州節度使。"《通鑑》卷二七九清泰元年（934）三月條："安彥威與山南西道張虔釗、武定孫漢韶、彰義張從賓、静難康福等五節度使奏合兵討鳳翔。"《宋本冊府》卷九八七《外臣部・征討門》清泰元年七月條："迴鶻朝貢多爲河西雜虜剽掠，詔邠州節度使康福遣將軍牛知柔率禁兵援送至靈武，虜之爲患者隨便討之。"亦見明本《冊府》卷一七○《帝

王部·來遠門》，但繫此事於清泰二年七月。康福任邠州節度使在清泰元年，故卷一七〇所繫時日誤。

［3］秦州：州名。治所在今甘肅天水市。　清泰中，移鎮秦州：《輯本舊史》卷四六《唐末帝紀上》清泰元年十二月乙亥條："以前邠州節度使康福爲秦州節度使。"

［4］"高祖受命"至"加兼侍中"：《輯本舊史》卷七六《晋高祖紀二》天福二年（937）正月庚午條："秦州節度使康福加食邑實封。"卷七九《晋高祖紀五》天福五年三月丁亥條："以秦州節度使康福爲河中節度使。"

［5］天和節：石敬瑭生日，稱帝後設爲次節。

［6］"天福七年秋"至"謚曰武安"：《輯本舊史》卷八一《晋少帝紀一》天福七年八月甲子條："前河中節度使康福卒，贈太師，謚曰武安。"

　　福無軍功，屬明宗龍躍，有際會之幸，擢自小校，暴爲貴人，每食非羊之全髀不能飫腹，與士大夫交言，憒無所別。在天水日，嘗有疾，幕客謁問，福擁衾而坐。客有退者，謂同列曰："錦衾爛兮！"福聞之，遽召言者，怒視曰："吾雖生於塞下，乃唐人也，何得以爲爛奚！"因叱出之，由是諸客不敢措辭。復有末客姓駱，其先與後唐懿祖來自金山府，因公讌，福謂從事輩曰："駱評事官則卑，門族甚高，眞沙陀也。"聞者竊笑焉。[1]

［1］"福無軍功"至"聞者竊笑焉"：《新五代史》卷四六《康福傳》："福世本夷狄，夷狄貴沙陀，故常自言沙陀種也。"

子三人：長曰延沼，歷隨、澤二州刺史；次曰延澤、延壽，俱歷内職焉。[1]《永樂大典》卷一萬八千一百二十七。[2]

[1]隨：州名。治所在今湖北隨州市。 澤：州名。治所在今山西澤州縣。 内職：晚唐、五代時期皇帝試圖越過現有機構和機制，依靠自己身邊的謀士和辦事人員，直接處理政務軍機。這批謀士和辦事人員即"内職"，其中較有代表性的群體是諸使和"使臣"。詳見趙冬梅《文武之間：北宋武選官研究》，北京大學出版社 2010 年版，第 9 頁。

[2]《大典》卷一八一二七爲"將"字韻"後梁將（二）"事目，但康福非梁將，注誤。《大典》卷一八一三〇至一八一三二爲"將"字韻"後晉將（一至三）"。《康福傳》應出於此三卷中。

安彦威

安彦威，字國俊，代州崞縣人。[1]少時以軍卒隸唐明宗麾下，彦威善射，頗知兵法，明宗愛之。及領諸鎮節鉞，彦威常爲牙將，以謹厚見信。[2]明宗入立，皇子從榮鎮鄴，彦威爲護聖指揮使。[3]以從榮判六軍，彦威入司禁衛，遥領鎮州節度使。[4]及高祖入立，拜彦威北京留守，徙鎮歸德。[5]是時河決滑州，命彦威塞之，彦威出私錢募民治隄。遷西京留守，遭歲大饑，彦威賑饑民，民有犯法，皆寬貸之，饑民愛之不忍去。旋丁母憂，哀毀過制。少帝與契丹搆患，拜彦威北面行營副都統，彦威悉以家財佐軍，後以疾卒於京師。[6]

　　[1]崞縣：縣名。治所在今山西原平市。

　　[2]"少時以軍卒"至"以謹厚見信"：明本《册府》卷九九《帝王部·親信門》："安彦威善射，少隸并州爲騎士，及長，尤涉兵法。莊宗與梁軍戰於河上，彦威累從帝，擒敵有功。帝在藩邸，用爲腹心，歷鄆、汴、常等州牙帳親校。彦威性謹厚，甚見委任。"

　　[3]護聖指揮使：官名。所部統兵將領。"護聖"爲部隊番號。

　　[4]"明宗入立"至"鎮州節度使"：《舊五代史考異》："《歐陽史》作遷捧聖指揮使，領寧國軍指揮使。"見《新五代史》卷四七《安彦威傳》。《通鑑》卷二七八清泰元年（934）正月甲申條："朱弘昭、馮贇忌侍衛馬軍都指揮使、寧國節度使安彦威……出彦威爲護國節度使，以捧聖馬軍都指揮使朱洪實代之。"《宋本册府》卷六八八《牧守部·愛民門》："後唐安彦威爲河中節度，上言：'被省符課丁夫運石修河堤，農事方急，請以牢城軍千人代役。'從之。"《輯本舊史》卷四五《唐閔帝紀》應順元年（934）二月丁酉條："以河中節度使安彦威爲西面兵馬都監。"《通鑑》卷二七九清泰元年三月條："安彦威與山南西道張虔釗、武定孫漢韶、彰義張從賓、静難康福等五節度使奏合兵討鳳翔。"同月丙寅條："潞王至靈寶，護國節度使安彦威……降。"

　　[5]及高祖入立，拜彦威北京留守：《舊五代史考異》："《通鑑》云：彦威入朝，上曰：'我所重者信與義。昔契丹以義救我，我今以信報之，聞其徵求不已，公能屈節奉之，深稱朕意。'對曰：'陛下以蒼生之故，猶卑辭厚幣以事之，臣何屈節之有！'上悦。"見《通鑑》卷二八二後晋天福五年（940）二月庚戌條。《輯本舊史》卷七六《晋高祖紀二》天福二年正月庚午條："徐州節度使安彦威……加食邑實封。"同年八月辛巳條："以權北京留守、徐州節度使安彦威爲太原尹、北京留守、河東節度使。"卷七九《晋高祖紀五》天福五年二月庚戌條："北京留守安彦威來朝，帝慰接甚厚，賜上樽酒。"《通鑑》卷二八二天福五年三月辛未條："安彦威……請致仕，不許。辛未……徙彦威爲歸德節度使，加兼侍中。"《新五

代史》卷八《晋本紀》天福七年三月條："歸德軍節度使安彦威塞決河于滑州。"《輯本舊史》卷八〇《晋高祖紀六》天福七年閏三月壬辰條："宋州節度使安彦威奏，修滑州黄河功畢。"同月戊申條："宋州節度使安彦威封邠國公，賞修河之勞也。"明本《册府》卷四九七《邦計部·河渠門》晋高祖天福七年三月己未條："宋州節度安彦威奏到滑州修河堤。時以瓠子河漲溢，詔彦威督諸道軍民自豕韋之北築堰數十里。給私財以犒民，民無散者，竟止其害，鄆、曹、濮賴之。以功加邠國公，詔於河决之地建碑立廟。"《輯本舊史》卷八一《晋少帝紀一》天福七年七月乙巳條："宋州節度使安彦威加兼中書令。"同年九月丁亥條："以宋州歸德軍節度使安彦威爲西京留守、兼河南尹。"同年十二月丙寅條："……西京留守安彦威，廣晋尹李德珫，並加爵邑，以山陵充奉之勞也。"《宋本册府》卷六七五《牧守部·仁惠門》："安彦威爲西京留守。屬連歲蝗旱，河、洛之間，民多逐食，彦威多方撫諭，未嘗繩之以法，不忍去者亦大半焉。至有殍者，必遣人收其遺骸，掩之以蓬蓀，復以冥錢酒食奠而瘞之，聞者美之。" 歸德：方鎮名。治所在今河南商丘市。

[6]行營副都統：官名。唐末設諸道行營都統、副都統，作爲各道出征兵士的正、副統帥。 "少帝與契丹搆患"至"後以疾卒於京師"：《輯本舊史》卷八二《晋少帝紀二》開運元年二月甲辰條："遣……安彦威守河陽。"同年四月癸亥條："以西京留守安彦威爲晋昌軍節度使。"卷八四《晋少帝紀四》開運三年二月壬午條："以前晋昌軍節度使安彦威充北面行營副都統。"同年七月壬辰條："前晋昌軍節度使安彦威薨，輟朝，贈太師。"明本《册府》卷四〇九《將帥部·退讓門》："晋安彦威，高祖即位，授北京留守、太原尹、就加使相。彦威以位望漸隆，心不自安，繼上表以眼疾乞從休致，不允，乃請赴闕自陳，詞理激切，朝廷惜而縻之，授開府儀同三司，兼侍中，鎮宋城。後彦威授鎮軍大將軍、北面行營副都統。彦威竭家財駝馬戎器以進，乞從歸退，累批不允。以疾還洛

陽，卒於家。”

　　彦威與太妃爲同宗，少帝事以爲舅，彦威未嘗以爲言。及卒，太妃臨哭，人始知其爲國戚，當時益重其人焉。[1]《永樂大典》卷一萬八千一百二十七。[2]

　　[1]“安彦威”至“當時益重其人焉”：中華書局本有校勘記：“《安彦威傳》，原文略同於《新五代史》卷四七《安彦威傳》，孔本、邵本文字全同於《新五代史》。殿本作‘安彦威，字國俊，代州崞縣人。少時以軍卒得隸唐明宗麾下，彦威性善射，頗諳兵法，明宗愛之。累歷藩鎮，彦威常爲衙將，所至以謹厚見稱。明宗入立，秦王從榮鎮鄴都，以彦威爲護聖指揮使。從榮判六軍，彦威入司禁衛，遥領鎮州節度使。高祖即位，尤倚彦威，即拜爲北京留守、加同平章事，移鎮宋州。是時河決滑州，命彦威集丁夫塞之，彦威出私錢募民治隄。隄成，滑人賴之。遷西京留守，歲饑，彦威開倉廩賑饑，有犯法者，皆寬貸，民免于流散，彦威之力也。旋丁母憂，哀毁過制。少帝與契丹搆釁，授彦威北面行營副都統。彦威悉率家財佐軍，人稱其忠。開運中，卒，贈太師。彦威與太妃爲同宗，少帝以舅事之，彦威未嘗自以爲言。及卒，太妃與少帝臨喪，人始知爲國戚，聞者益重其人焉’。劉本略同。按此《傳》係清人誤輯《新五代史》，殿本更動以掩其跡。另《永樂大典》卷一二〇四三引《五代薛史》：‘高祖謂彦威曰：“國之所保，唯信與義。朕昔年危蹙與并州，契丹以義援我，我當以信報義，故勉而持之。邊隅諸蕃，徵求不足，聞卿竭力供億，屈節事之，善莫大焉。”彦威對曰：“陛下以四海之尊，爲蒼生之故，猶卑辭厚幣，以繼其好，區區微臣，何屈節之有也！”高祖喜，賜上尊酒。尋除開府儀同三司、兼侍中。’按此則係《舊五代史·安彦威傳》佚文，清人失輯，姑附於此。”明本《册府》卷三〇五《外戚部·畏慎門》：“晋

安彦威與少帝母太妃安氏近屬也。帝以渭陽待之，而未嘗挂於齒牙。及卒，太妃親至彦威汴京舊第，預其喪事，人方知之，聞者服其慎重。"

[2]《大典》卷一八一二七爲"將"字韻"後梁將（二）"事目，但安彦威非梁將，疑注誤。

李周

李周，[1]字通理，邢州内丘人也，唐潞州節度使抱真之後。[2]曾祖融、祖毅、父矩，皆不仕。[3]周年十六，爲内丘捕賊將，以任俠自負。[4]時河朔羣盜充斥，南北交兵，行旅無援者不敢出郡邑。有士人盧岳，[5]家於太原，携妻子囊橐寓於逆旅，進退無所保，唯與所親相對流涕，周憫之，請援送以歸。行經西山中，有賊夜於林麓間俟之，射盧岳，中其馬。周大呼曰："爾爲誰耶？"賊聞其聲，相謂曰："李君至此矣。"即時散走。岳全其行裝，至於家。周將辭去，岳謂周曰："岳明曆象，善知人。子有奇表，方頤隆準，眉目疏朗，身長七尺，此乃將相之材也。河東李氏將有天下，子宜事之，以求富貴。"周辭以母老而歸。

[1]李周：《舊五代史考異》："《薛史·莊宗紀》作'李周'，《明宗紀》作'李敬周'，蓋本名敬周，入晋後避諱去'敬'字，《薛史》雜採諸書，未及改歸畫一，《通鑑》與《薛史》同。"
[2]邢州：州名。治所在今河北邢臺市。　内丘：縣名。治所在今河北内丘縣。　潞州：州名。治所在今山西長治市。　抱真：人名。即李抱真。涼州（今甘肅武威市）人。唐後期將領。傳見

《舊唐書》卷一三二、《新唐書》卷一三八。

　　[3]曾祖融、祖毅、父矩，皆不仕：《新五代史》卷四七《李周傳》：“父矩，遭世亂不仕，嘗謂周曰：‘邯鄲用武之地，今世道未平，汝當從軍旅以興吾門。’”亦見《宋本册府》卷八一九《總録部・知子門》。

　　[4]以任俠自負：中華書局本有校勘記：“‘俠’，原作‘使’，據《册府》卷八〇四、卷八四八改。”見《宋本册府》卷八〇四《總録部・義門四》、卷八四八《總録部・任俠門》。

　　[5]盧岳：人名。太原人。五代方鎮軍閥。事見本書本卷。

　　既而梁將葛從周拔邢、洺，唐武皇麾兵南下，築壘於青山口。[1]周向背莫決，因思盧岳之言，乃投青山寨將張污落，武皇賞之，補萬勝黄頭軍使。[2]武皇之平雲州，莊宗之戰柏鄉，周皆有功，遷匡霸都指揮使。[3]莊宗入魏，率兵屯臨河、楊劉，所至與士伍同甘苦。[4]周尤善守備，一日奔母喪，以他將代之，既出，則其城將陷，莊宗即遣追之，使墨縗從事。[5]會莊宗北征，周與寺人焦彦賓守楊劉城，梁將王彦章以數萬衆攻之。[6]周日夜乘城，躬當矢石，使人馳告莊宗，請百里趨程，以紓其難。莊宗曰：“李周在内，朕何憂也！”遂日行二舍，不廢畋獵，既至，士衆絶糧三日矣。及攻圍既解，莊宗謂周曰：“微卿九拒之勞，諸公等爲梁人所擄矣。”

　　[1]青山口：地名。位於今河北内丘縣西南。　既而梁將葛從周拔邢、洺：中華書局本有校勘記：“‘洺’，原作‘洛’，據殿本、劉本改、孔本、邵本校、彭校、《册府（宋本）》卷八四三、《新五代史》卷四七《李周傳》改。”見《宋本册府》卷八四三《總録

部·知人門二》盧岳條。

　　[2]張污落：人名。籍貫不詳。五代地方軍閥。事見本書本卷。

萬勝黄頭軍使：官名。掌領本軍軍務，或兼理地方政務。“萬勝

黄頭”爲部隊番號。

　　[3]雲州：州名。治所在今山西大同市。　　柏鄉：縣名。治所

在今河北柏鄉縣。　　遷匡霸都指揮使：《輯本舊史》之影庫本粘籤：

“‘匡霸’，原本脱‘霸’字，今從《歐陽史》增入。”見《新五代

史》卷四七《李周傳》。

　　[4]臨河：縣名。治所在今河南浚縣東北。　　楊劉：地名。位

於今山東東阿縣東北楊柳鎮。原作“劉鄆”，中華書局本據浙江本、

宗文本、本書卷二三《賀瓌傳》改，今從。　　率兵屯臨河、楊劉：

中華書局本有校勘記：“‘楊劉’下《册府》卷三九〇有‘莘縣’

二字。”

　　[5]墨縗：黑色的喪服。

　　[6]焦彦賓：人名。籍貫不詳。後唐宦官。事見本書卷二九及

本書本卷。　　王彦章：人名。鄆州壽張（今山東梁山縣壽張集）

人。後梁將領。傳見本書卷二一、《新五代史》卷三二。　　周與寺

人焦彦賓守楊劉城：《舊五代史考異》：“案《九國志·焦彦賓傳》：

彦賓字英服，滄州清池人。少聰敏，多智略，事武皇，尤所委信。

及莊宗即位，遷左監門衛將軍，充四方館使，出護邢州軍。”見

《九國志》卷七。此句中華書局本有校勘記：“‘出護邢州軍’，‘軍’

原作‘事’，據殿本、劉本改。《九國志》卷七作‘兵’。”《輯本舊

史》卷二九《唐莊宗紀三》同光元年（923）五月己巳條：“王彦

章、段凝率大軍攻楊劉南城，焦彦賓與守城將李周極力固守。梁軍

晝夜攻擊，百道齊進，竟不能下，遂結營於楊劉之南，東西延袤十

數栅。”《通鑑》卷二七二同光元年六月乙亥條：“楊劉告急於帝，

請日行百里以赴之；帝引兵救之，曰：‘李周在内，何憂！’日行六

十里，不廢畋獵，六月，乙亥，至楊劉。”同年七月己未條：“王彦

章等聞帝引兵已至鄒家口，己未，解楊劉圍，走保楊村；唐兵追擊

之，復屯德勝……楊劉比至圍解，城中無食已三日矣。"同月甲子
條："帝至楊劉勞李周曰：'微卿善守，吾事敗矣。'"亦見《新五
代史》卷四七、《宋本册府》卷四〇〇《將帥部・固守門二》。《宋
本册府》卷三九〇《將帥部・警備門》："晋李周初仕後唐武皇，爲
安霸都指揮使，率兵屯臨河、陽劉、莘縣，所至與士卒同甘苦，不
嚴而整，善守備。梁軍望其樓櫓如九天之上，不知所攻。"

　　同光中，歷相、蔡二州刺史，及蜀平，授西川節度
副使。[1]天成二年春，遷遂州兩使留後，尋正授節旄，
未幾，受代歸闕。[2]三年秋，出爲邠州節度使，會慶州
刺史竇廷琬據城拒命，周奉詔討平之。[3]長興、清泰中，
歷徐、安、雍、汴四鎮，所至無苛政，人皆樂之。[4]

　　[1]同光：後唐莊宗李存勗年號（923—926）。　相：州名。
治所在今河南安陽市。　蔡：州名。治所在今河南汝南縣。　西
川：方鎮名。劍南西川的簡稱。治所在成都府（今四川成都市）。
　　[2]"天成二年春"至"尋正授節旄"：《輯本舊史》卷三八
《唐明宗紀四》天成二年（927）三月甲寅條："以西川節度副使李
敬周爲遂州武信軍留後。"同年七月庚午條："遂州留後李敬周正，
鄜州留後劉仲殷莘正授本州節度使。"
　　[3]竇廷琬：人名。籍貫不詳，世爲青州（今山東青州市）牙
將。後梁、後唐將領。傳見本書卷七四。　"三年秋"至"周奉
詔討平之"：《輯本舊史》卷三九《唐明宗紀五》天成三年七月丙
午條："以前武信軍節度使李敬周爲邠州節度使。"同年十月戊申
條："詔邠州節度使李敬周攻慶州，以刺史竇廷琬拒命故也。"此句
有《舊五代史考異》："竇廷琬反，《通鑑》從《薛史》作十月，
《歐陽史》繫于十月以前，與《薛史》異。"同年十二月甲辰條：
"邠州節度使李敬周奏，收下慶州，刺史竇廷琬族誅。"

　　[4]徐：州名。治所在今江蘇徐州市。　安：州名。治所在今湖北安陸市。　雍：地名。即京兆府，治所在今陝西西安市。汴：州名。治所在今河南開封市。　長興、清泰中，歷徐、安、雍、汴四鎮：《輯本舊史》卷四二《唐明宗紀八》長興二年（931）二月癸丑條："邠州節度使李敬周移鎮徐州。"卷四五《唐閔帝紀》應順元年（934）二月己卯條："以前徐州節度使、檢校太傅李敬周爲安州節度使。"卷四七《唐末帝紀中》清泰二年（935）二月甲戌條："以安州節度使李周爲京兆尹，充西京留守。"卷四八《唐末帝紀下》清泰三年（936）六月丙子條："以西京留守李周爲天雄軍四面副招討使兼兵馬都監。"同卷同年八月己未條："以西京留守李周爲汴州節度使、檢校太尉、同平章事。"同年十一月庚寅條："以范延光爲河東道東南面行營招討使，以李周副之。"

　　高祖有天下，復鎮邠州，累官至檢校太師、兼侍中。[1]及罷鎮赴闕，會少帝幸澶淵，以周累朝耆德，乃命爲東京留守。[2]車駕還京，授開封尹。[3]及遘疾，夢焚旌旗鎧甲，因自嗟歎，上章請退，尋卒于官，時年七十四。詔贈太師，陪葬于明宗徽陵之北。[4]《永樂大典》卷一萬八千一百二十七。[5]

　　[1]"高祖有天下"至"兼侍中"：《輯本舊史》卷七六《晉高祖紀二》天福元年（936）十二月己亥條："以汴州節度使李周充西京留守。"《會要》卷一言明宗葬徽陵。《宋本册府》卷一三三《帝王部・襃功門二》晉高祖天福三年正月乙丑條："西京留守李周奏乞改鄉名里號，勑：'李周位列藩宣，秩居台輔，忠能佐國，孝以成家。今貢表章，請改鄉里，既允符於舊典，當普示於新恩。宜賜俞允，兼諸道應帶平章事已上，並准唐長興二年正月十五日敕命施行。'"《輯本舊史》卷七七《晉高祖紀三》天福三年四月甲午

條："西京留守京兆尹李周……加兼侍中。"卷七八《晉高祖紀四》天福四年正月辛酉條："以前晉昌軍節度使李周爲靜難軍節度使。"案此，李周移鎮邠州在加兼侍中之後，此《傳》記事先後疑誤。

[2]命爲東京留守：《輯本舊史》卷八二《晉少帝紀二》開運元年（944）正月壬午條："詔取此月十三日車駕北征，以前邠州節度使李周爲權東京留守。"《新五代史》卷九《晉本紀》開運元年正月壬午條："前靜難軍節度使李周留守東京。"

[3]授開封尹：中華書局本有校勘記："'開封'，原作'開府'，據殿本，《册府》卷八一九、卷八九三，《新五代史》卷四七《李周傳》改。'授'，《册府》卷八一九、卷八九三作'權'。"見《宋本册府》卷八一九《總錄部·知子門》、卷八九三《總錄部·夢徵門》。

[4]徽陵：《輯本舊史》之影庫本粘籤："徽陵，原本作'暉陵'，今從《五代會要》改正。"《輯本舊史》卷八二《晉少帝紀二》開運元年六月丁未條："權開封府尹李周卒，輟朝，贈太師。"《宋本册府》卷八九三："李周爲權開封尹。將卒，夢焚旌旗與鎧甲，繇是歎息，有歸休之意，三上章不得謝。年七十四卒。帝聞其忠慎廉潔無積財，歎息久之。"

[5]《大典》卷一八一二七爲"將"字韻"後梁將（二）"事目，但李周非梁將，疑注誤。《大典》卷一八一三〇至卷一八一三二爲"將"字韻"後晉將（一至三）"。《李周傳》應出於此三卷中。

張從訓

張從訓，字德恭。本姑臧人，其先迴鶻別派，隨沙陁徙居雲中，後從唐武皇家於太原，從訓遂爲太原人。[1]祖君政，雲州長史，識蕃字，通佛理。[2]父存信，河東蕃漢馬步軍都指揮使，武皇賜姓名，眷同親嫡，前史有傳。^[3]天福中，贈太師、中書令，^[4]追封趙國公。

　　[1]姑臧：地名。位於今甘肅武威市。　迴鶻：部族名。又作"回紇"。原係突厥鐵勒部的一支。唐玄宗天寶三年（744）建立回鶻汗國，9世紀中葉，回鶻汗國瓦解。其中一支爲甘州回鶻。11世紀初，甘州回鶻爲西夏所滅。參見楊蕤《回鶻時代：10—13世紀陸上絲綢之路貿易研究》，中國社會科學出版社2015年版。　太原：中華書局本有校勘記："原作'太平'，據殿本、劉本、邵本校及本卷下文改。影庫本批校：'"太平"應作"太原"。'"

　　[2]"祖君政"至"通佛理"：《輯本舊史》卷五三《李存信傳》："父君政，迴鶻部人也。大中初，隨懷化郡王李思忠內附，因家雲中之合羅川。"

　　[3]河東：方鎮名。治所在太原（今山西太原市）。　"父存信"至"前史有傳"：《李存信傳》，見《輯本舊史》卷五三、《新五代史》卷三六。

　　[4]太師：官名。與太傅、太保並爲三師，唐後期、五代多爲大臣、勳貴加官。正一品。

　　從訓讀儒書，精騎射，初爲散員大將，天祐中，轄沙陁數百人，屯壺關十餘歲，節度使李嗣昭委遇之。^[1]莊宗與梁人相拒於德勝口，徵赴軍前，補充先鋒遊奕使，俄轉雲捷指揮使、檢校司空，賜姓，名繼鸞，從諸子之行也。^[2]明宗微時，嘗在存信麾下爲都押牙，與從訓有舊，及即位，授石州刺史，復舊姓名。歷憲、德二州刺史。^[3]

[1]散員大將：官名。中低級軍事將領。　天祐：唐昭宗李曄開始使用的年號（904）。唐哀帝李柷即位後沿用（904—907）。唐亡後，河東李克用、李存勖仍稱天祐，沿用至天祐二十年（923）。五代其他政權亦有行此年號者，如南吳、吳越等，使用時間長短不等。　壺關：地名。位於今山西長治市。　李嗣昭：人名。汾州（今山西汾陽市）人。唐末、五代李克用義子、部將。傳見本書卷五二、《新五代史》卷三六。

[2]德勝口：地名。原爲德勝渡，爲黃河重要渡口之一。李存勖部將李存審築於黃河津要處德勝口，有南、北二城。南城在今河南濮陽市東南五里，北城即今河南濮陽市。　遊奕使：官名。唐中期以後兵多地廣者置之，主巡營、防遏諸事。　雲捷指揮使：官名。所部統兵將領。"雲捷"爲部隊番號。　賜姓，名繼鸞，從諸子之行也："姓"字原缺，據《宋本册府》卷八二五《總録部·名字門二》補。賜姓李。

[3]都押牙：官名。"押牙"即"押衙"。唐、五代時期節度使辟署的屬官，有稱左、右都押衙或都押衙者。掌領方鎮儀仗侍衛、統率軍隊。參見劉安志《唐五代押牙（衙）考略》，武漢大學歷史系魏晉南北朝隋唐史研究室編《魏晉南北朝隋唐史資料》第 16 輯，武漢大學出版社 1998 年版。　石州：州名。治所在今山西吕梁市離石區。　憲：州名。治所在今山西婁煩縣。　德：州名。治所在今山東德州市陵城區。

　　高祖之鎮太原也，爲少帝娶從訓長女爲妃，[1]從訓清泰初授唐州刺史。三年，高祖舉義，從訓奉唐末帝詔，徵赴行在，分領鄉兵，次於團柏谷，兵敗宵遁，潛身民間。[2]高祖入洛，有詔搜訪，月餘乃出焉，及見，以戚里之故，深加軫惻。[3]尋授絳州刺史、檢校太保。[4]在任數年，天福中卒於官，年五十二。少帝以后父之故，超贈太尉。[5]

[1]爲少帝娶從訓長女爲妃：《舊五代史考異》：“《宋史·張從恩傳》：晋祖鎮河東，爲少帝娶從恩女。今考《五代會要》及《薛史·本紀》，俱作‘從訓’，疑《宋史》係傳聞之訛。”見《宋史》卷二五四《張從恩傳》。明本《册府》卷三〇三《外戚部·褒寵門》亦作“從訓”。下文“少帝以后父之故”及下引《輯本舊史》卷八二《晋少帝紀二》亦可證爲“從訓”。

[2]團柏谷：地名。位於今山西祁縣，是太原與上黨地區間的交通要道。

[3]以戚里之故：中華書局本有校勘記：“‘以’字原闕，據《册府》卷三〇三補。”見明本《册府》卷三〇三。

[4]絳州刺史：明本《册府》卷三〇三作“唐州刺史”。但上文有從訓授唐州刺史，此不當重授，明本《册府》疑誤。

[5]少帝以后父之故，超贈太尉：《輯本舊史》卷八二《晋少帝紀二》天福八年（943）九月癸巳條：“故絳州刺史張從訓贈太尉，追册皇后之父也。”

弟從恩仕皇朝，[1]爲右金吾衛上將軍，卒。[2]《永樂大典》卷五千三百六十。[3]

[1]弟從恩仕皇朝：《宋史》卷二五四有《張從恩傳》。亦可參見明本《册府》卷九九《帝王部·推誠門》漢隱帝條、卷四五四《將帥部·豪橫門》張從恩條。

[2]右金吾衛上將軍：官名。唐置，掌宮禁宿衛。唐代置十六衛，即左右衛、左右驍衛、左右武衛、左右威衛、左右領軍衛、左右金吾衛、左右監門衛、左右千牛衛，各置上將軍，從二品；大將軍，正三品；將軍，從三品。

［3］《大典》卷五三六〇爲“朝”字韻“元朝儀”事目，與本傳無涉，應爲卷六三五〇“張”字韻“姓氏”事目。

李繼忠

李繼忠，字化遠，後唐昭義軍節度使兼中書令嗣昭之第二子。[1]嗣昭，《唐書》有傳。繼忠少善騎射，從父征討有功，莊宗手制授檢校兵部尚書，充感義馬軍指揮使，改潞府司馬，加檢校尚書右僕射，充安義軍都巡檢使。[2]天成中，自北京大内皇城使轉河東行軍司馬，入爲右驍衛將軍。[3]未幾，授成德軍司馬，加檢校司徒。[4]

［1］昭義軍：方鎮名。治所在潞州（今山西長治市）。　後唐昭義軍節度使兼中書令嗣昭之第二子：中華書局本有校勘記：“本書卷五二《李嗣昭傳》記其爲第三子。”《輯本舊史》卷五二《李嗣昭傳》：“嗣昭有子七人，長曰繼儔，澤州刺史；次繼韜、繼忠、繼能、繼襲、繼遠，皆夫人楊氏所生。”又：“嗣昭諸子自相屠害，幾於濭盡，唯繼忠一人僅保其首領焉。”

［2］檢校兵部尚書：官名。爲散官或加官，以示恩寵，無實際職掌。　司馬：官名。州郡佐官，名義上紀綱衆務，通判列曹，品高俸厚，實際上無具體職事，多用以安置貶謫官員，或用作遷轉官階。上州從五品下，中州正六品下，下州從六品上。　檢校尚書右僕射：官名。爲散官或加官，以示恩寵，無實際職掌。　安義軍：即昭義軍。　都巡檢使：官名。五代始設巡檢，設於京師、陪都、重要的州及邊防重鎮。　“從父征討有功”至“充感義馬軍指揮使”：《新唐書》卷一〇《昭宗紀》天復二年（902）二月條：“王建陷利州，昭武軍節度使李繼忠奔于鳳翔。”《通鑑》卷二六三天

復二年二月條："西川兵至利州，昭武節度使李繼忠棄鎮奔鳳翔。"

[3]行軍司馬：官名。出征將領及節度使的屬官。掌軍籍符伍，號令印信，是藩鎮重要的軍政官員。　右驍衛將軍：官名。唐置，掌宮禁宿衛。唐代十六衛之一。從三品。中華書局本有校勘記："'右'，《册府》卷一七二作'左'。"見《宋本册府》卷一七二《帝王部・求舊門二》。明本《册府》卷九四三《總録部・不誼門》："李繼忠初爲北京皇城使。明宗天成三年十月，繼忠弟姪三人進馬二百五匹，金器八百兩，銀萬兩，家機錦百疋，白羅三百疋，綾三千疋，絹三千疋。繼忠者，故昭義帥嗣昭之子。少有心疾，其母楊夫人自潞州積聚百萬，輦於并州私第。繼韜之叛，没之于官。莊宗南郊，助大半賞給。兄繼韜伏法，其母又輦及晉者餘百兩。楊氏卒，其弟相州刺史繼能、潞府司馬繼襲聞哀俱至，繼忠等詣官告變，繼能、繼襲伏法，弟姪遂得分其所聚，故有獻。"

[4]成德軍：方鎮名。治所在恒州（今河北正定縣）。

高祖即位，二年三月，授沂州刺史，加檢校太保，尋移棣州刺史；繼忠舊苦風痹，皆辭以地遠，乃授單州刺史，仍加輸忠奉國功臣。[1]三年，入爲右神武統軍。四年三月，出領隰州。七年八月，移刺澤州。開運元年，復入爲右監門大將軍。[2]三年秋，以疾卒於東京，年五十一。

[1]單州：州名。治所在今山東單縣。　"高祖即位"至"乃授單州刺史"：明本《册府》卷四八《帝王部・從人欲門》："晉高祖天福二年，以沂州刺史李繼忠爲單州刺史。帝以繼忠勳舊之後，數月之中連改三郡，從其欲也。"

[2]開運：後晉出帝石重貴年號（944—946）。　右監門大將軍：官名。唐置，掌宮禁宿衛。唐代十六衛之一。正三品。

始繼忠母楊氏善治産，平生積財鉅萬。及高祖建義於太原，楊已終，繼忠舉族家於晋陽。時以諸軍方困，契丹援兵又至，高祖乃使人就其第，疏其複壁，取其舊積，所獲金銀紈素甚廣，至於巾屨瑣屑之物，無不取足。[1]高祖既濟大事，感而奇之，故車駕入洛，繼忠雖有舊恚，連領大郡，皆楊氏之力也。《永樂大典》卷一萬三百八十九。[2]

[1]"時以諸軍方困"至"無不取足"：《新五代史》卷三六《李嗣昭傳》："繼忠家于晋陽，楊氏所積餘貲猶鉅萬，晋高祖自太原起兵，召契丹爲援，契丹求賂，高祖貸于繼忠以取足。高祖入立，甚德之，以爲沂、棣、單三州刺史，開運中卒。楊氏平生積産，嗣昭父子三人賴之。"

[2]《大典》卷一〇三八九"李"字韻"姓氏"事目。

李頊

李頊，陳州項城人，即河陽節度使兼侍中罕之子也。[1]罕之，《梁書》有傳。[2]唐文德中，罕之與河南張全義爲仇，交相攻擊，罕之兵敗，北投太原，武皇以澤州處之，罕之將赴任，留頊爲質焉。[3]時莊宗未弱冠，因與頊遊處，甚相昵狎。[4]光化初，罕之自澤州襲據潞州，送款於梁，武皇以頊父叛，將殺之，莊宗密與駿騎，使逃出境，頊遂奔河南。梁祖以其父子歸己，委遇甚厚。[5]天復中，梁祖自鳳翔送唐昭宗歸長安，留軍萬人，命姪友倫與頊總之，以宿衛爲名。[6]及梁祖逼禪，累掌禁兵，倚爲肘腋。庶人友珪立，授頃檢校尚書右僕射、右羽林統軍。梁末帝之誅友珪，頃預其謀，尋歷隨州刺史，復爲右羽林統軍。[7]同光初，莊宗入汴，召頃見之，莊宗忻然，授衛州刺史，加光禄大夫、檢校太保。[8]明宗朝，授衍州刺史。長興中，檢校太傅、右神武統軍。高祖即位之二年，加特進、檢校太尉、右領軍衛上將軍。[9]三年，進封開國伯。五年，遷左領軍衛上將軍。[10]尋以病卒，年七十。制贈太師。[11]頃性溫雅，不暴虐，凡刺郡統衆，頗有畏愛，及卒，人甚惜之。

[1]李頃：中華書局本有校勘記："《新五代史》卷四二《李罕之傳》、《通鑑》卷二五七作‘李顥’。本書各處同。" 河陽：方鎮名。治所在孟州（今河南孟州市）。

[2]罕之《梁書》有傳：見《輯本舊史》卷一五《李罕之傳》。

[3]唐文德中：《輯本舊史》原作"光啓"。《輯本舊史·李罕之傳》繫此事於文德年間。《通鑑》卷二五七文德元年（888）五月條："罕之留其子頃事克用。"則當爲文德年間事，故改。 張全義：人名。濮州臨濮（今山東鄄城縣）人。唐末、後梁、後唐將領。傳見本書卷六三、《新五代史》卷四五。

[4]弱冠：古時男子二十歲稱"弱冠"。行冠禮以示成年，但因體猶未壯，尚屬年少，故以"弱"稱之。 "時莊宗未弱冠"至"甚相昵狎"：《新五代史》卷四二："罕之初背梁而歸晋，晋王以罕之守澤州，罕之留其子頃與莊宗遊，甚狎。"

[5]光化初：中華書局本有校勘記："‘光化’，原作‘光啓’，據本書卷一五《李罕之傳》、《舊唐書》卷二〇上《昭宗紀》、《通鑑》卷二六一改。按李罕之據潞州事在光化元年十二月。"《通鑑》卷二六一光化元年（898）十二月條："罕之擅引澤州兵夜入潞州，

據之。"《新五代史》卷四二:"後罕之背晉以歸梁, 晉王怒, 欲殺
頥, 莊宗與之駿馬, 使奔于梁。太祖得頥父子大喜, 使與友倫將兵
以衛昭宗, 故頥當太祖時, 常掌禁兵。"

[6]天復: 唐昭宗李曄年號 (901—904)。中華書局本有校勘記:
"原作'天福', 據劉本改。"唐無"天福"年號。 鳳翔: 方鎮名。
治所在鳳翔府 (今陝西鳳翔縣)。 唐昭宗: 即李曄。唐朝第十九位
皇帝, 888 年至 904 年在位。紀見《舊唐書》卷二〇上、《新唐書》
卷一〇。 友倫: 人名。即朱友倫。朱溫之侄。傳見本書卷一二、
《新五代史》卷一三。《輯本舊史》之影庫本粘籤:"'友倫', 原本作
'有倫', 今從《歐陽史》改正。"見《新五代史》卷四二。

[7]友珪: 人名。即朱友珪。後梁太祖朱溫次子, 殺朱溫自立。
後追廢爲庶人。事見本書卷八《梁末帝紀上》、《新五代史》卷三
《梁本紀》。 右羽林統軍: 官名。唐置六軍, 分左、右羽林, 左、
右龍武, 左、右神武, 即"北衙六軍"。唐德宗興元元年 (784),
六軍各置統軍, 以寵勳臣。五代沿之。其品秩, 《唐會要》卷七一
《十二衛》、《舊唐書》卷一二《德宗紀上》記載爲"從二品";
《通鑑》卷二二九興元元年正月辛丑條記載爲"從三品"。 梁末
帝: 即後梁末帝朱友貞。後梁太祖朱溫之子。913 年至 923 年在位。
紀見本書卷八至卷一〇、《新五代史》卷三。

[8]莊宗: 即李存勗。小字亞子, 沙陀部人, 太原 (今山西太
原市) 人。晉王李克用之子, 後唐開國皇帝。紀見本書卷二七至卷
三四及《新五代史》卷四、卷五。 衛州: 州名。治所在今河南衛
輝市。 光禄大夫: 官名。唐、五代文散官。從二品。

[9]"梁末帝之誅友珪"至"右領軍衛上將軍":《新五代史》
卷四二:"末帝誅友珪, 頥與其謀, 拜右羽林統軍、澶州刺史。事
唐, 歷衛、衍二州刺史, 累遷右領軍衛上將軍。"

[10]五年, 遷左領軍衛上將軍:《輯本舊史》卷四七《唐末帝
紀中》清泰二年 (935) 十月己巳條:"以左衛上將軍李頥爲左領軍
上將軍。"卷四八《唐末帝紀下》清泰三年四月己未條:"以右領軍

上將軍李頗爲華清宮使。"卷七八《晋高祖紀四》天福四年七月癸卯條："以華清宮使李頗爲右領軍衛上將軍。"

[11]尋以病卒，年七十。制贈太師：《輯本舊史》卷七九《晋少帝紀五》天福六年六月壬寅條："右領衛上將軍李頗卒，贈太師。"《新五代史》卷四二："天福中卒，年七十，贈太尉。"

　　子彦弼，在太原日，因頗走歸梁朝，武皇怒，下蠶室加熏腐之刑，後籍於内侍省卒焉。[1]《永樂大典》卷一萬八千一百三十一。[2]

　　[1]蠶室：古代執行宮刑的監室。　熏腐之刑：又稱腐刑、宮刑。即將男子閹割去勢。　内侍省：官署名。北齊始設，歷代沿置。皇帝近侍機構，掌宮廷内部各項事務。
　　[2]《大典》卷一八一三一"將"字韻"後晋將"事目。

周光輔

　　周光輔，太原人，後唐蕃漢馬步總管、幽州節度使德威之長子也。[1]德威，有傳在《唐書》。[2]光輔年甫十歲，補幽州中軍兵馬使，有成人之志，德威以牙軍委之，麾下咸取決焉。及長，體貌魁偉，練於戎事。父卒，授嵐州刺史，從莊宗平梁，遷檢校尚書左僕射、汝州防禦使，仍賜協謀定亂功臣。[3]天成初，移汾州。[4]四年，入爲右監門衛大將軍。長興、清泰中，歷陳、懷、磁三郡，繼加檢校司徒。高祖即位，授蔡州刺史，歲餘，卒於郡，時年三十五。贈太保。光輔以功臣子，歷數郡皆無濫政，竟善終於官，雖享年不永，亦可嘉也。

光輔有弟數人：光貞歷義、乾二州刺史，入爲諸衛將軍；光遜繼爲蔡州刺史；光贊任青州行軍司馬，及楊光遠叛滅，貶商州司馬，會赦徵還，尋卒於家。[5]《永樂大典》卷五千四百一。[6]

[1]蕃漢馬步總管：官名。後唐置，爲蕃漢馬步軍總指揮官。幽州：州名。治所在今北京市。

[2]有傳在《唐書》：見《輯本舊史》卷五六《周德威傳》。德威：人名。即周德威。朔州馬邑（今山西朔州市朔城區東北）人。唐末、五代河東將領。傳見本書卷五六、《新五代史》卷二五。

[3]嵐州：州名。治所在今山西嵐縣。　汝州：州名。治所在今河南汝州市。　防禦使：官名。唐代始置，設有都防禦使、州防禦使兩種。常由刺史或觀察使兼任，實際上爲唐代後期州或方鎮的軍政長官。　父卒，授嵐州刺史：《通鑑》卷二七〇貞明四年（918）十二月條：“晉王還營，聞周德威父子死，哭之慟，曰：‘喪吾良將，是吾罪也。’以其子幽州中軍兵馬使光輔爲嵐州刺史。”

[4]“遷檢校尚書左僕射、汝州防禦使”至“移汾州”：《輯本舊史》卷五六：“子光輔，歷汾、汝州刺史。”

[5]義：州名。治所在今河南信陽市。　乾：州名。治所在今陝西乾縣。　商州：州名。治所在今陝西商洛市商州區。

[6]《大典》卷五四〇一爲“橋”字韻“橋名”事目，無法確定出處，存疑。

符彥饒

符彥饒，唐莊宗朝蕃漢總管存審之第二子也。[1]存審，《唐書》有傳。[2]彦饒少驍勇，能騎射。唐天祐十五年冬，莊宗與梁大戰於胡柳陂，彦饒與弟彦圖俱從其父血戰有功，莊宗壯之，因用爲騎將。[3]同光中，以功授曹州刺史。明宗即位，改刺沂州。天成中，屯守梁園，會起軍北戍塞下，時有偏校以宣武乏帥，迫彦饒爲之，彦饒紿許其請，明日，殺爲惡者奏之，時人嘉其方略。[4]長興中，爲金州防禦使，爲政甚有民譽，其後累遷節鎮。[5]天福初，爲滑州節度使，累官至檢校太傅。[6]二年七月，范延光據鄴都叛，朝廷遣侍衛馬軍都指揮使白奉進率騎軍三千，屯於州之開元寺。[7]一日，彦饒與奉進因事忿爭於牙署，事具奉進傳中。是時，奉進厲聲曰：“爾莫是與范延光同反耶？”拂衣而起，彦饒不留，帳下介士大譟，擒奉進殺之。奉進從騎散走，傳呼於外。時步軍都校馬萬、次校盧順密聞奉進被害，即率其部衆攻滑之子城，執彦饒以出。[8]遣裨校方太拘送闕下，行及赤岡南，高祖遣中使害於路左。[9]《永樂大典》卷一萬八千一百三十二。[10]

[1]存審：人名。即符存審。陳州宛丘（今河南淮陽縣）人。後唐將領。傳見本書卷五六、《新五代史》卷二五。

[2]存審，《唐書》有傳：《輯本舊史》卷五六有《符存審傳》。《新五代史》卷二五《符存審傳》：“存審三子：彦超、彦饒、彦卿。”

[3]胡柳陂：地名。位於今河南濮陽縣。　彦饒與弟彦圖俱從其父血戰有功：《輯本舊史》卷五六《符存審傳》天祐十五年（918）十二月條：“存審與其子彦圖冒刃血戰。”《新五代史》卷二

五："存審與其子彥圖力戰。"皆不言彥饒。彥圖不見於《新五代史》卷二五所載存審三子。《宋本冊府》卷三九六《將帥部·勇敢門三》李存審條（符存審賜姓李）、卷八四七《總錄部·勇門》符彥饒條兼言彥圖及彥饒。

[4]宣武：方鎮名。治所在汴州（今河南開封市）。"同光中"至"時人嘉其方略"：《新五代史》卷二五："次子彥饒，爲汴州馬步軍都指揮使。天成元年，發汴兵三千戍瓦橋關，控鶴指揮使張諫爲亂，殺權知州高逖，迫彥饒爲帥。彥饒陽許之曰：'欲吾爲帥，當止焚掠，明日以軍禮見吾於南衙。'乃陰與拱衛指揮使龐起伏甲于衙內。明日，諫等皆集，伏兵發，誅諫等，殺四百餘人，即日牒州事與推官韋儼。明宗下詔褒其忠略。其後累遷彰聖都指揮使，歷曹、沂、饒三州刺史。"明本《冊府》卷四二三《將帥部·討逆門》："符彥饒爲汴州馬步軍都指揮使。明宗天成元年，詔發汴軍三千人戍瓦橋，令控鶴指揮使張諫部率。既出城，軍衆大譟，回戈攻門，剽劫坊市，殺權州知州、推官高逖，仍劫彥饒爲節度使。彥饒喻之曰：'公等以離家遠戍，不願進程，吾可爲爾奏聞。明天子在上，安得自擇主帥，行如此事？未見其福。'亂兵不遜。彥饒懼及禍，曰：'爾輩欲吾爲帥，當宜便止焚劫，一從吾命。'軍衆曰：'然。'即分命撫遏，斬其暴者，是日安靜。彥饒曰：'翌日，吾於南衙領事，當以軍禮見。'彥饒密與拱衛指揮使龐超謀，伏甲於室。詰朝，諸將入賀陳列，彥饒曰：'昨日暴亂者數人而已，將立法令，無宜長惡。'即命斬張諫及同惡三人。諫黨張審瓊召其衆，大譟於建國門。彥饒乃率軍攻擊，遂入張諫營，殺其謀亂者四百人。"亦見《通鑑》卷二七五天成元年（926）六月丁酉條。"符彥饒"作"李彥饒"，因其父存審賜姓李而改。

[5]"長興中"至"其後累遷節鎮"：《新五代史》卷二五："清泰三年，自饒州刺史拜忠正軍節度使、侍衛馬步軍都指揮使。"《宋本冊府》卷一七二《帝王部·求舊門二》唐末帝清泰元年（934）五月條："以右千牛衛上將符彥饒充左右翊衛都指揮使。彥

饒舊典禁軍，明宗朝立定亂之功。今春以伯氏安州不治而入宿衛，帝游舊也，故復委任之。"

[6]"天福初"至"累官至檢校太傅"：《輯本舊史》卷七六《晋高祖紀二》天福元年（936）十二月丁亥條："以步軍都指揮使符彥饒爲滑州節度使。"《新五代史》卷二五："晋高祖起太原，彥饒以侍衛兵從廢帝至河陽。廢帝敗，晋高祖以楊光遠代彥饒將親軍，徙彥饒義成軍節度使。"《通鑑》卷二八〇天福元年九月甲辰條："遣彰聖都指揮使符彥饒將洛陽步騎兵屯河陽。"同月己酉條："遣劉延朗監侍衛步軍都指揮使符彥饒軍赴潞州，爲大軍後援。諸軍自鳳翔推戴以來，驕悍不爲用，彥饒恐其爲亂，不敢束之以法。"同年閏十一月丁卯條："契丹以其將高謨翰爲前鋒，與降卒偕進。丁卯，至團柏，與唐兵戰。趙德鈞、趙延壽先遁，符彥饒、張彥琦、劉延朗、劉在明繼之，士卒大潰，相騰踐死者萬計。"同月丁丑條："符彥饒、張彥琪至河陽，密言於唐主曰：'今胡兵大下，河水復淺，人心已離，此不可守。'"同月庚辰條："唐主命馬軍都指揮使宋審虔、步軍都指揮使符彥饒、河陽節度使張彥琪、宣徽南院使劉延朗將千餘騎至白馬阪行戰地，有五十餘騎度河奔于北軍。"

[7]范延光：人名。相州臨漳（今河北臨漳縣）人。後唐、後晋將領。傳見本書卷九七、《新五代史》卷五一。 侍衛馬軍都指揮使：官名。五代時皇帝親軍侍衛馬軍司長官。 白奉進：人名。雲州清塞軍（今山西陽高縣）人。後唐、後晋將領。傳見本書卷九五。 開元寺：寺名。《唐會要》卷五〇《雜記》載，開元"二十六年六月一日，敕每州各以郭下定形勝觀、寺，改以開元爲額"。此處爲位於兗州的開元寺。 "二年七月"至"屯於州之開元寺"：《通鑑》卷二八一天福二年六月甲午條："義成節度使符彥饒奏延光遣兵度河，焚草市。"

[8]馬萬：人名。澶州（今河南濮陽市）人。後唐、後晋、後漢將領。傳見本書卷一〇六。 盧順密：人名。汶陽（今山東泰安市）人。五代方鎮軍閥。傳見本書卷九五。

[9]方太：人名。青州千乘（今山東高青縣）人。五代藩鎮將領。傳見本書卷九四。　赤岡：地名。位於今河南開封市東北。今名霍赤岡。　中使：官名。泛指朝廷派出的使臣。多由宦官擔任。

"一日"至"高祖遣中使害於路左"：《輯本舊史》卷九五《白奉進傳》："六月，范延光據鄴爲亂，詔遣率騎軍三千北屯滑臺。時符彥饒爲滑州節度使，一夕，有軍士夜掠居人，奉進捕之，凡獲五盜，三在奉進本軍，二在彥饒麾下，尋命俱斬之。彥饒怒其不先告，深銜之。明日，奉進左右勸奉進面謝，奉進然之，以從騎數人候彥饒於牙城，既入，且述其過。"詳見《新五代史·符彥饒傳》、《通鑑》卷二八一天福二年七月條。《輯本舊史》卷七六《晉高祖紀二》天福二年六月丁酉條："遣內班史進能押信箭一對，往滑州賜符彥饒。"《新五代史》卷八《晉本紀》天福二年六月丁酉條："傳箭于義成軍節度使符彥饒。"同年七月條："義成軍亂，殺戍將侍衛馬軍都指揮使白奉進。甲寅，戍將奉國指揮使馬萬執符彥饒歸于京師，命殺之于赤岡。"《宋本冊府》卷四二《帝王部·仁慈門》晉高祖天福四年七月甲子條："敕符彥饒、張繼祚、婁英、尹暉等皆受國恩，悉虧臣節，孽非天作，憨實自貽，尋正典刑，屢遷歲月，宜示燭幽之道，用推掩骼之仁，宜令近親，任便收葬。"

[10]《大典》卷一八一三二"將"字韻"後晉將"事目。

羅周敬

羅周敬，字尚素，鄴王紹威之第三子也。[1]紹威，《梁書》有傳。[2]周敬幼聰明，八歲學爲詩，往往傳於人口，起家授檢校尚書禮部員外郎。[3]梁乾化中，以兄周翰節制滑臺，卒於官，乃以周敬繼之，命爲兩使留後，尋正授旄鉞，時年十歲。[4]未幾，改授許州節度使，繼加檢校尚書左僕射。[5]踰三年，徵授秘書監、檢校司空、駙馬都尉，尚梁普安公主，旋移光祿卿。[6]莊宗即位，歷左右金吾大將軍。[7]初，唐天祐中，紹威嘗建第於洛陽福善里，及莊宗入洛，以梁租庸使趙巖宅賜明宗。[8]同光中，明宗在洛，以趨內稍遠，乃召周敬議易其第，周敬諾之。後明宗即位，一日夢中見一人，儀形瓌秀，若素識者，夢中問曰：“此得非前宅主羅氏乎？”及寤，訪其子孫，左右對曰：“周敬見列明廷。”召至，果符夢中所見。明宗謂侍臣曰：“朕不欲使大勳之後久無土地。”因授同州節度使，加檢校太保。[9]長興中，入爲左監門衛上將軍，四遷諸衛上將軍。[10]天福二年卒，時年三十二。贈太傅。[11]《永樂大典》卷五千六百七十八。[12]

　　[1]紹威：人名。即羅紹威。魏州貴鄉（今河北大名縣）人。唐末軍閥。傳見本書卷一四、《新五代史》卷三九。

　　[2]紹威，《梁書》有傳：《羅紹威傳》見《輯本舊史》卷一四、《新五代史》卷三九。

　　[3]員外郎：官名。尚書省郎官之一。爲郎中的副職，協助負責諸司事務。從六品上。　“周敬幼聰明”至“往往傳於人口”：《宋本冊府》卷七七五《總録部·幼敏門》：“梁羅周敬年七八歲，學於詩，往往傳於人口。”“於詩”，明本《冊府》作“賦詩”。

　　[4]周翰：人名。即羅周翰。魏州貴鄉（今河北大名縣）人。後梁將領。事見本書卷八、卷二七。　滑臺：地名。位於今河南滑縣。　“梁乾化中”至“時年十歲”：《輯本舊史》卷一四：“紹威子三人：長曰廷規，位至司農卿，尚太祖女安陽公主，又尚金華公主，早卒。次曰周翰，繼爲魏博節度使，亦早卒。季曰周敬，歷滑州節度使，別有傳。”《新五代史》卷三九：“子三人，廷規，官至

司農卿卒。周翰襲父位，乾化二年八月爲楊師厚所逐，徙爲宣義軍節度使，卒于官，年十四。周敬代爲宣義軍節度使，年十歲，徙鎮忠武。”

[5]“未幾”至“繼加檢校尚書左僕射”：《金石萃編》卷一二〇《羅周敬墓誌銘》載：“（貞明二年）丙子春二月，移鎮許田，加檢校尚書左僕射。”

[6]秘書監：官名。秘書省長官。掌圖書秘記等，從三品。徵授秘書監：中華書局本有校勘記：“《册府》卷三〇〇敘其事作‘徵授秘書中監’。本書卷九《梁末帝紀中》、羅周敬墓誌（拓片刊《北京圖書館藏中國歷代石刻拓本匯編》第三十六册）記其‘守殿中監’。”見明本《册府》卷三〇〇《外戚部·選尚門》。《輯本舊史》卷九《梁末帝紀中》貞明四年（918）七月戊戌條：“以前匡國軍節度使、檢校尚書左僕射羅周敬爲檢校司空、守殿中監、駙馬都尉。”　駙馬都尉：官名。漢武帝始置，魏、晉以後公主夫婿多加此稱號。從五品下。　尚梁普安公主：《輯本舊史》之影庫本粘籤：“‘普安’，原本作‘莖安’，今從《五代會要》改正。”《會要》無普安公主。明本《册府》卷三〇〇《外戚部·選尚門》云：“羅周敬……尚普安公主。”《新五代史》卷三九：“周敬亦娶末帝女，曰晉安公主。”　光禄卿：官名。南朝梁武帝天監七年（508）改光禄勳置，隋、唐沿置。掌宫殿門户、帳幕器物、百官朝會膳食等。從三品。

[7]莊宗即位，歷左右金吾大將軍：《輯本舊史》卷三七《唐明宗紀三》天成元年（926）九月己卯條：“以光禄卿羅周敬爲右金吾衛大將軍，充街使。”

[8]租庸使：官名。唐主持催徵租庸地税的中央使臣。後梁、後唐時，租庸使取代鹽鐵、度支、户部，爲中央財政長官。　趙巖：人名。陳州宛丘（今河南淮陽縣）人。唐忠武軍節度使趙犨之子。後梁大臣。傳見本書卷一四。

[9]此得非前宅主羅氏乎：中華書局本有校勘記：“‘乎’，原作

‘子’，據彭校、《御覽》卷一八〇引《五代史·晋史》、《册府》卷一七二改。”見《御覽》卷一八〇《居處部·宅門》、《宋本册府》卷一七二《帝王部·求舊門二》。《輯本舊史》卷三九《唐明宗紀五》天成三年二月壬寅條：“以左金吾大將軍羅周敬爲同州節度使。”

[10]“長興中”至“四遷諸衛上將軍”：《輯本舊史》卷四一《唐明宗紀七》長興元年（930）十一月丙子條：“以前同州節度使羅周敬爲左監門上將軍。”卷四二《唐明宗紀八》長興二年八月癸亥條：以“左監門上將軍羅周敬爲右領上將軍。”卷四三《唐明宗紀九》長興三年二月庚午條：“以右領軍上將軍羅周敬爲右威衛上將軍。”卷四四《唐明宗紀十》長興四年六月丁巳條：“以右驍衛上將軍羅周敬爲左羽林統軍。”

[11]時年三十二：中華書局本有校勘記：“‘三十二’，羅周敬墓誌作‘三十三’。”《輯本舊史》卷七六《晋高祖紀二》天福二年（937）二月甲辰條：“以左羽林統軍羅周敬爲右金吾衛上將軍。”同年九月庚申條：“故右金吾衛上將軍羅周敬贈太傅”。

[12]《大典》卷五六七八“羅”字韻“姓氏”事目。《新輯會證》本傳録《金石萃編》卷一二〇所收殷鵬撰《晋故竭誠匡定保乂功臣特進檢校太保右金吾衛上將軍兼御史大夫上柱國長沙郡開國公食邑一千八百户實封一百户贈太傅羅公墓誌銘并序》，可參見。

鄭琮

鄭琮，太原人也。始事唐武皇爲五院軍小校，[1]屢有軍功。莊宗在河上，爲馬步都虞候。戎伍之事，一覽不忘，凡所詰問，應答如流，故所在知名。唐同光末，從明宗伐魏州，時軍情有變，明宗退守魏縣，未知趨向。[2]安重誨將徵兵于四方，琮在帳前，歷數諸道屯軍及主將姓名，附口傳檄，相次而至。[3]明宗即位，嘉其功，授防州刺史，秩滿，父老請留。三年八月，授左羽林統軍。唐長興二年二月，出刺武州。[4]高祖即位，復居環衛，久之，以俸薄家貧，鬱鬱不得志。天福中，以疾終于官。贈司徒。《永樂大典》卷一萬八千八百八十一。[5]

[1]五院軍：部隊名。唐末李克用始置。

[2]魏縣：縣名。治所在今河北魏縣。

[3]“鄭琮”至“相次而至”：亦見明本《册府》卷四三一《將帥部·勤戎事門》、《宋本册府》卷七九九《總録部·彊記門》。

[4]出刺武州：《輯本舊史》卷四六《唐末帝紀上》清泰元年（934）七月癸卯條：“以前武州刺史鄭琮爲右衛上將軍。”

[5]《大典》卷一八八八一“鄭”字韻“姓氏”事目。

舊五代史　卷九二

晉書十八

列傳第七[1]

[1]按：本卷末無史論。

姚顗

姚顗，字伯真，京兆萬年人。[1]曾祖希齊，湖州司功參軍。[2]祖宏慶，蘇州刺史，父荊，國子祭酒。[3]顗少慤，敦厚，靡事容貌，任其自然，流輩未之重，唯兵部侍郎司空圖深器之，以女妻焉。[4]顗性仁恕，多爲僕妾所欺，心雖察之，而不能面折，終身無喜怒。不知錢百之爲陌，黍百之爲銖，凡家人市貨百物，入增其倍，出減其半，不詢其由，無擔石之儲，心不隕穫。[5]

[1]京兆：府名。治所在今陝西西安市。　萬年：縣名。治所在今陝西西安市長安區。《新五代史》卷五五《姚顗傳》："姚顗，字百真，京兆長安人也。"

[2]湖州：州名。治所在今浙江湖州市。　司功參軍：官名。掌税課、假使、祭祀、禮樂、學校、表疏、書啓、録食、祥異、醫藥、卜筮、陳設、喪葬。唐制，在府爲功曹參軍，在州爲司功參軍，在縣爲司功。

[3]祖宏慶：中華書局本有校勘記：“‘弘慶’，《册府》卷八五三作‘弘度’。”中華書局本所謂《册府》乃明本，宋本作“弘慶”。　刺史：官名。漢武帝始置。州一級行政長官，總掌考覈官吏、勸課農桑、地方教化等事。唐中期以後，節度、觀察使轄州而設，刺史爲其屬官，職任漸輕。從三品至正四品下。　國子祭酒：官名。國子監主官。掌教授生徒。從三品。　“姚顗”至“國子祭酒”：《宋本册府》卷八五三《總録部・姻好門》。

[4]兵部侍郎：官名。兵部副長官，與尚書分掌武官銓選、勳階、考課之政。正四品下。　司空圖：人名。臨淄（今山東淄博市臨淄區）人。一説河中虞鄉（今山西永濟市）人。唐末進士、官員。後隱居中條山。傳見本書附録、《舊唐書》卷一九〇下、《新唐書》卷一九四。《輯本舊史》之影庫本粘籤：“司空圖，原本作‘司空塗’，今從《册府元龜》改正。”《舊五代史考異》：“案：《歐陽史》作中條山處士司空圖一見奇之。據《新唐書・卓行傳》：司空圖爲户部侍郎，以疾歸，昭宗在華，召爲兵部侍郎，辭不赴。是圖非處士也。”見《新五代史》卷五五、《新唐書》卷二一七。此條亦見《宋本册府》卷八四三《總録部・知人門》、卷八五〇《總録部・氣量門》、卷八五三。後兩條言司空圖爲“名士”而非“處士”。

[5]“顗性仁恕”至“心不隕穫”：亦見《宋本册府》卷八五〇。

唐末，隨計入洛，出游嵩山，有白衣丈夫拜于路側，請爲童僕。[1]顗辭不納。乃曰：“鬼神享于德，君子孚于信，余則鬼也，將以託賢者之德，通化工之信，幸無辭焉。昔余掌事陰府，承命攝人之魂氣，名氏同而其人非，且富有壽算，復而歸之，則筋骸已敗，由是獲譴，使不得爲陽生。公中夏之相輔也，今爲謁中天之祠，若以某姓名求之，神必許諾。"[2] 顗因爲之虔禱而還，白衣迎于山下，曰："余免其苦矣。"拜謝而退。顗次年擢進士第。

[1]有白衣丈夫拜于路側：中華書局本有校勘記："'丈夫'，原作'大夫'，據殿本、邵本校、彭校改。"
[2]若以某姓名求之：中華書局本有校勘記："'求'，原作'救'，據殿本、劉本改。"

梁貞明中，歷校書郎、登封令、右補闕、禮部員外郎，召入翰林，累遷至中書舍人。[1]唐莊宗平梁，以例貶復州司馬，歲餘牽復，授左散騎常侍，歷兵吏部侍郎、尚書左丞。[2]唐末帝即位，講求輔相，乃書朝中清望官十餘人姓名置於瓶中，清夜焚香而挾之，既而得盧文紀與顗，遂拜中書侍郎、平章事。[3]制前一日，嵩山白衣來謁，謂顗曰："公明日爲相。"其言無差，冥數固先定矣。[4]

[1]貞明：後梁末帝朱友貞年號（915—921）。　校書郎：官名。東漢始置，掌典校收藏於蘭臺的圖書典籍，亦稱校書郎中。唐秘書省及著作局皆置，正九品上；弘文館亦置，從九品上。《舊唐書》卷二〇上《昭宗紀》天祐元年（904）六月甲寅，以"前進士

姚顗爲校書郎"。　　登封：縣名。治所在今河南登封市。　　右補闕：官名。唐代諫官。武則天時始置。分爲左、右，左補闕隸門下省，右補闕隸中書省。掌規諫諷諭，大事可以廷議，小事則上封奏。從七品上。　　禮部員外郎：官名。尚書省禮部次官。佐禮部侍郎掌諸司事。從六品上。　　中書舍人：官名。中書省屬官。掌起草文書、呈遞奏章、傳宣詔命等。正五品上。　　"梁貞明中"至"累遷至中書舍人"：《新五代史》卷五五《姚顗傳》："舉進士，事梁爲翰林學士、中書舍人。"

[2]唐莊宗：即李存勗，小字亞子，太原（今山西太原市）人。沙陀部人。晋王李克用之子，後唐開國皇帝。紀見本書卷二七至卷三四及《新五代史》卷四、卷五。　　復州：州名。治所在今湖北天門市。　　司馬：官名。州軍佐官。名義上紀綱衆務，通判列曹，品高俸厚，實際上無具體職事，多用以安置貶謫官員，或用作遷轉官階。上州從五品下，中州正六品下，下州從六品上。　　左散騎常侍：官名。門下省屬官。掌侍奉規諷，備顧問應對。正三品下。　　吏部侍郎：官名。尚書省吏部次官。協助吏部尚書掌文選、勳封、考課之政。正四品上。　　尚書左丞：官名。尚書省佐貳官。唐中期以後，與尚書右丞實際主持尚書省日常政務，權任甚重。正四品上。後梁開平二年（908）改爲左司侍郎，後唐同光元年（923）復舊爲左丞。正四品。　　"唐莊宗平梁"至"尚書左丞"：《輯本舊史》卷三〇《唐莊宗紀四》同光元年（923）十月丙戌條：乃貶"姚顗復州司馬"；卷三六《唐明宗紀二》天成元年（926）六月己巳條："秘書少監姚顗爲左散騎常侍。"卷四〇《唐明宗紀六》天成四年六月辛丑條："以左散騎常侍姚顗爲兵部侍郎。"同卷同年八月甲辰條："兵部侍郎姚顗爲鹵簿使。"卷四一《唐明宗紀七》長興元年（930）九月乙酉條："姚顗爲吏部侍郎。"卷四三《唐明宗紀九》長興三年十二月壬戌條："以吏部侍郎姚顗爲尚書左丞。"《新五代史》卷五五："唐莊宗滅梁，貶復州司馬，已而以爲左散騎常侍兼吏部侍郎、尚書左丞。"

[3]唐末帝：即後唐末帝李從珂。又稱廢帝。鎮州（今河北正定縣）人。後唐明宗養子，明宗入洛陽，他率兵追隨，以功拜河中節度使，封潞王。紀見本書卷四六至卷四八、《新五代史》卷七。

盧文紀：人名。京兆萬年（今陝西西安市長安區）人。唐末進士，五代宰相。傳見本書卷一二七、《新五代史》卷五五。　中書侍郎：官名。中書省副長官。唐後期三省長官漸爲榮銜，中書、門下侍郎却因參議朝政而職位漸重，常常用爲以"同三品"或"同平章事"任宰相者的本官。正三品。　"唐末帝即位"至"平章事"：《輯本舊史》卷四六《唐末帝紀上》清泰元年（934）八月辛未條："以前尚書左丞姚顗爲中書侍郎、平章事。"亦見明本《册府》卷七四《帝王部·命相門》，《新五代史》卷七《唐廢帝紀》清泰元年："八月辛未，尚書左丞姚顗爲中書侍郎同中書門下平章事，許御署官選。"《輯本舊史》卷一二六《盧文紀傳》："清泰初，中書闕輔相，末帝訪之於朝，左右曰：'臣見班行中所譽，當大拜者，姚顗、盧文紀、崔居儉耳。'"《新五代史·姚顗傳》："廢帝欲擇宰相，選當時清望官知名於世者，得盧文紀及顗，乃拜顗中書侍郎、同中書門下平章事。"《盧文紀傳》："後廢帝入立，欲擇宰相，問於左右，左右皆言：'文紀及姚顗有人望。'"《通鑑》卷二七九清泰元年六月："（帝）欲更命相，問所親信以朝臣聞望宜爲相者，皆以尚書左丞姚顗、太常卿盧文紀、秘書監崔居儉對；論其才行，互有優劣。帝不能決，乃置其名於琉璃瓶，夜焚香祝天，且以筯挾之，首得文紀，次得顗。"同卷同年八月辛未條："以姚顗爲中書侍郎、同平章事。"《輯本舊史》卷四七《唐末帝紀中》清泰二年四月："以宰相盧文紀兼太微宮使，弘文館大學士姚顗加門下侍郎，監修國史張延朗兼集賢殿大學士。"又，姚顗以宰臣身份監修國史，見《輯本舊史》卷四八《唐末帝紀下》清泰三年二月："庚午，監修國史姚顗，史官張昭遠、李祥、吳承範等修撰《明宗實録》三十卷上之。"亦見《宋本册府》卷五五四《國史部·恩獎門》："晋姚顗，後唐爲門下侍郎、平章事，監修國史，清泰三年上《明宗實

録》三十卷。”卷五五七《國史部·採撰門》：“姚顗爲相兼監修
國史。”

[4]其言無差，冥數固先定矣：《舊五代史考異》：“案《歐陽
史》本傳云：顗爲人仁恕，不知錢陌銖兩之數，御家無法，在位齷
齪無所爲。唐制，吏部分三銓，尚書一人曰尚書銓，侍郎二人曰中
銓、東銓，每歲集以孟冬三旬，而選盡季春之月。天成中，馮道爲
相，建言天下未一，選人歲纔數百，而吏部三銓分注，雖曰故事，
其寔徒煩而無益，始詔三銓合而爲一，而尚書、侍郎共行選事。至
顗與盧文紀爲相，復奏分銓爲三，而循資長定舊格，歲久多舛，因
增損之，選人多不便之，往往邀遮宰相，喧訴不遜，顗等無如之
何，廢帝爲下詔書禁止。”其中，“選人多不便之”，中華書局本有
校勘記：“‘選人’，原作‘遷人’，據彭校、《新五代史》卷五五
《姚顗傳》改。”《輯本舊史》卷四六《唐末帝紀上》清泰元年冬十
月條：“戊子，宰臣姚顗奏：‘吏部三銓，近年併爲一司，望令依舊
分銓。’”同卷同年十二月乙亥條：“以中書侍郎、平章事姚顗兼集
賢殿大學士。”卷四七《唐末帝紀中》清泰二年四月癸未條：“弘文
館大學士姚顗加門下侍郎。”卷四八《唐末帝紀下》清泰三年二月
庚午條：“監修國史姚顗，史官張招遠，李祥、吳承範等修撰《明
宗實録》三十卷上之。”

　　高祖登極，罷相爲刑部尚書，俄遷户部尚書。[1]天
福五年冬卒，[2]年七十五。贈左僕射。[3]子惟和嗣。顗疏
于財，而御家無術，既死，斂葬之資不備，家人俟賙物
及鬻第方能舉喪而去。士大夫愛其廉而笑其拙。[4]《永樂
大典》卷五千三百八十三。[5]

　　[1]刑部尚書：官名。尚書省刑部主官。掌天下刑法及徒隸、
勾覆、關禁之政令。正三品。　　户部尚書：官名。唐代始置，户部

最高長官。掌土地、人民、錢穀之政。正三品。 “高祖登極”至
“俄遷户部尚書”：《新五代史》卷八《晉高祖紀》天福元年（936）
閏十一月辛巳條：“盧文紀、姚顗罷。”《輯本舊史》卷七六《晉高
祖紀二》天福元年十二月辛卯條：“以舊相姚顗爲刑部尚書。”卷七
八《晉高祖紀四》天福四年五月丁巳條：“以刑部尚書姚顗爲户部
尚書。”

[2]天福：五代後晉高祖石敬瑭年號（936—942）。出帝石重
貴沿用至九年（944）。後漢高祖劉知遠繼位後沿用一年，稱天福十
二年（947）。

[3]左僕射：官名。秦始置。隋唐前期，以左、右僕射佐尚書
令總理六官、綱紀庶務；如不置尚書令，則總判省事，爲宰相之
職。唐後期多爲大臣加銜。從二品。中華書局本有校勘記：“‘左’，
本書卷七九《晉高祖紀五》作‘右’。”《輯本舊史》卷七九《晉高
祖紀五》天福五年十月戊戌條：“户部尚書姚顗卒，廢朝一日，贈
右僕射。”

[4]士大夫愛其廉而笑其拙：中華書局本有校勘記：“‘笑’，殿
本、孔本、《册府》卷四六二作‘鄙’。”見明本《册府》卷四六二
《臺省部·清儉門》。

[5]《大典》卷五三八三“姚”字韻“姓氏”事目。

呂琦[1]

[1]中華書局本引影庫本粘籤：“《呂琦傳》，《永樂大典》闕全
篇，今就散見各韻者共得四條，排次前後，以存梗概。”

呂琦，字輝山，幽州安次人也。[1]祖壽，瀛州景城
主簿。[2]父兖，滄州節度判官，累至檢校右庶子。《永樂
大典》卷一萬七百六十五。[3]劉守光攻陷滄州，[4]琦父兖被

擒，族之。琦時年十五[5]。爲吏追攝，將就戮焉。有趙玉者，[6]幽、薊之義士也。[7]久游于兗之門下，見琦臨危，乃紿謂監者曰：“此子某之同氣也。幸無濫焉。”監者信之，即引之俱去。行一舍，琦困於徒步，以足病告，玉負之而行，逾數百里，因變姓名，乞食于路，乃免其禍。《永樂大典》卷一萬四千五百八十一。[8]年弱冠，以家門遇禍，邈無所依，乃勵志勤學，多游于汾、晋。《永樂大典》卷三千八百七十一。[9]

[1]幽州：州名。治所在今北京市。　安次：縣名。治所在今河北廊坊市安次區。

[2]瀛州：州名。治所在今河北河間市。　景城：縣名。治所在今河北滄縣。　主簿：官名。漢代以後歷朝均置。唐代京城百司和地方官署均設主簿。管理文書簿籍，參議本署政事，爲官署中重要佐官。其官階品秩，因官署而不同。

[3]滄州：州名。治所在今河北滄縣舊州鎮。　節度判官：官名。唐、五代方鎮僚屬，位在行軍司馬下。分掌使衙內各曹事，並協助使職官員通判衙事。　檢校右庶子：官名。爲散官或加官，以示恩寵，無實際職掌。　“呂琦”至“累至檢校右庶子”：《大典》卷一〇七六五“呂”字韻“姓氏（六）”事目。亦見明本《册府》卷七二九《幕府部·辟署門四》及《新五代史》卷五六《呂琦傳》。《册府》僅云“幽州人”，未云字何。

[4]劉守光：人名。深州樂壽（今河北獻縣）人。唐末、五代藩鎮軍閥。曾割據稱帝，後爲李存勖所殺。傳見本書卷一三五、《新五代史》卷三九。

[5]琦時年十五：中華書局本引《舊五代史考異》：“案：《厚德録》作琦年十四。”

[6]趙玉：人名。薊州漁陽（今天津市薊州區）人。呂兗故交，趙文度之父。事見本書本卷及《新五代史》卷五六。中華書局本引《舊五代史考異》：“案：《厚德録》作李玉。”

[7]薊：州名。治所在今天津市薊州區。

[8]“劉守光攻陷滄州”至“乃免其禍”：《大典》卷一四五八一“步”字韻／事韻。亦見明本《册府》卷八六五《總録部·報恩門》、《新五代史》卷五六《呂琦傳》及《通鑑》卷二六七梁開平四年（910）春正月條。中華書局本引原輯者案語：“案《厚德録》云：李玉嘗客于滄州呂兗門下，劉守光破滄州，盡殺呂兗家，兗子琦年十四，玉負之以逃，匃衣食以資之。燕、趙間以玉能存呂氏之孤，推以爲義士。清泰中，琦爲給事中、端明殿學士，時玉已卒，乃薦其子于知貢舉馬裔孫，遂擢甲第。考《薛史》作趙玉，《厚德録》作李玉，《薛史》作琦年十五，《厚德録》作十四。蓋傳聞之異。”（孔本）

[9]汾：州名。治所在今山西汾陽市。　晉：州名。治所在今山西臨汾市。　“年弱冠”至“多游于汾、晉”：《大典》卷三八七一。按《大典》三八七一爲“官”字韻“建官、設官、除官、授官、拜官”事目，與本則所録內容無關，疑有誤記。亦見《册府》卷七二九《幕府部·辟署門》及《新五代史》卷五六《呂琦傳》。

　　唐天祐中，莊宗方開霸府，翹佇賢士，墨制授琦代州軍事判官，秩滿歸太原，監軍使張承業重琦器量，禮遇尤厚。《永樂大典》卷二萬五百二十八。[1]會其子瓘領麟州刺史，乃辟琦從事。[2]同光中，趙德鈞鎮滄州，表琦爲節度推官，德鈞移鎮幽州，亦從之。[3]天成初，拜琦殿中侍御史，遷駕部員外郎，兼侍御史知雜事。[4]會河陽帑吏竊財事發，詔軍巡院鞫之。[5]時軍巡使尹訓怙勢納賂，枉直相反，俄有訴冤于闕下者，詔琦按之，既驗其奸，乃上言請治尹訓，沮而不行。[6]琦連奏不已，訓知其不免，自殺於家，其獄遂明，蒙活者甚衆，自是朝廷多琦之公直。《永樂大典》卷二萬五百二十八。[7]琦舉劾吏部侍郎王權、將作監王澄、太僕少卿魏仁鍔、庫部郎中孔崇弼、司門郎中李殿夢、河南縣令郭正封等六人妻敘封郡君、縣君者。[8]敕：「首敘封之例，敕格甚明，況在所司，備經其事，既成差誤，蓋是因循，顯有糾彈，實爲允當，欺即難恕，錯即可矜，然欲示戒懲，須行責罰。本行令史馬仁珪決臀杖七十勒停，本判郎中裴垣罰兩月俸，王權等六人妻進封敘封郡縣邑號官告，宜令所司追納毀廢。」[9]初，郊天後赦書節文云「朝臣並與追封贈及敘封後，不在此限。」其年七月十二日，中書以前赦書節文不該據品秩依格例施行。又奏覆在朝臣寮，限兩月內一齊聞奏，並據品秩依格例施行。河南縣令郭正封，制前任考功員外郎、朝議郎階，具是六品；制後遷河南縣令，加朝請大夫、正五品，其妻乃敘封縣君，及被舉劾，乃招僞濫，有涉情故。[10]

[1]監軍使：官名。爲臨時差遣，代表朝廷協理軍務，督察將帥。五代時常以宦官爲監軍。　張承業：人名。同州（今陝西大荔縣）人。唐末、五代宦官，河東監軍。傳見本書卷七二、《新五代史》卷三八。　「唐天祐中」至「禮遇尤厚」：《大典》卷二〇五二八「直」字韻／事韻（二）。

[2]麟州：州名。治所在今陝西神木市。

[3]同光：後唐莊宗李存勖年號（923—926）。　趙德鈞：人

名。幽州（今北京市）人。初爲幽州節度使劉守光部將，再爲後唐將領，後投降遼國。傳見本書卷九八。　節度推官：官名。唐末、五代爲藩鎮幕職官，多由藩鎮自辟置。　"會其子璀領麟州刺史"至"亦從之"：明本《册府》卷七二九《幕府部·辟署門四》，亦見《新五代史》卷五六《吕琦傳》。

[4]天成：後唐明宗李嗣源年號（926—930）。　殿中侍御史：官名。三國魏始置。唐前期屬御史臺之殿院，掌宮門、庫藏及糾察殿庭供奉、朝會儀式，分掌左、右巡，負責京師治安、京畿軍兵。唐後期常爲外官所帶憲銜。從七品下。　駕部員外郎：官名。唐代駕部郎中的副職。協助長官掌輿輦、車乘、傳驛、厩牧等事。從六品上。　侍御史知雜事：官名。唐置，以資深御史充任，總管御史臺庶務。五代沿置。

[5]河陽：縣名。治所在今河南孟州市。　軍巡院：官署名。五代於都城設左、右軍巡院，掌巡警捕盜諸事。下設左、右軍巡獄，羈押所屬範圍内之囚犯。

[6]軍巡使：官名。唐末始置。五代後梁在開封府置左、右軍巡使，以牙校充任。掌京城内争鬥等事。　尹訓：人名。籍貫不詳。五代獄吏。事見本書本卷。　沮而不行：中華書局本有校勘記："句上《册府》卷六一七有'時權臣庇訓'五字。"

[7]"天成初"至"自是朝廷多琦之公直"：《大典》卷二〇五二八。亦見明本《册府》卷六一七《刑法部·正直門》及《新五代史·吕琦傳》。

[8]王權：人名。太原（今山西太原市）人。五代官員。傳見本書本卷、《新五代史》卷五六。　將作監：官名。秦代設將作少府，唐代改將作監，其長官即爲將作監。掌宮廷器物置辦及宮室修建事宜。從三品。　王澄：人名。籍貫不詳。五代官員。事見本書本卷。　太僕少卿：官名。北魏始置。太僕卿副貳，太僕寺次官。佐太僕卿掌車馬及牲畜之政令。從四品上。　魏仁鍔：人名。籍貫不詳。五代官員。事見本書本卷。　庫部郎中：官名。尚書省庫部

長官。掌全國武器、儀仗、符勘、尺籍、武學諸事。從五品上。
孔崇弼：人名。孔子四十一代孫。五代官員。傳見本書卷九六。
司門郎中：官名。尚書省刑部司門司官員。主門關出入之籍及没收
違禁之物。從五品上。　李殷夢：人名。籍貫不詳。五代官員。事
見本書本卷。　郭正封：人名。籍貫不詳。五代官員。事見本書
本卷。

[9]令史：官名。低級屬官之名。　馬仁珪：人名。籍貫不詳。
五代官員。事見本書本卷。　本判郎中：官名。低級屬官之名。
裴垣：人名。籍貫不詳。五代官員。事見本書本卷。

[10]考功員外郎：官名。尚書省吏部考功司副長官。爲考功郎
中的副職，協助考功郎中掌考察内外百官及功臣家傳、碑、頌、
誄、謚等事。從六品上。　朝請大夫：官名。隋代始設，唐、五代
文散官。從五品上。　“琦舉劾吏部侍郎王權”至“有涉情故”：
明本《册府》卷五二○下《憲官部·彈劾門三》。

　　初，契丹主赴援太原，代州張朗、忻州丁審琦守
城，蕃軍由城下過，都不誘迫。[1]時端明殿學士琦在忻
州，及供奉殿直四五人，州兵僅千人。[2]琦謁審琦曰：
“虜勢經城不問，可見其心，回日必無全理。與使君率
在城軍民入五台，避敵於鎮州界，策之上也。”[3]審琦從
之。翌日詰旦，琦等遣人會，審琦拒關不納，軍士欲攻
牙城，琦曰：“家國如斯，自相屠害，非人情。”遂率州
兵趨真定。[4]審琦即日降契丹，唯朗屢煞虜族帳，故超
授獎之。[5]

　　[1]張朗：人名。徐州蕭縣（今江蘇徐州市）人。五代官員、
地方軍閥。傳見本書卷九○。　忻州：州名。治所在今山西忻州

市。　丁審琪：人名。籍貫不詳。五代十國藩鎮軍閥。事見本書本卷及卷七九、卷八四、卷九四。

[2]端明殿學士：官名。五代後唐天成元年（926）明宗初即位，每有四方書奏，多令樞密使安重誨進讀，不曉文義。於是孔循獻議，設端明殿學士，命馮道等爲之，位在翰林學士之上。此後沿置。

[3]鎮州：州名。治所在今河北正定縣。

[4]真定：縣名。治所在今河北正定縣。

[5]"初，契丹主赴援太原"至"故超授獎之"：明本《册府》卷一二八《帝王部·明賞門》。

長興二年十二月，[1]詔曰："國祚中興，皇綱再整，合頒公事，偏委群臣，先敕抄録六典法書，分爲二百四十卷。從朝至夕，自夏徂冬，御史臺官員等，或同切催驅，或遞專勘讀，校前王之舊制，布當代之明規，宜有獎酬，以勵勤恪。御史中丞劉贊近別除官，[2]今加階爵，宜從別敕處分。吕琦、姚遐致宜加朝散大夫，[3]仍賜柱國勳。于遼、李壽並朝散大夫。[4]徐禹卿、張可復、王曉並賜緋魚袋。"[5]

[1]長興：後唐明宗李嗣源年號（930—933）。

[2]御史中丞：官名。如不置御史大夫，則爲御史臺長官。掌司法監察。正四品下。

[3]姚遐：人名。籍貫不詳。五代官員。事見本書本卷。

[4]于遼：人名。籍貫不詳。五代官員。事見本書本卷。　李壽：人名。籍貫不詳。五代官員。事見本書本卷。

[5]徐禹卿：人名。籍貫不詳。五代官員。事見本書本卷。

張可復：人名。籍貫不詳。五代官員。事見本書本卷。　王曉：人名。籍貫不詳。五代官員。事見本書本卷。　"長興二年十二月"至"並賜緋魚袋"：《册府》卷五一三《憲官部·褒賞門》，亦見同書卷六一三《刑法部·定律令門五》。

　　（三年）劉鼎爲吏部員外郎判吏部南曹，與司封郎中曹探同注擬三銓選人，崔鋭、卜延嗣而下違格，楊光嗣年貌不同，文書逾濫，令史趙廣、李仁遇、王瑰等伏罪。[1]中書門下帖本司官員各取狀，崔居儉等注擬依格超折，[2]准敕及堂判不違理例。盧文紀執奏本司，各以伏過，官員有失，各望罰兩月俸。狀入，樞密直學士琦讀奏，明宗問居儉等過失，琦對曰：[3]"敕命許超折，此不言資數當判，又更促之。銓司何罪？大抵盧文紀與居儉情不相協，掎摭瑕纇，欲其有玷。"明宗曰："公理何在？"是日詔曰："居儉等既准敕文，微失不足爲累，並放。"[4]

　　[1]劉鼎：人名。徐州蕭縣（今江蘇徐州市）人。五代官員。傳見本書卷一〇八。　司封郎中：官名。尚書省吏部司封司長官。掌封爵、命婦、朝會及賜予等事。從五品上。　曹探：人名。籍貫不詳。五代官員。事見本書本卷。　崔鋭：人名。籍貫不詳。五代官員。事見本書本卷。　卜延嗣：人名。籍貫不詳。五代官員。事見本書本卷。　楊光嗣：人名。籍貫不詳。五代官員。事見本書本卷。　趙廣：人名。籍貫不詳。五代官員。事見本書本卷。　李仁遇：人名。籍貫不詳。五代官員。事見本書本卷。　王瑰：人名。籍貫不詳。五代官員。事見本書本卷。

　　[2]崔居儉：人名。清河（今河北清河縣）人。五代後梁至後

晋官員。傳見本書附録、《新五代史》卷五五。

　　[3]樞密直學士：官名。後唐莊宗同光元年（923），改直崇政院置，選有政術文學者充任。備顧問應對。　明宗：後唐明宗李嗣源。沙陀部人。原名邈佶烈，李克用養子。926 年至 933 年在位。紀見本書卷三五至卷四四、《新五代史》卷六。

　　[4]"劉鼎爲吏部員外郎判吏部南曹"至"並放"：明本《册府》卷五七《帝王部·明察門》。

　　（四年秋七月）帝以工部尚書盧文紀、禮部郎中琦爲蜀王册禮使，並賜蜀王一品朝服。[1]

　　[1]工部尚書：官名。尚書省工部主官。掌百工、屯田、山澤之政令。正三品。　禮部郎中：官名。尚書省禮部頭司禮部司長官。掌禮樂、學校、衣冠、符印、表疏、圖書、册命、祥瑞、鋪設，及百官、宮人喪葬贈賻之數。從五品上。　册禮使：官名。舉行册封典禮時臨時設置的官職，册封儀式結束即罷。　"帝以工部尚書盧文紀"至"並賜蜀王一品朝服"：《通鑑》卷二七八後唐長興四年（933）七月戊子條。

　　（清泰元年）七月，詔禮部郎中、知制誥琦，賜紫金魚袋。[1]初，帝河中失守，歸清化里第，罕得出入。[2]琦寓止在末帝左右，凡有奏請謀度之事，遣韓昭諗於琦而後行。[3]既君天下，深念疇昔，故前命知制誥。至是，有金章之錫。[4]廢帝在位，尤好咨詢，乃詔宣徽使李專美、端明殿學士李崧、吕琦，樞密直學士薛文遇、天文趙延乂等，更直于中興殿。[5]庭設穹廬，每至宵分，與之評議。[6]冬十月癸巳，以禮部郎中、知制誥琦守本官，充樞密院直學士。[7]

[1]清泰：後唐廢帝李從珂年號（934—936）。　知制誥：官名。掌起草皇帝的詔誥之事，原爲中書舍人之職。唐開元末置學士院，翰林學士入院一年，則加知制誥銜，專掌任免宰相、册立太子、宣布征伐等特殊詔令，稱爲内制。而中書舍人所撰擬的詔敕稱爲外制。兩種官員總稱兩制官。

[2]河中：府名。治所在今山西永濟市。　清化里：里名。位於洛陽城（今河南洛陽市）内。

[3]韓昭：人名。籍貫不詳。前蜀官員。事見本書本卷。

[4]"七月"至"有金章之錫"：明本《册府》卷一七二《帝王部·求舊門》，亦見《新五代史》卷五六《吕琦傳》及《通鑑》卷二七七後唐長興元年（930）五月丙辰條。

[5]宣徽使：官名。唐始置。宣徽南院使、北院使通稱宣徽使。初用宦官，五代以後改用士人。通掌内諸司及三班内侍之名籍，郊祀、朝會、宴享供帳之儀，檢視内外進奉名物。詳見王永平《論唐代宣徽使》，《中國史研究》1995 年第 1 期；王孫盈政《再論唐代的宣徽使》，《中華文史論叢》2018 年第 3 期。　李專美：人名。京兆萬年（今陝西西安市長安區）人。後梁、後唐、後晉官員。傳見本書卷九三。　李崧：人名。深州饒陽（今河北饒陽縣）人。後晉宰相，歷仕後唐至後漢。傳見本書卷一〇八、《新五代史》卷五七。　薛文遇：人名。籍貫不詳。五代後唐大臣。事見本書卷四八及《通鑑》卷二七九、卷二八〇。　趙延義：人名。一作"趙延羲"。秦州（今甘肅秦安縣）人。五代十國時前蜀大臣趙温珪之子。通術數。傳見本書卷一三一、《新五代史》卷五七。　中興殿：五代後唐朝廷内殿。本名崇勳殿，後唐莊宗同光二年（924）改名中興殿，位於今河南洛陽市。

[6]"廢帝在位"至"與之評議"：明本《册府》卷一〇四

《帝王部·訪聞門》，亦見《通鑑》卷二七九後唐清泰二年（935）六月條。

[7]"冬十月癸巳"至"充樞密院直學士"：《輯本舊史》卷四六《唐末帝紀上》清泰元年十月癸巳條。

（二年五月丙辰）以禮部郎中、充樞密院直學士琦爲給事中，並充職如故。[1]

[1]以禮部郎中、充樞密院直學士琦爲給事中，並充職如故：《輯本舊史》卷四七《唐末帝紀中》清泰二年（935）五月丙辰條。

（三年三月）丁巳，以端明殿學士呂琦爲御史中丞。[1]八月，詔端明殿學士琦往河東忻、代諸屯戍犒軍。[2]十一月，以德鈞爲諸道行營都統，以延壽爲太原南面招討使，遣端明殿學士呂琦齎賜官告，兼令犒軍。[3]琦從容言天子委任之意，德鈞曰："既以兵相委，焉敢惜死。"[4]

[1]"丁巳"至"爲御史中丞"：《輯本舊史》卷四八《唐末帝紀下》清泰三年（936）三月丁巳條。中華書局本引原輯者案語："案《通鑑》：呂琦與李崧建和親契丹之策，爲薛文遇所沮，改爲御史中丞，蓋疏之也。"

[2]"八月"至"代諸屯戍犒軍"：明本《册府》卷一三六《帝王部·慰勞門》。

[3]行營都統：官名。唐末設諸道行營都統，作爲各道出征兵士的統帥。 趙延壽：人名。本姓劉，恒山（今河北正定縣）人。後唐明宗李嗣源女婿，後降契丹，引導契丹攻滅後晉。傳見《遼

史》卷七六。　招討使：官名。唐始置。戰時任命，兵罷則省。常以大臣、將帥或地方軍政長官兼任。掌招撫討伐等事務。

[4]"十一月"至"焉敢惜死"：《輯本舊史》卷九八《趙德鈞傳》。

趙廷乂世爲星官，兼通三式，而于袁許之鑒，尤長於氣色。[1]清泰末，胡朵通爲司天監，廷乂專待詔内庭，嘗與樞密學士吕琦同宿。[2]琦從容，密問國家運祚。廷乂曰："來年厄會之期，俟過別論。"琦敦訊不已。廷乂曰："保邦在刑政，保祚在福德。于刑政則術士不敢言，奈際會諸公，罕有卓絶福德者。下官實有恤緯之借。"[3]

[1]趙廷乂：人名。籍貫不詳。五代官員。事見本書本卷。"趙廷乂"，《輯本舊史》卷一三一作"趙延義"。中華書局本有校勘記云："殿本、劉本、本書卷一二九《翟光鄴傳》作'趙延乂'。影庫本批校云：'趙延義，"義"應作"乂"。'《舊五代史考異》云：'案：《歐陽史》作趙延乂。'"

[2]胡朵通：人名。籍貫不詳。五代官員。事見本書本卷及卷四六、卷四七。　司天監：官署名。其長官亦稱司天監，掌天文、曆法以及占候等事。參見趙貞《唐宋天文星占與帝王政治》，北京師範大學出版社 2016 年版。

[3]"趙廷乂世爲星官"至"下官實有恤緯之借"：明本《册府》卷八六〇《總録部·相術門》，亦見《輯本舊史》卷一三一《趙延義傳》。

是時，石敬瑭鎮河東，[1]有二志，廢帝患之。琦與李崧俱備顧問，[2]多所裨畫。琦言："太原之患，必引契

丹爲助，不如先事制之。”自明宗時，王都反定州，契
丹遣禿餒、荝剌等助都，而爲趙德鈞、王晏球所敗，禿
餒見殺，荝剌等皆送京師。[3]其後契丹數遣使者求荝剌
等，其辭甚卑恭。明宗輒斬其使者不報。而東丹王又亡
入中國，[4]契丹由此數欲求和，琦因言：“方今之勢，不
如與契丹通和。如漢故事，歲給金帛，妻之以女，使強
藩大鎮顧外無所引援，可弭其亂心。”崧以琦語語三司
使張延朗，[5]延朗欣然曰：“苟能紓國患，歲費縣官十數
萬緡，責吾取，足可也。”因共建其事，廢帝大喜。佗
日，以琦等語問樞密直學士薛文遇，文遇大以爲非，因
誦戎昱“社稷依明主，安危托婦人”之詩，[6]以誚琦等。
廢帝大怒，急召崧、琦等問和戎計如何，琦等察末帝色
怒，亟曰：“臣等爲國計，非與契丹求利於中國也。”帝
即發怒曰：“卿等佐朕欲致太平而若是邪？朕一女尚幼，
欲棄之夷狄，金帛所以養士而捍國也，又輸以資虜，可
乎？”崧等惶恐拜謝，拜無數，琦足力乏不能拜，而先
止，帝曰：“呂琦強項，肯以人主視我邪！”琦曰：“臣
素病羸，拜多而乏，容臣少息。”頃之喘定，奏曰：“陛
下以臣等言非，罪之可也，雖拜何益？”帝意稍解，曰：
“勿拜。”賜酒一卮而遣之，其議遂寢。因遷琦御史中
丞，居數月，復爲端明殿學士。[7]

[1]石敬瑭：人名。沙陀部人。五代後唐將領、後晉開國皇帝。
紀見本書卷七五至卷八〇、《新五代史》卷八。原作“晉高祖”，
今據文意改。

[2]李嵩：人名。深州饒陽（今河北饒陽縣）人。五代方鎮官

員。傳見本書卷一〇八、《新五代史》卷五七。

[3]定州：州名。治所在今河北定州市。　秃餒：人名。又做"塔納"。契丹將領。事見本書卷五四、卷七二及《新五代史》卷六四。　萷剌：人名。契丹將領。事見《新五代史》卷五一、卷七二。　王晏球：人名。洛陽（今河南洛陽市）人。五代將領。傳見本書卷六四、《新五代史》卷四六。

[4]東丹王：即耶律倍。遼太祖耶律阿保機長子，小名突欲。封東丹王。後其弟遼太宗耶律德光即位，耶律倍憤而降後唐，明宗賜名李贊華。傳見《遼史》卷七二。

[5]三司使：官名。後唐明宗天成元年（926）將晚唐以來的户部、度支、鹽鐵三部合爲一職，設三司使統之。主管國家財政。張延朗：人名。汴州開封（今河南開封市）人。後唐三司使。傳見本書卷六九、《新五代史》卷二六。

[6]戎昱：人名。荆南（今湖北荆州市）人。唐肅宗時詩人。傳見《唐才子傳》卷三。

[7]"是時"至"復爲端明殿學士"：《新五代史》卷五六《吕琦傳》，亦見《通鑑》卷二八〇晋天福元年（936）三月條。

　　晋高祖建義于太原，[1]唐末帝幸懷州，[2]趙德鈞駐軍于團柏谷，[3]末帝以琦嘗在德鈞幕下，因令齎都統使官告以賜之，且犒其軍焉。及觀軍於北陲，館於忻州，會晋祖降下晋安寨，遣使告於近郡，琦適遇其使，即斬之以聞，尋率郡兵千人間道而歸。[4]高祖入洛，亦弗之責。止改授秘書監而已。[5]天福中，預修《唐書》，權掌選部，皆有能名焉。累遷禮部、刑部、户部、兵部侍郎，階至金紫光禄大夫，爵至開國子。《永樂大典》卷一萬七百六十五。[6]

[1]晋高祖："晋"字原無，今據文意補。

[2]懷州：州名。治所在今河南沁陽市。

[3]團柏谷：地名。位於今山西祁縣，是太原與上黨地區間交通要道。

[4]晋安寨：地名。位於今山西太原市。　尋率郡兵千人間道而歸：中華書局本引《舊五代史考異》："案：《通鑑》作帥州兵趣鎮州。"

[5]秘書監：官名。秘書省長官。掌圖書秘記等。從三品。

[6]禮部侍郎：官名。尚書省禮部次官。協助禮部尚書掌禮儀、祭享、貢舉之政。正四品下。　刑部侍郎：官名。尚書省刑部次官。協助刑部尚書掌天下刑法及徒隸、勾覆、關禁之政令。正四品下。　戶部侍郎：官名。尚書省刑部次官。協助刑部尚書掌天下刑法及徒隸、勾覆、關禁之政令。正四品下。　金紫光禄大夫：官名。唐五代文散官。從二品。　"晋高祖建義于太原"至"爵至開國子"：《大典》卷一〇七六五"呂"字韻"姓氏（七）"事目。《輯本舊史》卷七六《晋高祖紀二》作"（天福二年春正月）乙丑，以端明殿學士、禮部侍郎呂琦爲檢校工部尚書、祕書監"。

（三年）七月丙午朔，差左諫議大夫薛融、秘書監呂琦、駕部員外郎兼侍御史知雜事劉皞、刑部郎中司徒詡、大理正張仁璪，同共詳定唐明宗朝編敕。[1]

[1]左諫議大夫：官名。隸門下省。唐代置左、右諫議大夫各四人，分隸門下省、中書省。掌諫諭得失，侍從贊相。正四品下。　薛融：人名。汾州平遥（今山西平遥縣）人。五代藩鎮官員。傳見本書卷九三、《新五代史》卷五六。　劉皞：人名。涿州歸義（今河北容城縣）人。五代藩鎮官員、大臣。傳見本書卷一三一。　司徒詡：人名。清河郡（今河北清河縣）人。五代後唐官員。傳

見本書卷一二八。　　大理正：官名。爲大理寺長官。負責大理寺的具體事務，掌邦國折獄詳刑之事。從三品。　　張仁璟：人名。籍貫不詳。五代官員。事見本書本卷。　　"七月丙午朔"至"同共詳定唐明宗朝編敕"：《輯本舊史》卷七七《晋高祖紀三》天福三年（938）七月丙午條。

（四年）九月丙申，禮部侍郎吕琦改刑部侍郎。[1]

[1]"九月"至"刑部侍郎"：《輯本舊史》卷七八《晋高祖紀四》天福四年（939）九月丙申條。

五年，始議重興二舞，詔曰："正冬二節，朝會舊儀，廢於離亂之時，興自和平之代。將期備物，全系用心；須議擇人，同爲定制。其正冬朝會禮節、樂章、二舞行列等事宜，差太常卿崔梲、御史中丞竇貞固、刑部侍郎吕琦、禮部侍郎張允與太常寺官一一詳定。[1]禮從新意，道在舊章，庶知治世之和，漸見移風之善。"[2]

[1]太常卿：官名。西漢置太常，南朝梁始置太常卿。太常寺長官。掌宗廟祭祀禮樂及教育等。正三品。　　崔梲：人名。博陵安平（今河北安平縣）人。五代官員。傳見本書卷九三、《新五代史》卷五五。　　竇貞固：人名。同州白水（今陝西白水縣）人。五代後唐至宋初大臣，後唐進士，後漢宰相。傳見《宋史》卷二六二。　　張允：人名。鎮州束鹿（今河北辛集市）人。五代後唐至後漢官員。傳見本書卷一〇八、《新五代史》卷五七。

[2]"五年"至"漸見移風之善"：《輯本舊史》卷一四四《樂志》，亦見《新五代史》卷五五《崔梲傳》。

　　六年二月敕曰：“有唐遠自高祖，下暨明宗，紀傳未分，書志或闕，今耳目相接，尚可詢求，若歲月更深，何由尋訪？宜令户部侍郎張昭、起居郎賈緯、秘書少監趙熙、吏部郎中鄭受益、左司員外郎李爲光等修撰唐史，仍令宰臣趙瑩監修。”[1]其年四月，[2]瑩奏：“所修唐史，首尾二十一朝，綿曆三百餘載，其於筆削，斯實重難，必藉群才，司分事任。張昭等五人奉敕同撰，内起居郎賈緯丁憂去官。[3]竊以刑部侍郎吕琦、侍御史尹拙，皆富典墳，嘗親簡牘。[4]勸善懲惡，雅符班、馬之規；廣記備言，必稱董、南之職。上祈聖鑒，俾共編修。”詔從之，以琦爲户部侍郎，以拙爲倉部員外郎，與張昭等同修唐史。[5]

　　[1]起居郎：官名。唐代始置，屬門下省。與中書省起居舍人同掌起居注，記皇帝言行。從六品上。　賈緯：人名。鎮州獲鹿（今河北石家莊市鹿泉區）人。五代官員。傳見本書卷一三一、《新五代史》卷五七。　秘書少監：官名。唐承隋制，置秘書省，設秘書少監二人協助秘書監工作。從四品上。　趙熙：人名。五代官員。傳見本書卷九三。　鄭受益：人名。鄭州滎陽（今河南滎陽市）人。唐朝宰相鄭餘慶之曾孫。五代後梁至後晉官員。傳見本書卷九六。　左司員外郎：官名。爲尚書左丞副貳，監管吏、户、禮部諸司政務。從六品上。　李爲光：人名。籍貫不詳。五代官員。事見本書本卷。　趙瑩：人名。華州華陰（今陝西華陰市）人。五代後晉宰相。傳見本書卷八九、《新五代史》卷五六。

　　[2]其年四月：《輯本舊史》卷七九《晉高祖紀五》天福六年條作“四月辛丑”。

　　[3]丁憂：我國古代官員遭逢父母亡故而辭官守喪的一種禮制。

[4]尹拙：人名。潁州汝陰（今安徽阜陽市）人。五代、宋初文士、大臣。傳見《宋史》卷四三一。

[5]倉部員外郎：官名。戶部倉部司次官。隋代始設，司本曹籍帳，侍郎缺則代理曹事。唐代復置。從六品上。　“六年二月敕曰”至“與張昭等同修唐史”：明本《冊府》卷五五四《國史部‧選任門》。

七年六月乙丑，高祖崩。庚午，少帝始聽政於崇德殿門偏廊，分命廷臣以嗣位奏告天地宗廟社稷。丙子，以戶部侍郎呂琦爲鹵簿使。[1]

[1]少帝：即後晉少帝石重貴。石敬瑭從子。紀見本書卷八一至卷八五、《新五代史》卷九。　鹵簿使：官名。掌帝后出行車駕儀仗。　“七年六月乙丑”至“爲鹵簿使”：《輯本舊史》卷八一《晉少帝紀一》天福七年（942）六月乙丑至丙子條，亦見《新五代史》卷九《晉本紀》天福七年六月丙子條。

八年六月，尚書兵部侍郎呂琦奏：“臣竊見四時選人三銓待闕，停滯已及於數百，棲遲例困於累年，南曹系日申銓，嘗有三十二十格式，每月送闕，不過五員七員。竊慮闕員漸稀，人數轉衆，拋耕稼於鄉里，忍窮餓于街坊，名利之途，人所難捨；朝夕之困，事亦可矜，若不改張，恐未通濟。欲請勒定月日，南曹注納文解，只據見在判成待闕選人，取殘闕及逐月新闕，量人材優劣，據員闕好弱，許超折注擬，如此即歲暮至新春已來，相次發遣應盡。其將來選人，即依舊至來年十月下解，南曹應期判成，銓司准格注擬，至次年選畢。有正格，敕用正規程。"從之。仍敕取今年八月一日後注納文解。其已判成許超折人，將來參選，卻依本資注擬。[1]

[1]"八年六月"至"卻依本資注擬"：明本《册府》卷六三四《銓選部·條制門六》。

琦美豐儀，有器概，雖以剛直聞于時，而内實仁恕。初，高祖謀求輔相，時宰臣李崧力薦琦于高祖，云可大用。高祖數召琦於便殿，言及當世事，甚奇之，方將倚以爲相，忽遇疾而逝，人皆惜之。《永樂大典》卷一萬七百六十五。[1]

[1]"琦美豐儀"至"人皆惜之"：《大典》卷一〇七六五。《宋本册府》卷八六五《總錄部·報恩門》作："初……琦以趙玉免己於難，欲厚報之。玉遇疾，琦親爲扶侍，供其醫藥。玉卒，代其家營葬事。玉之子曰文度，既孤而幼，琦誨之甚篤。及其成人，登進士第，尋升官路，琦之力也。"亦見明本《册府》卷三二四《宰輔部·薦賢門》及《新五代史》卷五六《吕琦傳》。

梁文矩

梁文矩，字德儀，鄆州人。[1]父景，祕書少監。[2]梁福王友璋好接賓客，文矩少遊其門，初試太子校書，轉祕書郎。[3]友璋領鄆州，奏爲項城令，及移鎮徐方，辟爲從事。[4]友璋卒，改兖州觀察判官。[5]時莊宗遣明宗襲據鄆州，文矩以父母在鄆，一旦隔越，不知存亡，爲子之情，戀望如灼，遂間路歸鄆，尋謁莊宗。[6]莊宗喜之，授天平軍節度掌書記，在明宗幕下，明宗歷汴、恒二鎮，皆隨府遷職。[7]天成初，授右諫議大夫，知宣武軍軍州事，歷御史中丞、吏部侍郎、禮部尚書、西都副留守，判京兆府事，繼改兵部尚書。[8]

[1]鄆州：州名。治所在今山東東平縣。

[2]祕書少監：官名。唐承隋制，置祕書省，設祕書少監二人協助祕書監工作。從四品上。

[3]友璋：人名。即朱友璋。宋州碭山（今安徽碭山縣）人。後梁太祖朱溫第五子，封福王。傳見本書卷一二。　太子校書：官名。東宮屬官，掌校勘經史文字。從九品上。　祕書郎：官名。魏晉始置。唐代掌經史子集四部圖書經籍。從六品上。

[4]項城：縣名。治所在今河南沈丘縣。　從事：泛指一般屬官。

[5]兗州：州名。治所在今山東濟寧市兗州區。　觀察判官：官名。唐肅宗以後置，五代沿置。觀察使屬官。參理田賦事，用觀察使印、署狀。

[6]莊宗：即後唐莊宗李存勖。沙陀部人。五代後唐建立者。紀見本書卷二七至卷三四、《新五代史》卷五。

[7]天平軍：方鎮名。治所在鄆州（今山東東平縣）。　掌書記：官名。唐、五代方鎮僚屬，位在判官下。掌表奏書檄、文辭之事。　汴：州名。治所在今河南開封市。　恒：州名。即鎮州。治所在今河北正定縣。

[8]右諫議大夫：官名。唐置左、右諫議大夫，左屬門下省，右屬中書省。掌諫諭得失，侍從贊相。正四品下。　宣武軍：方鎮名。唐舊鎮，治所在汴州（今河南開封市）。後梁太祖開平元年

（907）升汴州爲東京開封府。開平三年置宣武軍於宋州（今河南商丘市睢陽區）。後唐莊宗同光元年（923）改宋州宣武軍爲歸德軍。廢東京開封府，重建宣武軍於汴州。後晋高祖天福三年（938），改爲東京開封府。除天福十二年、十三年短暫改爲宣武軍外，汴京均爲東京開封府。　　禮部尚書：官名。尚書省禮部主官。掌禮儀、祭享、貢舉之政。正三品。　　副留守：官名。古代在都城、陪都或軍事重鎮所設留守，由地方行政長官兼任。副留守爲留守之貳。　　京兆府：府名。治所在今陝西西安市。　　兵部尚書：官名。尚書省兵部主官。掌兵衛、武選、車輦、甲械、廏牧之政令。正三品。　　"天成初"至"繼改兵部尚書"：《輯本舊史》卷三八《唐明宗紀四》天成二年（927）四月丙午條："右諫議大夫梁文矩上言，平蜀已來，軍人剽略到西川人口甚多，骨肉阻隔，恐傷和氣，請許收認。帝仁慈素深，因文矩之奏，詔河南、河北舊因兵火擄隔者，並從識認。"亦見《宋本册府》卷四二《帝王部・仁慈門》。同卷同年八月丙戌條："以左諫議大夫梁文矩爲御史中丞。"《宋本册府》卷四七五《臺省部・奏議門六》亦作梁文矩天成二年七月時爲"左諫議大夫"。《輯本舊史》卷三九《唐明宗紀五》天成三年六月："以兵部侍郎王權、御史中丞梁文矩並爲吏部侍郎。"卷四二《唐明宗紀八》長興二年（931）八月丁丑條："以前西京副留守梁文矩爲兵部尚書。"

　　文矩以嘗事霸府，每懷公輔之望。時高祖自外鎮入覲，嘗薦於明宗曰："梁文矩早事陛下，甚有勤勞，未升相輔，外論慊之。"明宗曰："久忘此人，吾之過也。"尋有旨降命，會丁外憂而止。[1]清泰三年，拜太常卿。[2]高祖即位，授吏部尚書，改太子少師。[3]

　　[1]高祖：即後漢高祖劉知遠。紀見本書卷九九至卷一〇〇、

《新五代史》卷一〇。　　"時高祖自外鎮入覲"至"會丁外憂而止"：亦見《宋本册府》卷八九五《總録部・運命門》。

[2]清泰三年：原作"清泰初"，《輯本舊史》卷四八《唐末帝紀下》清泰三年（936）二月丁丑條："以兵部尚書梁文矩爲太常卿。"清泰共三年，清泰三年不得言清泰初，據改。卷七六《晋高祖紀二》天福二年（937）五月丙子條："太常卿梁文矩奏定四廟謚號、廟號、陵號。"亦見明本《册府》卷三一《帝王部・奉先門四》，甚詳，但未繫日。

[3]吏部尚書：官名。尚書省吏部最高長官，與二侍郎分掌六品以下文官選授、勳封、考課之政令。正三品。　太子少師：官名。與太子少傅、太子少保合稱"三少"，唐後期、五代多爲大臣、勳貴加官。從二品。　　"高祖即位"至"改太子少師"：《輯本舊史》卷七六《晋高祖紀一》天福二年五月戊寅條："以檢校吏部尚書、太常卿梁文矩爲吏部尚書。"卷七七《晋高祖紀三》天福三年十二月甲戌條："以前兵部尚書梁文矩爲太子少師。"

　　文矩喜清静之教，聚道書數千卷，企慕赤松、留侯之事，而服食尤盡其善。[1]後因風痹，上章請退，以太子太保致仕，居洛陽久之。[2]天福八年，以疾卒，時年五十九。贈太子太傅。[3]《永樂大典》卷六千六百十四。[4]

　　[1]赤松：人名。我國古代傳説中的仙人，能隨風雨而行。留侯：人名。即張良。潁川城父（今安徽亳州市譙城區）人。西漢開國功臣，與蕭何、韓信並稱"漢初三傑"。相傳他晚年不戀權位，與赤松雲遊四海。傳見《史記》卷五五、《漢書》卷四〇。　而服食尤盡其善：中華書局本有校勘記："'而'下殿本有'服食'二字。影庫本粘籤：'而尤盡其善'句疑有誤，今無別本可校，姑仍其舊。"此條亦見《宋本册府》卷八二二《總録部・尚黄老門》今

據補。

[2]太子太保：官名。與太子太師、太子太傅統稱太子三師。隋、唐以後多作加官或贈官。從一品。　致仕：官員告老辭官。後因風痹：中華書局本有校勘記："'後'，原作'復'，據殿本、劉本改。"《輯本舊史》卷七八《晉高祖紀四》天福四年（939）七月壬戌條："以太子少師梁文矩爲太子太保致仕。"《宋本册府》卷八九九《總録部·致政門》亦有記載，然記於天福二年七月，誤。

[3]太子太傅：官名。與太子太師、太子太保統稱太子三師。隋唐以後多作加官或贈官。從一品。　"天福八年"至"贈太子太傅"：《輯本舊史》卷八二《晉少帝紀二》天福八年十二月庚戌條："太子太保致仕梁文矩卒，贈太子太傅。"

[4]《大典》卷六六一四"梁"字韻"姓氏（三）"事目。

史圭

史圭，常山人也。其先與王武俊來於塞外，因家石邑。[1]高祖曾，歷鎮陽牙校。[2]父鈞，假安平、九門令。[3]圭好學工詩，長于吏道。唐光化中，歷阜城、饒陽尉，改房子、寧晉、元氏、樂壽、博陸五邑令。[4]爲寧晉日，擅給驛廩，以貸飢民，民甚感之。及爲樂壽令，里人爲之立碑。[5]同光中，任圜爲真定尹，擢爲本府司録，不應命。郭崇韜領其地，辟爲從事，及明宗代崇韜，以舊職縻之。[6]

[1]常山：即鎮州，治所在今河北正定縣。　王武俊：回紇族阿布思部人。唐末鎮州騎將。傳見《舊唐書》卷一四二。《輯本舊史》之影庫本粘籤："王武俊，原本作'武後'，今從《唐書》改

正。"兩《唐書》多見，如《舊唐書》卷一二《唐德宗紀上》。石邑：縣名。治所在今河北石家莊市。

[2]鎮陽：地名。即鎮州。治所在今河北正定縣。 牙校：即軍校，爲低級武職。

[3]安平：縣名。治所在今河北安平縣。 九門：地名。位於今河北石家莊市藁城區。

[4]光化：唐昭宗李曄年號（898—901）。 阜城：縣名。治所在今河北阜城縣。 饒陽：縣名。治所在今河北饒陽縣。 房子：縣名。治所在今河北臨城縣。 寧晋：縣名。治所在今河北寧晋縣。 元氏：縣名。治所在今河北元氏縣。 樂壽：縣名。治所在今河北獻縣。 博陸：縣名。治所在今北京市平谷區。

[5]"圭好學工詩"至"里人爲之立碑"：亦見明本《册府》卷七〇二《令長部·遺愛門》、卷七〇四《令長部·仁惠門》，《新五代史》卷五六《史圭傳》。《宋本册府》卷九四五《總録部·附勢門》："晋史圭爲博陸令，結常山要人李藹。藹得罪，有圭所獻遺籤目在焉。由是善譽稍減。"本傳未載。

[6]任圜：人名。京兆三原（今陝西三原縣）人。五代後唐將領、大臣。傳見本書卷六七、《新五代史》卷二八。 郭崇韜：人名。代州雁門（今山西代縣）人。五代後唐大臣。傳見本書卷五七、《新五代史》卷二四。 "同光中"至"以舊職縻之"：亦見《宋本册府》卷七二九《幕府部·辟署門四》、《新五代史》卷五六。

　　明宗即位，入爲文昌正郎，安重誨薦爲河南少尹，判府事，尋命爲樞密院直學士。[1]時圭以受知於重誨，重誨奏令圭與同列閤至俱昇殿侍立，[2]以備顧問，明宗可之。尋自左諫議大夫拜尚書右丞，[3]有入相之望。圭敏于吏事，重誨本不知書，爲事剛愎，每於明宗前可否

重務，圭恬然終日，不能剖正其事。[4]長興中，重誨既
誅，圭出爲貝州刺史，未幾罷免，退歸常山。[5]由是閉
門杜絕人事，雖親戚故人造者不見其面，每遊別墅，則
乘婦人氈車以自蔽匿，人莫知其心。[6]

[1]文昌正郎：官名。職掌不詳。　安重誨：人名。應州（今
山西應縣）人。五代後唐大臣。傳見本書卷六六、《新五代史》卷
二四。　少尹：官名。唐、五代於三京、鳳翔等府均置少尹，爲府
尹的副職。協助府尹通判列曹諸務。從四品下。　樞密院直學士：
官名。五代後唐同光元年（923），改直崇政院置，選有政術文學者
充任。充皇帝侍從，備顧問應對。　"明宗即位"至"尋命爲樞
密院直學士"：《輯本舊史》卷三九《唐明宗紀五》天成三年
（928）五月癸丑條："以六軍判官、尚書司封郎中史圭爲右諫議大
夫。"亦見《新五代史》卷五六《史圭傳》。《宋本册府》卷九四六
《總錄部·奢侈門》："晉史珪爲樞密院學士日，兩使故鄉，而金裝
煥赫，衍其極飾。有識無不哂之。"本傳未載。

[2]閻至：人名。籍貫不詳。五代大臣。事見本書本卷及卷
四一。

[3]尚書右丞：官名。尚書省佐貳官。唐中期以後，與尚書左
丞實際主持尚書省日常政務，權任甚重。後梁開平二年（908）改
爲右司侍郎，後唐同光元年（923）復舊爲右丞。唐時爲正四品下，
後唐長興元年（930）升爲正四品。

[4]"時圭以受知於重誨"至"不能剖正其事"：《輯本舊史》
卷四一《唐明宗紀七》長興元年（930）九月乙酉條："樞密院直學
士、守工部侍郎閻至，樞密院直學士、守尚書右丞史圭，并轉户部
侍郎，依前充職。"《新五代史》卷五六："安重誨爲樞密使，薦圭
直學士。故事，直學士職雖清，而承領文書，參掌庶務，與判官無
異。重誨素不知書，倚圭以備顧問，始白許圭升殿侍立。樞密直學

士升殿自圭始。改尚書右丞，判吏部銓事。”

[5]貝州：州名。治所在今河北清河縣。

[6]“長興中”至“人莫知其心”：《輯本舊史》卷四一長興元年十二月壬子條：“樞密院直學士、户部侍郎史圭爲貝州刺史。”亦見《宋本册府》卷九一六《總録部·介僻門》、《新五代史》卷五六。

高祖登極，徵爲刑部侍郎，判鹽鐵副使，皆宰臣馮道之奏請也。[1]始圭在明宗時爲右丞，權判銓事，道在中書，嘗以堂判衡銓司所注官，圭怒，力爭之，道亦微有不足之色；至是圭首爲道所舉，方愧其度量遠不及也。[2]旋改吏部侍郎，分知銓事，而圭素厲廉守節，大著公平之譽。[3]

[1]鹽鐵副使：官名。鹽鐵司副長官。協助鹽鐵使掌食鹽專賣、金銀銅鐵錫的採冶等事。　馮道：人名。瀛州景城（今河北滄縣）人。五代時官拜宰相，歷仕後唐、後晉、後漢、後周，亦曾臣服於契丹。傳見本書卷一二六、《新五代史》卷五四。

[2]“高祖登極”至“方愧其度量遠不及也”：《輯本舊史》卷七六《晉高祖紀二》天福二年（937）三月丙寅條：“以前貝州刺史史圭爲刑部侍郎，充諸道鹽鐵轉運副史。”亦見明本《册府》卷三二一《宰輔部·器度門》、卷三二四《宰輔部·薦賢門》，《新五代史》卷五六《史圭傳》。

[3]“旋改吏部侍郎”至“大著公平之譽”：《輯本舊史》卷七六天福二年十月壬午條：“以刑部侍郎、鹽鐵轉運副使史圭爲吏部侍郎。”亦見《宋本册府》卷六三七《銓選部·平直門》、《新五代史》卷五六。

圭前爲河南少尹日，有嵩山術士遺圭石藥如斗，謂圭曰：“服之可以延壽，然不可中輟，輟則疾作矣。”圭後服之，神爽力健，深寶惜焉。清泰末，圭在常山，遇祕瓊之亂，時貯於衣笥，爲賊所劫，後不復得。[1]天福中，疾生胸臆之間，常如火灼，圭知不濟，求歸鄉里，詔許之。及涉河，竟爲藥氣所蒸，卒於路，[2]歸葬石邑，時年六十八。《永樂大典》卷一萬一百八十三。[3]

[1]祕瓊：人名。平山（今河北平山縣）人。五代後晉將領。事見本書卷七六、《通鑑》卷二八○至卷二八二。

[2]卒於路：《舊五代史考異》：“案：《歐陽史》作卒于常山。”中華書局本此處有一條校勘記：“‘山’字原闕，據殿本、劉本、《新五代史》卷五六《史圭傳》補。”此條亦見《宋本冊府》卷九二八《總錄部·好丹術門》。《宋本冊府》卷八○四《總錄部·義門四》：“紀生者爲右丞史圭食客。圭長興中，出爲倶州刺史，罷免歸常山。會清泰末，常山有秘瓊之亂，史圭家財，一夕盡焉。生白刃中負圭以行，獲免其害。”

[3]《大典》卷一○一八三“史”字韻“姓氏（一）”事目。

裴皞

裴皞，字司東，係出中眷裴氏，世居河東爲望族。[1]皞容止端秀，性卞急，剛直而無隱，少而好學，苦心文藝，雖遭亂離，手不釋卷。唐光化三年，擢進士第，釋褐授校書郎，歷諫職。梁初，當路推其文學，遷翰林學士、中書舍人。唐莊宗時，擢爲禮部侍郎，後以語觸當事，改太子賓客，旋授兵部尚書，以老致仕。[2]天福初，起爲工部尚書，復告老，以右僕射致仕。[3]皡累知貢舉，稱得士，宰相馬裔孫、桑維翰皆其所取進士也。[4]後裔孫知貢舉，率新進士謁皡，皡喜，爲詩曰：“詞場最重是持衡，天遣愚夫受盛名，三主禮闈年八十，門生門下見門生。”當世榮之。桑維翰嘗私見皡，皡不爲迎送，人問之，皡曰：“我見桑公于中書，庶僚也；今見我于私第，門生也。”人以爲允。[5]卒年八十五。贈太子太保。[6]《永樂大典》卷五千三百五。[7]

[1]“裴皡”至“世居河東爲望族”：《新五代史》卷五七《裴皡傳》：“裴皡，字司東，河東人也。裴氏自晋、魏以來，世爲名族，居燕者號‘東眷’，居涼者號‘西眷’，居河東者號‘中眷’。”

[2]太子賓客：官名。爲太子官屬。唐高宗顯慶元年（656）始置。掌侍從規諫、贊相禮儀。正三品。　“唐光化三年”至“以老致仕”：“釋褐授校書郎”後，中華書局本有校勘記：“句下殿本有‘歷諫職。梁初，當路推其文學，遷翰林學士、中書舍人。唐莊宗時，擢爲禮部侍郎，後以語觸當事，改太子賓客，旋授兵部尚書，以老致仕’五十一字。按本段文字疑係據《新五代史》卷五七《裴皡傳》改寫。”《輯本舊史》卷三一《唐莊宗紀五》同光二年（924）三月丙辰條：“以中書舍人裴皡權知貢舉。”卷三二《唐莊宗紀六》同光二年九月戊申條：“以中書舍人、權知貢舉裴皡爲禮部侍郎。”同卷同光三年四月癸酉條：“詔翰林學士承旨盧質覆試新及第進士。”《宋本册府》卷六五一《貢舉部·謬濫門》：“後唐莊宗同光三年三月敕：‘今年新及第進士符蒙正等，宜令翰林學士承旨盧質就本院覆試，仍令學士使楊彦珣監試。’”《輯本舊史》

卷三二《唐莊宗紀六》同光三年四月丁亥條："禮部侍郎裴皞既無
黜落，特議寬容。今後新及第人，候過堂日委中書門下精加詳復。"
《宋本冊府》卷六四一《貢舉部‧條制門三》同光三年三月敕：
"禮部貢院今年新及第進士符蒙正、成僚、王澈、桑維翰四人。國
家歲命春官，首司貢籍，高懸科級，明列等差，廣進善之門，爲取
士之本。所重者藝行兼著，鄉里有稱，定才實之淺深，振聲名於夷
夏，必當得雋，允副旁求。爰自近年，寖成澆俗，多聞濫進，全爽
舊章。朕自興復丕圖，削平僞紀，方作事以謀始，盡革故以鼎新，
蓋欲窒弊正訛，去華務實，誠爲要道，無切於斯。今據禮部奏，所
放進士符蒙正等四人，既慊輿情，頗干浮論，須令覆覈，俾塞群
言，又遣考詳，貴從精覆。及再覽符蒙正、成僚等呈試詩賦，果有
疵瑕。今若便有去留，慮乖激勸，儻無昇降，即耺甄明。況王澈體
物可嘉，屬辭甚妙，細披製作，最異儕流。但應試以救成，或求對
而不切。桑維翰若無紕繆，稍有功夫，止當屬對之間，累失求妍之
美。須推事藝，各定否臧，貴叶允平，庶諧公共。其王澈改爲第
一，桑維翰第二，符蒙正第三，成僚第四。禮部侍郎裴皞在掄材之
際，雖匪阿私，當定名之時，頗虧優劣。但緣符蒙正等既無黜落，
裴皞特議寬容，勿負憂疑，已從釋放。自今後，應禮部常年所試舉
人雜文策等，候過堂日，委中書門下准本朝故事細加詳覆，方可奏
聞，不得輒徇人情，有隳事實。'時命盧質覆試於翰林院，試君從
諫則聖賦，以'堯舜禹湯傾心求過'爲韻，臣事君以忠詩。是歲，
試進士科者數十人，裴皞精選其文，惟得王澈輩。或譖毀於宣徽使
李紹宏曰：'今年新進士，不由才進，各有阿私，物議以爲不可。'
紹宏訴於郭崇韜，因奏令盧質覆試。質爲賦韻五平聲三側聲，且踰
常式，覆試之日，中外膳口，議者非之。"《輯本舊史》卷三七
《唐明宗紀三》天成元年（926）十一月癸丑條："禮部侍郎裴皞上
言：'諸州刺史經三考方請替移。'詔曰：'有政聲者就加恩澤，無
課最者即便替移。'"卷三八《唐明宗紀四》天成二年四月己丑
條："以禮部侍郎裴皞爲户部侍郎。"卷三九《唐明宗紀五》天成三

年八月癸酉條："以户部侍郎裴皞守兵部侍郎。"卷四〇《唐明宗紀六》天成四年八月丁未條："以兵部侍郎裴皞爲太子賓客。"《宋本册府》卷四六〇《臺省部·正直門》："晉裴皞，初仕唐爲兵部侍郎。明宗時，以數論權臣過失，授太子賓客。"《輯本舊史》卷四四《唐明宗紀十》長興四年（933）四月甲寅條："太子賓客裴皞以兵部尚書致仕。"《新五代史·裴皞傳》："事後唐爲禮部侍郎。皞喜論議，每陳朝廷闕失，多斥權臣。改太子賓客，以老拜兵部尚書致仕。"上引《册府》卷六四一、卷六五一所引敕書，均誤爲三月。

[3] 右僕射：官名。秦始置。隋、唐前期以左、右僕射佐尚書令總理六官，綱紀庶務，如不置尚書令，則總判省事，爲宰相之職。唐後期多爲大臣加衒。從二品。　"天福初"至"以右僕射致仕"：《輯本舊史》卷七六《晉高祖紀二》天福二年（937）三月戊寅條："兵部尚書致仕裴皞爲工部尚書。"同卷七月壬申條："帝御崇元殿，備禮册四廟，親授寶册於使攝太尉、守司空、門下侍郎平章事馮道，使副攝司徒、守工部尚書裴皞，赴洛京行禮。"卷七七《晉高祖紀三》天福三年十月丙戌條："以工部尚書裴皞爲尚書右僕射致仕。"《宋本册府》卷八九九《總錄部·致政門》："裴皞爲工部尚書，以耄年乞骸，加右僕射致仕。西歸京洛，逍遥自娱。"

[4] 馬裔孫：人名。棣州商河（今山東商河縣）人。五代大臣。傳見本書卷一二七。　桑維翰：人名。洛陽（今河南洛陽市）人。初爲石敬瑭節度掌書記，石敬瑭稱帝後出任翰林學士、知樞密院事等職。傳見本書卷八九、《新五代史》卷二九。

[5] 詞場最重是持衡：中華書局本有校勘記："《記纂淵海》卷一〇九引《五代史》作'官塗最重是文衡'。"　皞不爲迎送：中華書局本有校勘記："句下殿本有'人問之，皞曰："我見桑公于中書，庶僚也；今見我于私第，門生也。"'二十四字。按以上文字全同《新五代史》卷五七《裴皞傳》，疑係清人誤輯。《宋本册府》卷四五九《臺省部·公正門》："晉裴皞爲工部尚書，舍相國寺。宰臣桑維翰謁之，不迎不送。或問之，答曰：'皞見維翰於中書，則

庶寮也。維翰見皞於私館，則門生也。何送迎之有?’人重其耿介。”

[6]卒年八十五。贈太子太保:《輯本舊史》卷七九《晋高祖紀五》天福五年四月壬寅條:“右僕射致仕裴皞卒，贈太子太保。”

[7]《大典》卷五三〇五爲“昭”字韻“春秋昭公（二三）”事目，誤注。裴姓人物傳記本應在《大典》卷二八九三至二九〇〇“裴”字韻“姓氏”事目中，但此八卷在修《四庫全書》時已佚失。此傳出處爲《大典》何卷待考，但它已包含一篇完整傳記的所有内容，《新五代史》本傳又未録新材料，僅爲此傳的改寫，故可確定此傳符合原本。

吴承範

吴承範，字表微，魏州人也。[1]父瓊，右金吾衛將軍，累贈太子少保。[2]承範少好學，善屬文，唐閔帝之鎮鄴都也，聞其才名，署爲賓職，承範懇求隨計，閔帝許之。[3]長興三年春，擢進士第。及閔帝即位，授左拾遺。[4]清泰二年，以本官充史館修撰。與同職張昭等共修《明宗實録》，轉右補闕，依前充職。[5]高祖革命，遷尚書屯田員外郎、知制誥。[6]天福三年，改樞密院直學士，未幾，自祠部郎中、知制誥召充翰林學士，正拜中書舍人，賜金紫。[7]少帝嗣位，遷禮部侍郎，知貢舉，尋遘疾而卒，年四十二。[8]贈工部尚書。

[1]魏州:州名。治所在今河北大名縣。
[2]右金吾衛將軍:官名。唐置，掌宫禁宿衛。唐代置十六衛，即左右衛、左右驍衛、左右武衛、左右威衛、左右領軍衛、左右金

吾衛、左右監門衛、左右千牛衛。各置上將軍，從二品；大將軍，正三品；將軍，從三品。　　太子少保：官名。與太子少師、太子少傅統稱太子三少。隋、唐以後多作加官或贈官。從二品。

[3]唐閔帝：即後唐閔帝李從厚，明宗李嗣源第三子。紀見本書卷四五、《新五代史》卷七。　　鄴都：明本《册府》卷二一《帝王部·徵應門》作“大名”，且記此事於天福三年（938）。

[4]左拾遺：官名。唐代門下省所屬諫官。掌規諫，薦舉人才。從八品上。　　“吴承範”至“授左拾遺”：《宋本册府》卷一七二《帝王部·求舊門二》：“愍帝長興四年十一月即位。丙辰，以天雄軍節度判官唐汭爲左諫議大夫，掌書記趙彖爲起居郎，攝觀察推官吴承範爲左拾遺，左都押衙宋令詢爲磁州刺史，皆帝帥鄴時文武參佐也。唐汭舉進士，自帝帥宣武時從事歷太原、真、定三府，帝喜儒學，汭之所啓也，故有此授。又以天雄軍巡官殷鵬爲右拾遺，鵬與吴承範俱魏州人，舉進士，會帝爲帥，歸鄉里依之，故有是超授焉。”　　長興三年春：中華書局本有校勘記：“‘春’字原闕，據殿本、孔本補。”

[5]史館修撰：官名。唐天寶以後，他官兼領史職者，稱史館修撰。　　張昭：人名。世居濮州范縣（今河南范縣）。五代、宋初大臣，時爲中書舍人。傳見《宋史》卷二六三。《輯本舊史》之影庫本粘籤：“考張昭本名昭遠，至漢初始去‘遠’字。《薛史·晋書》已作張昭，蓋從其最後之名，今姑仍其舊。”　　“清泰二年”至“依前充職”：《輯本舊史》卷四八《唐末帝紀下》清泰三年（936）二月庚午條：“監修國史姚顗，史官張招遠、李祥、吴承範等修撰《明宗實錄》三十卷上之。”《宋本册府》卷五五四《國史部·恩獎門》：“晋姚顗，後爲唐門下侍郎、平章事，監修國史。清泰三年，上《明宗實錄》三十卷。同修撰官中書舍人充史館修撰張昭遠，授尚書禮部侍郎，中書舍人充史館修撰李詳，加中大夫、上柱國，並依前充職；户部郎中充史館修撰程渥，授右諫議大夫；左拾遺充史館修撰吴承範，授左補闕，充職右拾遺；直史館楊昭儉，

授殿中侍御史；各頒賜有差。”亦見《宋本册府》卷五五七《國史部·採撰門》。

[6]屯田員外郎：官名。屯田郎中的副職。與郎中共掌屯田政令等。從六品上。　“高祖革命”至“知制誥”：《輯本舊史》卷七六《晋高祖紀二》天福二年十二月條：“以右補闕、史官修撰吳承範爲尚書屯田員外郎、知制誥。”

[7]祠部郎中：官名。隋代始設，歷代沿置，禮部祠部主官，掌祭祀、占卜、天文、漏刻、國忌、廟諱、醫藥、僧尼簿籍等事。從五品。　“天福三年”至“賜金紫”：《輯本舊史》卷七七《晋高祖紀三》天福三年二月戊子條：“以尚書屯田員外郎、知制誥吳承範爲庫部員外郎，充樞密院直學士。”同卷同年十一月甲辰條：“樞密直學士、庫部員外郎吳承範可祠部郎中、知制誥。”卷七八《晋高祖紀四》天福四年十一月丁丑條：“祠部郎中、知制誥吳承範改中書舍人，充翰林學士。”

[8]“少帝嗣位”至“年四十二”：《輯本舊史》卷八一《晋少帝紀一》天福八年五月辛卯條：“以中書舍人吳承範爲禮部侍郎。”同卷同年六月庚申條：“禮部侍郎吳承範卒。”

　　承範溫厚寡言，善希人旨，桑維翰、李崧尤重之，嘗薦于高祖，云可大用。承範知之，持重自養，雖遇盛夏，[1]而猶服襦袴，加之以純綿，蓋慮有寒濕之患也。然竟不獲其志，其命也夫。《永樂大典》卷三千三百二十一。[2]

[1]雖遇盛夏：中華書局本有校勘記：“‘遇’，原作‘過’，據殿本、劉本、彭校改。”

[2]《大典》卷三三二一爲“春”字韻“春官（八）”事目，誤注。中華書局本有校勘記：“檢《永樂大典目録》，卷三三二一爲

'春'字韻'春官八',與本則内容不符,恐有誤記。陳垣《舊五代史輯本引書卷數多誤例》謂應作卷二三二一'吳'字韻'姓氏十三'。"吳姓人物傳記本應在《大典》卷二三一九至二三三六"吳"字韻"姓氏"事目中,但此十八卷在修《四庫全書》時已佚失。此傳出處爲《大典》何卷,待考。

盧導

盧導,字熙化,其先范陽人也。[1]祖伯卿,唐殿中侍御史。[2]父如晦,國子監丞,贈户部侍郎。[3]導少而儒雅,美詞翰,善談論。唐天祐初,登進士第,釋褐除校書郎,由均州鄖鄉縣令入爲監察御史,三遷職方員外郎,充史館修撰,改河南縣令、禮部郎中,賜紫,轉右司郎中兼侍御史知雜事。[4]以病免,閒居於漢上。久之,天成中,以本官徵還,拜右諫議大夫。長興末,爲中書舍人,權知貢舉。明年春,潞王自鳳翔擁大軍赴闕,唐閔帝奔于衛州,宰相馮道、李愚集百官于天宮寺,將出迎潞王。[5]時軍衆離潰,人情奔駭,百官移時未有至者。導與舍人張昭先至,馮道請導草勸進牋,導曰:"潞王入朝,郊迎可也;[6]若勸進之事,安可造次。且潞王與主上,皆太后之子,或廢或立,當從教令,安得不稟策母后,率爾而行!"馮道曰:"凡事要務實,勸進其可已乎?"導曰:"今主上蒙塵在外,遽以大位勸人,若潞王守道,以忠義見責,未審何詞以對!不如率羣臣詣宫門,取太后進止,即去就善矣。"道未及對,會京城巡檢安從進報曰:"潞王至矣,安得百僚無班。"[7]即紛然而去。是日，潞王未至，馮道等止于上陽門外，又令導草勸進牋，導執之如初。[8]李愚曰：“舍人之言是也，吾輩信罪人矣。”導之守正也如是。晋天福中，由禮部侍郎遷尚書右丞，判吏部尚書銓事，秩滿，拜吏部侍郎。[9]六年秋，卒於東京，時年七十六。《永樂大典》卷二千二百十二。[10]

[1]范陽：縣名。三國魏黄初七年（226）改涿郡置。治所在今河北涿州市。

[2]伯卿：《舊五代史考異》：“案《新唐書‧宰相世系表》：卿，太原少尹伯初之子也。疑原本衍‘伯’字。”

[3]父如晦：《舊五代史考異》：“案《新唐書‧世系表》作‘知晦’。” 國子監：官署名。晋代始設國子學，隋代改稱國子監。中國古代最高學府和教育管理機構，設國子祭酒爲最高長官。

戶部侍郎：官名。尚書省戶部次官。協助戶部尚書掌天下田戶、均輸、錢穀之政令。正四品下。

[4]天祐：唐昭宗李曄開始使用的年號（904）。唐哀帝李柷即位後沿用（904—907）。唐亡後，河東李克用、李存勖仍稱天祐，沿用至天祐二十年（923）。五代其他政權亦有行此年號者，如南吳、吳越等，使用時間長短不等。 釋褐：出仕爲官的一種説法。

均州：州名。治所在今湖北丹江口市。 鄖鄉：縣名。治所在今湖北十堰市鄖陽區。中華書局本有校勘記：“‘鄖鄉縣’，原作‘鄭鄉縣’，據殿本、劉本、邵本校改。按《太平寰宇記》卷一四三記均州有鄖鄉縣。”此條亦見《新五代史》卷五四《盧導傳》。 監察御史：官名。唐代屬御史臺之察院，掌監察中央機構、州縣長官及祭祀、庫藏、軍旅等事。唐中期以後，亦作爲外官所帶之銜。正八品下。 職方員外郎：官名。尚書省兵部職方司副長官。協助郎中掌天下地圖、城隍、鎮戍、烽候等事。從六品上。 右司郎中：

官名。尚書右丞副貳，協掌尚書都省事務，監管兵、刑、工部諸司政務，舉稽違，署符目，知直宿，位在諸司郎中上。從五品上。據中華書局本有校勘記，本書卷九二《王權傳》，《舊唐書》卷一六四《王蘣傳》，《新唐書》卷七二中《宰相世系表二中》、卷一六七《王蘣傳》作"右司員外郎"。

[5]潞王：即李從珂。鎮州（今河北正定縣）人。本姓王，後唐明宗李嗣源擄其母魏氏，遂養爲己子。應順元年（934）四月，李從珂入洛陽即帝位。清泰三年（936）五月，石敬瑭謀反，廢帝自焚死，後唐亡。紀見本書卷四六至卷四八、《新五代史》卷七。

鳳翔：方鎮名。治所在鳳翔府（今陝西鳳翔縣）。　衛州：州名。治所在今河南衛輝市。　李愚：人名。渤海無棣（今山東慶雲縣）人。唐末進士，唐末五代大臣。傳見本書卷六七、《新五代史》卷五四。《輯本舊史》之影庫本粘籤："李愚，原本作'李遇'，今從《通鑑》改正。"見《通鑑》卷二七九清泰元年三月己巳條。　天宮寺：寺廟名。今地不詳。

[6]郊迎：《舊五代史考異》："案《通鑑》作班迎。"見《通鑑》卷二七九清泰元年三月己巳條。

[7]京城巡檢：官名。五代始設巡檢，設於京師、陪都、重要的州及邊防重鎮。設於都城的稱京城巡檢使、都巡檢、都巡檢使。掌京城治安。　安從進：人名。索葛部人。五代後唐、後晋將領。傳見本書卷九八、《新五代史》卷五一。

[8]馮道等止于上陽門外，又令導草勸進牋：《舊五代史考異》："案：《歐陽史》作潞王止于上陽門外，道又令導草牋，與《薛史》異。《通鑑》作潞王未至，三相息于上陽門外，與是書同。"見《通鑑》卷二七九清泰元年三月己巳條。此條亦見《宋本册府》卷五五一《詞臣部·器識門》、《新五代史》卷五四。《宋本册府》卷九〇六《總録部·假告門》："後唐盧導，爲右司郎中，知雜事。明宗天成二年八月，假滿百日，奉敕停官。"卷五〇二《邦計部·常平門》載："長興元年五月，右司郎中盧導奏請置常平義

倉，以備凶年。"

[9]"晋天福中"至"拜吏部侍郎"：《輯本舊史》卷四六《唐末帝紀上》清泰元年十一月甲子條："以中書舍人盧導爲禮部侍郎。"卷四七《唐末帝紀中》清泰二年五月甲寅條："以尚書禮部侍郎盧導爲尚書右丞。"卷七七《晋高祖紀三》天福三年（938）七月庚戌條："尚書右丞盧導改尚書吏部侍郎。"

[10]《大典》卷二二一二"盧"字韻"姓氏（七）"事目。

鄭韜光

鄭韜光，字龍府，洛京河清人也。[1]曾祖綑，爲唐宰相。祖祇德，國子祭酒，贈太傅。[2]父顥，河南尹，贈太師。[3]其先世居滎陽，自隋、唐三百餘年，公卿輔相，蟬聯一門。韜光，唐宣宗之外孫，萬壽公主之所出也，生三日，賜一子出身，銀章朱綬。[4]及長，美容止，神爽氣澈，不妄喜怒，秉執名節，爲甲族所稱。自京兆府參軍歷祕書郎、集賢校理、太常博士、虞部比部員外郎、司門戶部郎中、河南京兆少尹、太常少卿、諫議大夫、給事中。[5]梁貞明中，懇求休退，上表漏名，責授寧州司馬。[6]莊宗平梁，遷工、禮、刑部侍郎。天成、長興中，歷尚書左右丞。[7]國初，以戶部尚書致仕。[8]自襁褓迨于懸車，凡事十一君，[9]越七十載，所仕無官謗，無私過，三持使節，不辱君命，士無賢不肖，皆恭己接納。晚年背傴，時人咸曰鄭傴不迁。[10]平生交友之中無怨隙，親族之間無愛憎，恬和自如，性尚平簡，及致政歸洛，甚愜終焉之志。[11]天福五年秋，寢疾而卒，年八十。贈右僕射。[12]《永樂大典》卷一萬八千八百八十一。[13]

[1]龍府：中華書局本有校勘記："《册府》卷八六六作‘龍符’。"見明本《册府》卷八六六《總録部・貴盛門》。　河清：縣名。治所在今河南洛陽市吉利區。中華書局本有校勘記："原作‘清河’，據劉本、邵本校、《册府》卷八六六乙正。按《太平寰宇記》卷五記河清縣隷河南府。"

[2]祖祗德：《舊五代史考異》："案《新唐書・宰相世系表》：祗德，兵部尚書。"　太傅：官名。與太師、太保合稱三師，唐後期、五代多爲大臣、勳貴加官。正一品。

[3]父顥：《舊五代史考異》："案《新唐書・世系表》：顥字養正，疑‘顥’字是‘頤’字之訛。"　太師：官名。與太傅、太保合稱三師，唐後期、五代多爲大臣、勳貴加官。正一品。

[4]唐宣宗：唐宣宗李忱，初名李怡。唐憲宗李純第十三子，唐穆宗李恒異母弟，846年至859年在位。紀見《舊唐書》卷一八下、《新唐書》卷八。　萬壽公主：唐宣宗李忱之女，唐懿宗李漼同母妹，下嫁鄭顥而生鄭韜光。傳見《新唐書》卷八三。　朱紱（fú）：古人珮玉或印章的紅色絲帶。

[5]參軍：官名。唐於府稱士曹參軍，州稱司士參軍，縣稱司士佐。掌河津及營造橋梁、廨宇等事。　集賢校理：官名。唐玄宗時始置。掌校理集賢殿圖籍。　太常博士：官名。掌撰五禮儀注。大禮時，導引乘輿，贊相祭祀，定謚謚以及守陵廟等。從七品上。虞部員外郎：官名。唐、宋工部設虞部，其長官稱郎中，副長官稱員外郎，掌山澤苑囿、場冶薪炭等事。從五品上。　太常少卿：官名。太常寺次官。佐太常卿掌宗廟祭祀禮樂及教育等。正四品上。　諫議大夫：官名。秦始置，掌朝政議論。隋唐仍置，有左、右諫議大夫四人，分屬門下、中書二省。掌諫諭得失，侍從贊相。唐後期、五代多以本官領他職。唐初爲正五品上，會昌二年（842）

升爲正四品下。後晉天福五年（940）爲正四品，後周顯德五年
（958）復改爲正五品上。　給事中：官名。秦始置。隋唐以來，爲
門下省屬官。掌讀署奏抄，駁正違失。正五品上。　“韜光”至
“給事中”：《宋本册府》卷七七七《總録部·名望門二》、明本
《册府》卷八六六《總録部·貴盛門》亦載。《舊唐書》卷二〇上
《昭宗紀》天祐元年（904）六月：“甲寅，以京兆少尹鄭韜光爲太
常少卿。”《輯本舊史》卷一〇《梁末帝紀下》貞明六年（920）四
月庚子條：“宗正卿朱守素上言：‘請依前朝置匭院，令諫議大夫專
判。’從之，乃以右諫議大夫鄭韜光充知匭使。”本傳未載。另
《輯本舊史》卷三二《唐莊宗紀六》、卷四一《唐明宗紀七》，《宋
本册府》卷四七五《臺省部·奏議門六》、卷六三二《銓選部·條
制門四》載其任給事中爲後唐事。

[6]寧州：州名。治所在今甘肅寧縣。　“梁貞明中”至“責
授寧州司馬”：《輯本舊史·唐莊宗紀六》同光二年（924）十一月
壬寅條：“給事中鄭韜光貶寧州司馬。”非梁貞明時事。

[7]“莊宗平梁”至“歷尚書左右丞”：《輯本舊史》卷四三
《唐明宗紀九》長興三年（932）十一月庚子條：“以工部侍郎鄭韜
光爲禮部侍郎。”卷四六《唐末帝紀上》清泰元年（934）八月壬
申條：“以尚書禮部侍郎鄭韜光爲刑部侍郎。”同卷同年十一月辛丑
條：“以刑部侍郎鄭韜光爲尚書右丞。”卷四七《唐末帝紀中》清泰
二年五月甲寅條：“以尚書右丞鄭韜光爲尚書左丞。”傳、紀時間
有異。

[8]國初，以户部尚書致仕：《輯本舊史》卷七六《晉高祖紀
二》天福二年（937）八月戊子條：“以尚書左丞鄭韜光爲户部尚書
致仕。”

[9]凡事十一君：中華書局本有校勘記：“《册府》卷八〇六同，
‘事’字下《御覽》卷二四三引《五代史》、《記纂淵海》卷三九引
《五代史》有‘真僞’二字。”見《宋本册府》卷八〇六《總録
部·賢德門》。

[10]傴（yǔ）：本意指駝背之態，亦有敬稱之意。

[11]甚愜終焉之志：《宋本冊府》卷八〇六作"甚愜終焉之美"。

[12]"天福五年秋"至"贈右僕射"：《輯本舊史》卷七九《晉高祖紀五》天福五年七月乙亥條："户部尚書致仕鄭韜光卒，贈右僕射。"

[13]《大典》卷一八八八一"鄭"字韻"姓氏（一〇）"事目。

王權

王權，[1]字秀山，太原人，積世衣冠。曾祖起，官至左僕射、山南西道節度使，册贈太尉，謚曰文懿，唐史有傳。祖龜，浙東觀察使。[2]父毚，右司員外郎。[3]權舉進士，解褐授祕書省校書郎、集賢校理，歷左拾遺、右補闕。梁祖革命，御史司憲崔沂表爲侍御史，遷兼職方員外郎知雜事。[4]歲餘，召入翰林爲學士，在院加户部郎中、知制誥，歷左諫議大夫、給事中，充集賢殿學士判院事，俄拜御史中丞。[5]唐莊宗平梁，以例出爲隨州司馬，會赦，量移許州。[6]月餘，入爲右庶子，遷户兵吏三侍郎、尚書左丞、禮部尚書判銓。[7]清泰中，權知貢舉，改户部尚書，華資美級，罕不由之。[8]高祖登極，轉兵部尚書。[9]天福中，命權使於契丹，權以前世累爲將相，未嘗有奉使而稱陪臣者，謂人曰："我雖不才，年今耄矣，豈能遠使於契丹乎！違詔得罪，亦所甘心。"[10]由是停任。先是，宰相馮道使於契丹纔回，權亦自鳳翔册禮使回，故責詞略曰：[11]"若以道路迢遥，即鸞閣之台臣亦往；若以筋骸衰減，即鳳翔之册使纔回。既黷憲章，須從殿黜"云。其實權不欲臣事契丹，[12]故堅辭之，非避事以違命也。踰歲授太子少傅致仕。[13]六年秋，以疾卒，年七十八。贈左僕射。《永樂大典》卷六千八百五十一。[14]

[1]王權：《輯本舊史》之影庫本粘籤："王權，《太平御覽》作'王樾'，與原本異。《通鑑》《歐陽史》統作'王權'，知'樾'字係傳刻之誤，今仍其舊。"見《新五代史》卷五六《王權傳》。

[2]觀察使：官名。唐代後期出現的地方軍政長官。唐玄宗開元二十一年（733）置十五道採訪使，唐肅宗乾元元年（758）改爲觀察使。無旌節，地位低於節度使。掌一道州縣官的考績及民政。

[3]右司員外郎：《新五代史·王權傳》作"右司郎中"。

[4]御史司憲：官名。後梁置，掌監察百官。　崔沂：人名。博州（今山東聊城市）人。唐宰相崔鉉之子，後梁大臣。傳見本書卷六八。　侍御史：官名。秦始置。掌糾舉百官，推鞫獄訟。從六品下。

[5]户部郎中、知制誥：明本《册府》卷四六七《臺省部·舉職門》作"王權初仕梁爲户部侍郎"。

[6]隨州：州名。治所在今湖北隨州市。　許州：州名。治所在今河南許昌市。　以例出爲隨州司馬：中華書局本有校勘記："'司馬'，本書卷三〇《唐莊宗紀四》、《通鑑》卷二七二作'司户'。"見《輯本舊史》卷三〇《唐莊宗紀四》同光元年（923）十月丙戌條、《通鑑》卷二七二同光元年十月丙戌條。

[7]右庶子：官名。亦稱太子右庶子。隋始置，爲太子典書坊長官。掌侍從太子左右，獻納啓奏，宣傳令言。正四品下。

[8]"月餘"至"罕不由之"：《輯本舊史》卷三六《唐明宗紀二》天成元年（926）六月戊戌，"以太子右庶子王權爲户部侍郎"；卷三八《唐明宗紀四》天成二年四月己丑，"以户部侍郎王權爲兵部侍郎"；卷三九《唐明宗紀五》天成三年七月，"以兵部侍郎王權、御史中丞梁文矩並爲吏部侍郎"；卷四二《唐明宗紀八》長興二年（931）閏五月壬寅，"以吏部侍郎王權爲尚書左丞"；卷四三《唐明宗紀九》長興三年十二月壬戌，"以尚書左丞王權爲禮部尚書"；卷四七《唐末帝紀中》清泰二年（935）五月庚申，"以禮部尚書王權爲户部尚書"。

[9]高祖登極，轉兵部尚書：《輯本舊史》卷七六《晋高祖紀二》天福二年三月："戊寅，以户部尚書王權爲兵部尚書。"

[10]契丹：古部族、政權名。公元四世紀中葉宇文部爲前燕所攻破，始分離而成單獨的部落，自號契丹。唐貞觀中，置松漠都督府，以其首領爲都督。唐末强盛，916年迭剌部耶律阿保機建立契丹國（遼）。先後與五代、北宋並立，保大五年（1125）爲金所滅。參見張正明《契丹史略》，中華書局1979年版。　未嘗有奉使而稱陪臣者：中華書局本有校勘記："'奉使而稱陪臣者'，《永樂大典》卷六八五一引《五代薛史》，《御覽》卷二一七引《五代史·晋史》，《册府》卷四六〇、卷八七七作'稱臣於戎虜者'。"　豈能遠使於契丹乎：中華書局本有校勘記："'遠使於契丹'，《永樂大典》卷六八五一引《五代薛史》，《御覽》卷二一七引《五代史·晋史》，《册府》卷四六〇、卷八七七作'稽顙於穹廬之長'。"

[11]先是，宰相馮道使於契丹纔回，權亦自鳳翔册禮使回：《舊五代史考異》："案：《通鑑考異》引《周世宗實録·馮道傳》云：契丹遣使加徽號于晋祖，晋亦獻徽號于契丹。始命兵部尚書王權銜其命，權辭以老病。晋祖謂馮道曰：'此行非卿不可。'道無難色。據此傳，馮道自契丹使回，始命王權奉使，道亦未嘗再使契丹也，與《周實録》異。"《輯本舊史》卷七七《晋高祖紀三》天福三年（938）十月戊子條："以右金吾大將軍馬從斌爲契丹國信使，

考功郎中劉知新副之。"

[12]其實權不欲臣事契丹：中華書局本有校勘記："'不欲臣事契丹'，《永樂大典》卷六八五一引《五代薛史》作'以耻拜虜廷'。"參見《宋本册府》卷四八一《臺省部·譴責門》、卷八七七《總録部·剛門》，明本《册府》卷三二九《宰輔部·奉使門》，《宋本册府》卷四六〇《臺省部·正直門》，《通鑑》卷二八一《後晋紀二》。

[13]踰歲授太子少傅致仕：《輯本舊史》卷七八《晋高祖紀四》天福四年八月："戊申，前兵部尚書王權授太子少傅致仕。"

[14]《大典》卷六八五一"王"字韻"姓氏（三六）"事目。

韓惲

韓惲，字子重，太原晋陽人。[1]曾祖俊，唐龍武大將軍。祖士則，石州司馬。[2]父逵，代州刺史。[3]惲世仕太原，昆仲爲軍職，惟惲親狎儒士，好爲歌詩，聚書數千卷。乾寧中，後唐莊宗納其妹爲妃，初爲嫡室，故莊宗深禮其家，而惲以文學署交城、文水令，入爲太原少尹。[4]莊宗平定趙、魏，爲魏州支使。莊宗即位，授右散騎常侍，從駕至洛陽，轉尚書户部侍郎。[5]天成初，改秘書監。[6]俄而馮道爲丞相，與惲有同幕之舊，以惲性謹厚，尤左右之，尋遷禮部尚書。[7]丁内憂，服闋，授户部尚書。[8]明宗晏駕，馮道爲山陵使，引惲爲副使。[9]清泰初，以充奉之勞，授檢校尚書右僕射、絳州刺史，踰年，入爲太子賓客。[10]高祖登極，以惲先朝懿戚，深加禮遇，除授貝州刺史。[11]時范延光有跋扈之狀，惲懼其見逼，遲留不敢赴任，高祖不悦，復授太子賓客，尋改兵部尚書。[12]天福七年夏，車駕在鄴，惲病腳氣，卒於龍興寺，時年六十餘。[13]《永樂大典》卷三千六百七十五。[14]

[1]韓惲：考《輯本舊史》紀、傳所載，卷三四、三八、三九、四四、四五、四六、四八、一四三皆作"韓彦惲"。

[2]石州：州名。治所在今山西吕梁市離石區。

[3]代州：州名。治所在今山西代縣。

[4]乾寧：唐昭宗李曄年號（894—898）。 交城：縣名。治所在今山西交城縣。 文水：縣名。治所在今山西文水縣。 "惲世仕太原"至"入爲太原少尹"：明本《册府》卷三〇五《外戚部·儒學門》："晋韓惲，世仕太原，昆仲爲軍職，唯惲親狎儒士，好爲歌詩，聚書數千卷。乾寧中，後唐莊宗納其妹爲妃。妃初爲嫡室，故莊宗深禮其家。而惲以文學署交成文水令，入爲太原少尹。"

[5]"莊宗即位"至"轉尚書户部侍郎"：《輯本舊史》卷三四《唐莊宗紀八》同光四年（926）二月丙辰條："以右散騎常侍韓彦惲爲户部侍郎。"卷一四三《禮志下》後唐長興元年（930）九月條："户部尚書韓彦惲等奏議曰：'伏以本朝尊受命之祖景皇帝爲始封之君，百代不遷，長居廟食，自貞觀至於天佑，無所改更，聖祖神孫，左昭右穆。自中興國祚，再議宗祊，以太祖景皇帝在桃廟之數，不列祖宗，欲尊太祖之位，將行東向之儀，爰命群臣，同議可否。伏詳本朝列聖之舊典，明皇定禮之新規，開元十年，特立九廟，子孫遵守，歷代無虧。今既行定禮之規，又以桃太祖之室。昔德宗朝，將行禘袷之禮，顔真卿議請奉獻祖居東向之位，景皇帝暫居昭穆之列，考之於貞元，則以爲誤，行之於今日，正得其禮。今欲請每遇禘袷之歲，暫奉景皇帝居東向之尊，自元皇帝以下，叙列昭穆。'從之。"

[6]天成初，改秘書監：《輯本舊史》卷三八《唐明宗紀四》天成二年（927）四月甲辰條：“以户部侍郎韓彦惲爲秘書監。”

[7]“俄而馮道爲丞相”至“尋遷禮部尚書”：《輯本舊史》卷三九《唐明宗紀五》天成三年八月癸酉條：“以吏部侍郎韓彦惲守禮部尚書。”同卷同年十月戊申條：“帝臨軒，命禮部尚書韓彦惲、工部侍郎任贊往應州奉册四廟。”明本《册府》卷三一《帝王部·奉先門四》：“十月戊申，帝服衮冕，御崇元殿，臨軒命禮部尚書韓彦惲、工部侍郎住贊往應州奉册四廟陵，樂奏、仗衛如式。”本傳未載。《册府》卷九五五《總録部·知舊門》：“韓惲，明宗天成初改秘書監。俄而馮道爲丞相，與惲俱莊宗龍潛佐幕之舊，以惲性謹厚，尤左右之。尋遷禮部尚書。”

[8]授户部尚書：《輯本舊史》卷四四《唐明宗紀十》長興四年九月甲戌條：“以前户部尚書韓彦惲爲户部尚書。”

[9]山陵使：官名。亦稱山陵儀仗使。唐貞觀中始置。掌議帝后陵寢制度、監造帝后陵寢。“明宗晏駕”至“引惲爲副使”：《輯本舊史》卷四五《唐閔帝紀》長興四年十二月丁巳條：“以左僕射、平章事馮道爲山陵使，户部尚書韓彦惲爲副。”《新五代史》卷七《唐愍帝紀》天成四年十二月丁巳條：“馮道爲大行皇帝山陵使，户部尚書韓彦惲爲副。”

[10]檢校尚書右僕射：官名。爲散官或加官，以示恩寵，無實際職掌。“清泰初”至“踰年，入爲太子賓客”：《輯本舊史》卷四六《唐末帝紀上》清泰元年（934）六月乙酉條：“以户部侍郎韓彦惲爲絳州刺史。”卷四八《唐末帝紀下》清泰三年九月甲辰條：“以前絳州刺史韓彦惲爲太子賓客。”

[11]“高祖登極”至“除授貝州刺史”：《輯本舊史》卷七六《晋高祖紀二》天福二年（937）二月甲辰條：“以太子賓客韓惲爲貝州刺史。”《宋本册府》卷四一《帝王部·寬恕門》：“晋高祖天福四年秋七月，御史奏太子賓客韓惲、國子祭酒唐汭、左丞崔梲、吏部侍郎盧導、左司郎中趙上交、左贊善大夫李專美、太常博士祝

格、左龍武將軍李藏、左衛將軍李崇本入閣後至，衝班失儀。帝以人之小過，不用情，不撓法，雖曰失恭，恕而已矣。遂不令罰俸。”

[12]范延光：人名。鄴郡臨漳（今河北臨漳縣）人。五代後唐、後晉將領。傳見本書卷九七。　“時范延光有跋扈之狀”至“尋改兵部尚書”：《輯本舊史》卷七九《晉高祖紀五》天福五年八月丁丑條：“以太子賓客韓惲爲兵部尚書。”

[13]龍興寺：寺院名。位於今河南開封市。　“天福七年夏”至“時年六十餘”：《輯本舊史》卷八〇《晉高祖紀六》天福七年三月己未條：“兵部尚書韓惲卒。”

[14]《大典》卷三六七五“韓”字韻“姓氏（一一）”事目。

符蒙

　　符蒙，幼聰惠好學。父習，爲常山偏校。[1]常遣與文士共處。年十二，遊佛寺，見壁畫有盃渡道人，因題其腹曰：“都緣心似水，故以鉢爲舟。”人稍推之。由是篤意吟詠，經亭榭祠廟之間，皆削柹染翰，題詩而去。人愛其速成，往往傳誦。弱年漁獵子史，不便經書，爲文浮靡，惡微婉之言，好爲宮體艷詩及嘲謔之語。[2]後唐同光三年四月敕：“今年新及第進士符蒙正等，宜令翰林學士承旨盧質就本院覆試，仍令學士使楊彥璘監試。”[3]其月敕：“禮部所放進士符蒙正等四人，既慊羣情，實干浮議。近令覆試，俾塞輿言。及再覽符蒙正、成僚等程試詩賦，果有疵瑕。若便去留，慮乖激勸，儻無升降，即昧甄明。況王徹體物可嘉，屬詞甚妙；桑維翰若無紕繆，稍有功夫。其王徹升爲第一，桑維翰第二，符蒙正第三，成僚第四。禮部侍郎裴皞放。今後應禮部每年所試舉人雜文策等，候過堂日，委中書門下子細詳覆奏聞。"[4]

　　[1]偏校：官名。低級軍官之一種，

　　[2]"符蒙"至"好爲宮體艷詩及嘲謔之語"：《宋本册府》卷八四一《總録部·文章門五》。《新五代史》卷二六《符習傳》："習二子：令謙、蒙……蒙少好學，性剛鯁，爲成德軍節度副使。後事晉，官至禮部侍郎。"

　　[3]盧質：人名。河南（今河南洛陽市）人。五代大臣。傳見本書卷九三、《新五代史》卷五六。　　楊彦璩：人名。籍貫不詳。五代文士、官員。事見本書本傳。

　　[4]"後唐同光三年四月敕"至"委中書門下子細詳覆奏聞"：《宋本册府》卷六五一《貢舉部·謬濫門》。末句"今後應禮部每年所試舉人雜文策等，候過堂日，委中書門下子細詳覆奏聞"據《會要》卷二二進士條補。本段其他文字，《會要》微有不同。符蒙正即符蒙。《直齋書録解題》卷一九《詩集類》上收《符蒙集》一卷，題云："符侍郎，同光三年進士也。同年四人，蒙初爲狀頭，覆試爲第四。"名次誤，但可證符蒙正即爲符蒙。《輯本舊史》卷三二《唐莊宗紀六》同光三年（925）四月丁亥條："禮部貢院新及第進士四人，其王澈改爲第一，桑維翰第二，符蒙正第三，成僚第四。"《宋本册府》卷六四一《貢舉部·條制門三》："（同光）三年三月敕：'禮部貢院今年新及第進士符蒙正、成僚、王徹、桑維翰四人。國家歲命春官，首司貢籍，高懸科級，明列等差，廣進善之門，爲取士之本。所重者藝行兼著，鄉里有稱，定才實之淺深，振聲明於夷夏，必當得雋，允副旁求。爰自近年，寖成澆俗，多聞濫進，全爽舊章。朕自興復丕圖，削平僞紀，方作事以謀始，盡革故以鼎新。蓋欲窒弊正訛，去華務實，誠爲要道，無切於斯。今據禮

部奏，所放進士符蒙正等四人，既慊輿情，頗干浮論，須令覆試，俾塞羣言。又遣考詳，貴從精覈。及再覽符蒙正、成僚等呈試詩賦，果有疵瑕。今若便有去留，慮乖激勸，儻無昇降，即眇甄明。況王徹體物可嘉，屬辭甚妙，細披製作，最異儕流。但應試以效成，或求對而不切。桑維翰若無紕繆，稍有功夫，止當屬對之間，累失求妍之美。須推事藝，各定否臧，貴叶允平，庶諧公共。其王徹改爲第一，桑維翰第二，符蒙正第三，成僚第四。禮部侍郎裴皞在掄材之際，雖匪阿私，當定名之時，頗虧優劣。但緣符蒙正等既無絀落，裴皞特議寬容，勿負憂疑，已從釋放。自今後，應禮部常年所試舉人雜文策等，候過堂日，委中書門下准本朝故事，細加詳覆，方可奏聞，不得輒徇人情，有隳事實。’時命盧質覆試於翰林院，試《君從諫則聖賦》，以‘堯舜禹湯，傾心求過’爲韻，《臣事君以忠詩》。是歲，試進士科者數十人，裴皞精選其文，惟得王徹輩。或譖毀於宣徽使李紹宏曰：‘今年新進士，不由才進，各有阿私，物議以爲不可。’紹宏訴於郭崇韜，因奏令盧質覆試。質爲賦韻五平聲三側聲，且踰常式，覆試之日，中外膌口，議者非之。”

　　蒙爲右拾遺。天成二年六月辛丑，奏以五日轉對，無獻替之風，虛瀆聖聽，請罷之。[1]蒙素浮薄，每效秦洛間語，識者笑之。復性鄙嗇，與人交，不過於觴酒豆肉，未嘗以賑急爲心。赴兄之喪，謂人曰：“夫量腸而食則延其壽。兄之此夭，是枉費也。”及清泰末，常山有秘瓊之亂，蒙百口悉在其中，而財貨掃地無餘，家遂一空。後至禮部侍郎卒。[2]

　　[1]右拾遺：官名。唐武則天於垂拱元年（685）置拾遺，分左、右。左拾遺隸門下省，右拾遺隸中書省，與左、右補闕共掌諷

諫，大事廷議，小事則上封事。從八品上。　　“蒙爲右拾遺”至
“請罷之”：《宋本册府》卷四七五《臺省部·奏議門二》。《宋本册
府》卷五八《帝王部·守法門》涇王從敏條：“鎮州有市人劉方遇，
家富。方遇卒，無子。妻弟田令遵者，幼爲方遇治財，善殖貨，劉
族乃同推令遵爲方遇子，親族共立券書以爲誓信。累年後，方遇二
女取資金於令遵，不如意，乃訟令遵冒姓，奪父家財。劉之二女以
錢賂從敏之親吏，又姦通判官陸浣。從敏令浣鞫劉氏獄，而殺令
遵。令遵父詣臺訴。又以成德軍節度副使符蒙、掌書記徐台符鞫
之。蒙本鎮人，備知姦狀。及詰二女，伏行賂於節度副使趙環、代
判高知柔、觀察判官陸浣，並捕下獄，具服贓污。”亦見《輯本舊
史》卷一二三《李從敏傳》、《太平廣記》卷一七二劉方遇條。《宋
本册府》卷七一九《幕府部·公正門》：“晋符蒙倅常山戎事。安重
榮在鎮，所爲不法，蒙多否之，爲左右所間，幾罹其禍。”

[2]“蒙素浮薄”至“後至禮部侍郎卒”：明本《册府》卷九
三六《總録部·吝嗇門》。《輯本舊史》卷七七《晋高祖紀三》天
福三年（938）十二月甲戌條：“以鎮州節度副使符蒙爲右諫議大
夫。”卷八一《晋少帝紀一》天福七年七月丙午條：“以右諫議大夫
符蒙爲給事中。”同卷天福八年六月丁卯條：“以給事中符蒙爲禮部
侍郎。”卷八三《晋少帝紀三》開運元年九月己丑條：“禮部侍郎符
蒙卒。”

李懌

李懌，京兆人也。祖褒，唐黔南觀察使。父昭，户
部尚書。[1]懌幼而能文，進士擢第，解褐爲校書郎、集
賢校理、清河尉。[2]入梁，歷監察御史、右補闕、殿中
侍御史、起居舍人、禮部員外郎、知制誥，換都官郎
中，賜緋，召入翰林爲學士，正拜舍人，賜金紫，仍舊

內職。莊宗平汴、洛，責授懷州司馬，遇赦，量移孟州，入爲衛尉少卿。[3]天成初，復拜中書舍人，充翰林學士，在職轉戶部侍郎右丞，充承旨。[4]時常侍張文寶知貢舉，中書奏落進士數人，仍請詔翰林學士院作一詩一賦，下貢部，爲舉人格樣。[5]學士竇夢徵、張礪輩撰格詩格賦各一，送中書，宰相未以爲允。[6]夢徵等請懌爲之，懌笑而答曰："李懌識字有數，頃歲因人偶得及第，敢與後生髦俊爲之標格！假令今卻稱進士，就春官求試，落第必矣。格賦格詩，不敢應詔。"君子多其識大體。[7]天福中，自工部尚書轉太常卿，歷禮部、刑部二尚書，以多病留司於洛下，不交人事。[8]開運末，遇契丹入洛，家事罄空，尋以疾卒，年七十餘。[9]《永樂大典》卷一萬三百九十。[10]

[1]黔南：方鎮名。治所在黔州（今重慶彭水縣）。

[2]懌幼而能文：《新五代史》卷五五《李懌傳》："少好學，頗工文辭。"　清河：縣名。治所在今河北清河縣。

[3]孟州：州名。治所在今河南孟州市。　衛尉少卿：官名。北魏置，隋、唐、五代爲衛尉寺次官。協助衛尉卿掌供宮廷、祭祀、朝會之儀仗帷幕，通判本寺事務。從四品上。

[4]"莊宗平汴、洛"至"充承旨"：《輯本舊史》卷三〇《唐莊宗紀四》同光元年（923）十月丙戌，貶"李懌懷州司馬"；卷三六《唐明宗紀二》天成元年（926）五月"辛巳，以衛尉卿李懌爲中書舍人，充翰林學士"；卷三九《唐明宗紀五》天成三年"八月癸酉朔，以翰林學士、守中書舍人李懌、劉昫並爲戶部侍郎充職"；卷四一《唐明宗紀七》長興元年（930）九月乙酉，"以翰林學士、守戶部侍郎李懌爲尚書右丞"；卷四五《唐閔帝紀》應順元年（934）正

月辛卯條：“以翰林學士承旨、尚書右丞李懌爲工部尚書”。

[5]常侍：官名。爲散官或加官，以示恩寵，無實際職掌。中華書局本引本書卷三四、《通鑑》卷二七四作“檢校右散騎常侍”。

張文寶：人名。籍貫不詳。五代後唐官員。傳見本書卷六八。中書：官署名。“中書門下”的簡稱。唐代以來爲宰相處理政務的機構。參見劉後濱《唐代中書門下體制研究——公文形態·政務運行與制度變遷》，齊魯書社 2004 年版。　下貢部：中華書局本有校勘記：“‘貢部’，原作‘工部’，據《册府》卷五五一改。”見《宋本册府》卷五五一《詞臣部·器識門》。

[6]竇夢徵：人名。同州（今陝西大荔縣）人，一作棣州（今山東惠民縣）人。唐末進士，五代後梁、後唐官員。傳見本書卷六八。　張礪：人名。籍貫不詳。後唐翰林學士。後入契丹，爲翰林學士。傳見本書卷九八。

[7]格詩：《輯本舊史》之影庫本粘籤：“格詩，原本作‘權詩’，今從《歐陽史》改正。”　“時常侍張文寶知貢舉”至“君子多其識大體”：《新五代史·李懌傳》：“時右散騎常侍張文寶知貢舉，所放進士，中書有覆落者，乃請下學士院作詩賦爲貢舉格，學士竇夢徵、張礪等所作不工，乃命懌爲之，懌笑曰：‘年少舉進士登科，蓋偶然爾。後生可畏，來者未可量，假令予復就禮部試，未必不落第，安能與英俊爲准格？’聞者多其知體。”亦見《宋本册府》卷五五一。

[8]“天福中”至“不交人事”：《輯本舊史》卷四六《唐末帝紀上》清泰元年（934）八月條：“乙亥，以翰林學士承旨、工部尚書、知制誥李懌爲太常卿。”卷四七《唐末帝紀中》清泰二年五月庚申條：“以太常卿李懌爲禮部尚書。”案《紀》可知李懌爲太常卿、禮部尚書爲清泰年中事，非天福年間事。卷七八《晋高祖紀四》天福四年（939）五月丁巳，“以禮部尚書李懌爲刑部尚書”。

[9]“開運末”至“年七十餘”：《輯本舊史》卷八三《晋少帝紀三》開運元年（944）八月甲辰，“刑部尚書李懌改户部尚書”；

同卷開運二年三月甲寅，“以前户部尚書李懌爲兵部尚書”；卷一〇一《漢隱帝紀上》乾祐元年（948）七月庚午，“故兵部尚書李懌贈尚書左僕射”。本傳未載。

[10]《大典》卷一〇三九〇“李”字韻“姓氏（三五）”事目。

舊五代史　卷九三

晉書十九

列傳第八

盧質

　　盧質，字子徵，河南人也。[1]曾祖偲，唐太原府祁縣尉，累贈右僕射。[2]祖衍，唐刑部侍郎、太子賓客，累贈太保。[3]父望，唐尚書司勳郎中，累贈太子少傅。[4]質幼聰慧，善屬文。年十六，陝帥王重盈奏授芮城令，能以色養。[5]又爲同州澄城令，[6]從私便也。秩滿改祕書郎，[7]丁母憂，歸河南故里。天祐三年，北遊太原，時李襲吉在武皇幕府，以女妻之。[8]武皇憐其才，承制授檢校兵部郎中，充河東節度掌書記，賜緋魚袋。[9]

　　[1]字子徵：中華書局本有校勘記：“‘子徵’，劉本作‘子微’，邵本、彭本作‘子貞’。”
　　[2]祁縣：縣名。治所在今山西祁縣。　右僕射：官名。秦始

置。隋、唐前期以左、右僕射佐尚書令總理六官，綱紀庶務，如不置尚書令，則總判省事，爲宰相之職。唐後期多爲大臣加銜。從二品。

[3]刑部侍郎：官名。尚書省刑部次官。協助刑部尚書掌天下刑法及徒隸、勾覆、關禁之政令。正四品下。　太子賓客：官名。爲太子官屬。唐高宗顯慶元年（656）始置。掌侍從規諫、贊相禮儀。正三品。　太保：官名。與太師、太傅並爲三師。唐後期、五代多爲大臣、勳貴加官。正一品。

[4]司勳郎中：官名。唐尚書省吏部司勳司長官。掌官吏勳級。從五品上。　太子少傅：官名。與太子少保、太子少師合稱“三少”，唐後期、五代多爲大臣、勳貴加官。從二品。

[5]王重盈：人名。太原祁（今山西祁縣）人。河中節度使王重榮之兄。唐末軍閥。傳見《舊唐書》卷一八二、《新唐書》卷一八七。　芮城：縣名。治所在今山西芮城縣。　陝帥王重盈奏授芮城令：《輯本舊史》之影庫本粘籤：“王重盈，原本作‘從盈’，今從《唐書》改正。”見《新唐書》卷一〇《唐昭宗紀》。

[6]同州：州名。治所在今陝西大荔縣。　澄城：縣名。治所在今陝西澄城縣。

[7]祕書郎：官名。魏晉始置。唐代掌經史子集四部圖書經籍。從六品上。

[8]天祐：唐昭宗李曄開始使用的年號（904）。唐哀帝李柷即位後沿用（904—907）。唐亡後，河東李克用、李存勗仍稱天祐，沿用至天祐二十年（923）。五代其他政權亦有行此年號者，如南吳、吳越等，使用時間長短不等。　李襲吉：人名。洛陽人。五代大臣，以文辭典章見長。傳見本書卷六〇、《新五代史》卷二八。

武皇：即李克用。生於神武川新城（一說是今山西朔州市朔城區之梵王寺村，一說是今山西應縣縣城，一說在今山西懷仁縣之日中城）。沙陀部人。唐末軍閥，受封晉王。五代後唐太祖。紀見本書卷二五、卷二六及《新五代史》卷四。

[9]檢校兵部郎中：官名。爲散官或加官，以示恩寵，無實際
職掌。　河東：方鎮名。治所在太原府（今山西太原市）。　掌書
記：官名。唐、五代方鎮僚屬，位在判官下。掌表奏書檄，文辭
之事。

　　武皇厭代，其弟克寧握兵柄，有嗣襲之望，質與張
承業等密謀，同立莊宗爲嗣，有翊贊之功。[1]及莊宗四
征，質皆從行。十六年，轉節度判官、檢校禮部尚
書。[2]十九年，莊宗將即帝位，命爲大禮使，累加至銀
青光禄大夫、檢校右僕射。[3]二十年，授行臺禮部尚書。
莊宗既登極，欲相之，質性疏逸，不喜居高位，固辭獲
免。[4]尋以本官兼太原尹，充北京留守事，未赴任，改
户部尚書、知制誥，充翰林學士承旨。[5]

　　[1]克寧：即李克寧。沙陀部人。五代後唐李克用之弟。後爲
李存勗所殺。傳見本書卷五〇及《新五代史》卷一四。　張承業：
人名。同州（今陝西大荔縣）人。唐末五代宦官，河東監軍。傳見
本書卷七二、《新五代史》卷三八。　莊宗：即後唐莊宗李存勗。
五代後唐王朝的建立者。紀見本書卷二七至卷三四、《新五代史》
卷五。　“武皇厭代”至“有翊贊之功”：亦見《宋本册府》卷八
四三《總録部·知人門二》。
　　[2]節度判官：官名。唐、五代方鎮僚屬，位在行軍司馬下。
分掌使衙内各曹事，並協助節度使通判衙事。　檢校禮部尚書：官
名。爲散官或加官，以示恩寵，無實際職掌。
　　[3]大禮使：官名。非常設。帝王舉行南郊等大禮時設，參掌
大禮。　銀青光禄大夫：官名。唐、五代散官。從三品。　檢校右
僕射：官名。爲散官或加官，以示恩寵，無實際職掌。　“十六

年”至“檢校右僕射”：《輯本舊史》卷二九《唐莊宗紀三》同光
元年（923）二月條：“以河東節度判官盧質爲大禮使。”

[4]行臺：地名。即行臺村。位於今河南濮陽市濮城鎮東北。
參見《讀史方輿紀要》卷三四、本書卷二八。　禮部尚書：官名。
尚書省禮部主官。掌禮儀、祭享、貢舉之政。正三品。　“二十
年”至“固辭獲免”：《通鑑》卷二七二同光元年二月條：“晋王下
教置百官，於四鎮判官中選前朝士族，欲以爲相。河東節度判官盧
質爲之首，質固辭，請以義武節度判官豆盧革、河東觀察判官盧程
爲之；王即召革、程拜行臺左、右丞相，以質爲禮部尚書”。

[5]户部尚書：官名。唐代始置，户部最高長官。掌土地、人
民、錢穀之政。正三品。　知制誥：官名。掌起草皇帝的詔、誥之
事，原爲中書舍人之職。唐開元末置學士院，翰林學士入院一年，
則加知制誥銜，專掌任免宰相、册立太子、宣布征伐等特殊詔令，
稱爲内制。而中書舍人所撰擬的詔敕稱爲外制。兩種官員總稱兩制
官。　翰林學士承旨：官名。爲翰林學士之首。掌拜免將相、號令
征伐等詔令的起草。《舊唐書·職官志二·翰林院》：“例置學士六
人，内擇年深德重者一人爲承旨，所以獨承密命故也。”　“尋以
本官兼太原尹”至“充翰林學士承旨”：《輯本舊史》卷二九《唐
莊宗紀三》同光元年四月條：“以河東節度判官盧質爲兵部尚書，
充翰林學士承旨。”卷一四九《職官志》同光元年八月條：“賜翰林
學士承旨、户部尚書盧質論思匡佐功臣，亦非常例也。”亦見《宋
本册府》卷五五〇《詞臣部·恩獎門》。

同光元年冬，從平大梁，權判租庸事，踰月隨駕都
洛，旋有詔權知汴州軍府事。[1]時孔謙握利權，志在聚
斂，累移文於汴，配民放絲，質堅論之，事雖不行，時
論賞之。[2]俄又改金紫光禄大夫、兵部尚書、知制誥、
翰林學士承旨，仍賜論思匡佐功臣。[3]會覆試進士，質

以"后從諫則聖"爲賦題,以"堯、舜、禹、湯傾心求過"爲韻,舊例賦韻四平四側,質所出韻乃五平三側,由是大爲識者所誚。^[4]

[1]同光:後唐莊宗李存勗年號(923—926)。 權判租庸事:官名。唐代租庸使爲主持催徵租庸地税的財政官員。後梁、後唐時,租庸使取代鹽鐵、度支、户部,爲中央財政長官,權判係暫掌職權之意。 汴州:州名。治所在今河南開封市。 "同光元年冬"至"旋有詔權知汴州軍府事":《輯本舊史》卷三〇《唐莊宗紀四》同光元年(923)十二月乙酉條:"以翰林學士承旨盧質權知汴州軍府事。"

[2]孔謙:人名。魏州(今河北大名縣)人。後唐大臣,善聚斂錢財,爲李存勗籌畫軍需。傳見本書卷七三、《新五代史》卷二六。

[3]金紫光禄大夫:官名。本兩漢光禄大夫。魏晋以後,光禄大夫之位重者,加金章紫綬,因稱金紫光禄大夫。北周、隋爲散官。唐貞觀後列入文散官。正三品。 兵部尚書:官名。尚書省兵部主官。掌兵衛、武選、車輦、甲械、厩牧之政令。正三品。"時孔謙握利權"至"仍賜論思匡佐功臣":《輯本舊史》卷三二《唐莊宗紀五》同光二年八月條:"甲戌,以權知汴州軍州事、翰林學士承旨、户部尚書盧質爲兵部尚書,依前翰林學士承旨,仍賜論思匡佐功臣。"

[4]"會覆試進士"至"由是大爲識者所誚":《輯本舊史》卷三二《唐莊宗紀六》同光三年四月癸酉條:"詔翰林學士承旨盧質覆試新及第進士。"

天成元年,制授特進、檢校司空、同州節度使。^[1]時宰相馮道以詩餞別,^[2]其警句云:"視草北來唐學士,擁旄西去漢將軍。"儒者榮之。明年，改賜耀忠匡定保節功臣，就加檢校司徒。三年，入拜兵部尚書，判太僕卿事。四年，進封開國公。[3]長興二年，授檢校太保、河陽節度使，未幾，移鎮滄州，入爲右僕射。[4]及秦王得罪，奉詔權知河南府事。[5]應順初，遷檢校太傅，正拜河南尹，後改太子少師。[6]清泰末，復爲右僕射。[7]高祖登極，質以微恙分司洛宅。少帝嗣位，拜太子太保。[8]天福七年秋，卒於洛陽，年七十六。累贈太子太師，謚曰文忠。[9]

[1]天成：後唐明宗李嗣源年號（926—930）。　特進：官名。西漢末期始置，授給列侯中地位較特殊者。隋、唐時期，特進爲散官，授給有聲望的文武官員。正二品。　檢校司空：官名。爲散官或加官，以示恩寵，無實際職掌。　節度使：官名。唐時在重要地區所設掌握一州或數州軍、民、財政的長官。　"天成元年"至"同州節度使"：《輯本舊史》卷三六《唐明宗紀一》天成元年（926）六月戊子條："以翰林承旨、兵部尚書、知制誥盧質爲檢校司空，充同州節度使。"

[2]馮道：人名。瀛州景城（今河北滄縣）人。五代時官拜宰相，歷仕後唐、後晋、後漢、後周，亦曾臣事契丹。傳見本書卷一二六、《新五代史》卷五四。

[3]檢校司徒：官名。爲散官或加官，以示恩寵，無實際職掌。　太僕卿：官名。西漢置太僕，南朝梁始置太僕卿。太僕寺長官。掌管車馬及牲畜之政令。從三品。中華書局本有校勘記："'太僕'，本書卷三九《唐明宗紀五》、《新五代史》卷五六《盧質傳》作'太常'。《舊五代史考異》卷三：'案《歐陽史》作判太常卿事。'"《輯本舊史》卷三八《唐明宗紀四》天成二年九月條："同

州節度使盧質加檢校司徒。"卷三九《唐明宗紀五》天成三年五月條："以前同州節度使盧質行兵部尚書，判太常卿事。"卷四○《唐明宗紀六》天成四年八月條："兵部尚書盧質爲禮儀使。"

　　[4]長興：後唐明宗李嗣源年號（930—933）。　檢校太保：官名。爲散官或加官，以示恩寵，無實際職掌。太保，與太師、太傅合稱三師。　河陽：縣名。治所在今河南孟州市。　滄州：州名。治所在今河北滄縣舊州鎮。

　　[5]"長興二年"至"奉詔權知河南府事"：《輯本舊史》卷四二《唐明宗紀八》長興二年（931）四月壬子條："以兵部尚書盧質爲河陽節度使。"同卷同年六月條："盧質爲滄州節度使。"卷四四《唐明宗紀十》長興四年十一月丙子條："以前滄州節度使盧質爲右僕射。"卷四五《唐閔宗紀》長興四年十二月癸丑條："以前鎮州節度使、涇王從敏權知河南府事，尋以盧質代之。"《新五代史》卷七《唐明宗紀》長興四年十二月條："左僕射、權判河南府盧質爲橋道頓遞使。"卷五六《盧質傳》："初，梁已篡唐，封哀帝爲濟陰王，既而酖殺之，瘞于曹州。同光三年，莊宗將議改葬，而曹太后崩，乃止。因其故壠，稍廣其封，以時薦饗而已。質乃建議立廟追諡，諡曰昭宣光烈孝皇帝，廟號景宗。天成四年八月戊申，明宗御文明殿，遣質奉册立廟于曹州。而議者以謂輝王不幸爲賊臣所立，而昭宗、何皇后皆爲梁所弒，遂以亡國，而'昭宣光烈'非所宜稱，且立廟稱宗而不入太廟，皆非是。共以此非質，大臣亦知其不可，乃奏去廟號。秦王從榮坐謀反誅，質以右僕射權知河南府事。廢帝反鳳翔，潞帝發兵誅之，竭帑藏以厚賞，而兵至鳳翔皆叛降。廢帝悉將而東，事成許以重賞，而軍士皆過望。廢帝入立，有司獻籍數甚少，廢帝暴怒。自諸鎮至刺史，皆進錢帛助國用，猶不足，三司使王玫請率民財以佐用。乃使質與玫等共議配率，而貧富不均，怨訟並起，囚繫滿獄。六七日間，所得不滿十萬。廢帝患之，乃命質等借民屋課五月，由是民大咨怨。"

　　[6]應順：後唐閔帝李從厚年號（934）。　檢校太傅：官名。

爲散官或加官，以示恩寵，無實際職掌。中華書局本有校勘記：
"本書卷四五《唐閔帝紀》作'太子少傅'。按《册府》卷五九四
應順元年有太子少傅盧質，本書卷四六《唐末帝紀上》：'（清泰元
年）以太子少傅盧質爲太子少師。'"見《宋本册府》卷五九四
《掌禮部·奏議門二二》。《輯本舊史·唐閔帝紀》應順元年（934）
閏元月條："右僕射、權知河南府盧質爲橋道頓遞使。"卷四六《唐
末帝紀上》清泰元年（934）八月甲午條："以太子少傅盧質爲太子
少師。"卷四七《唐末帝紀中》清泰二年十二月條："以太子少師盧
質爲右僕射。"　　河南尹：官名。唐開元元年（713）改洛州爲河南
府，治所在今河南洛陽市，河南府尹總其政務。從三品。　太子少
師：官名。與太子少傅、太子少保統稱太子三少。隋、唐以後多作
加官或贈官。從二品。

[7]清泰：後唐廢帝李從珂年號（934—936）。

[8]少帝：即唐哀帝李柷。唐昭宗之子。904年至907年在位，
年號天祐。爲朱溫所殺。紀見《舊唐書》卷二○下、《新唐書》卷
一○。　太子太保：官名。與太子太師、太子太傅統稱太子三師。
隋、唐以後多作加官或贈官。從一品。　"高祖登極"至"拜太
子太保"：《輯本舊史》卷七六《晋高祖紀二》天福二年（937）二
月條："以左散騎常侍孔昭序爲太子賓客，尚書左僕射劉昫、右僕
射盧質并加食邑實封。"

[9]天福：五代後晋高祖石敬瑭年號（936—942）。出帝石重
貴沿用至九年（944）。後漢高祖劉知遠繼位後沿用一年，稱天福十
二年（947）。　太子太師：官名。與太子太傅、太子太保統稱太子
三師。隋、唐以後多作加官或贈官。從一品。　謚曰文忠：《舊五
代史考異》："案《五代會要》：漢乾祐元年九月，其子尚書兵部員
外郎盧瓊上章請謚，下太常議，謚曰文忠。"《輯本舊史》卷八一
《晋少帝紀一》天福七年十月丁丑條："太保盧質卒，贈太子太師，
謚曰文忠。"

子十一人，唯第六子瓊，[1]仕至省郎，[2]餘歷州縣焉。《永樂大典》卷二千二百十二。[3]

[1]瓊：中華書局本改作“瓊”，有校勘記：“原作‘夏’，據殿本、劉本改。按《五代會要》卷一二記尚書兵部員外郎盧瓊上章爲其父盧質請謚事。”今據改。

[2]仕至省郎：中華書局本有校勘記：“‘仕’，原作‘任’，據殿本改。”

[3]《大典》卷二二一二“盧”字韻“姓氏（七）”事目。

李專美

李專美，字翊商，京兆萬年人也。[1]曾祖隨，光禄卿。[2]祖正範，尚書庫部郎中。[3]專美少篤學爲文，以父樞唐昭宗時常應進士舉，爲覆試所落，不許再入，專美心愧之，由是不遊文場。[4]僞梁貞明中，河南尹張全義以專美名族之後，奏爲陸渾尉，秩滿，改舞陽令。[5]專美性廉謹，大著政聲。後唐天成中，安邑榷鹽使李肅辟爲推官，時唐末帝鎮河中，見其敦雅，心重之。[6]末帝一日曾召肅讌於衙署，專美亦預坐，末帝謂肅曰：“某夜來夢主上召去，與宋王同剃却頭，何也？”坐客都無對者，專美屛人謂曰：“將來必爲嗣主。”由是愈重焉。末帝留守長安，奏爲從事，及移鎮鳳翔，遷爲記室。[7]末帝即位，除尚書庫部郎中，賜金紫，充樞密院直學士。[8]

[1]京兆：地名。位於今陝西西安市。 萬年：縣名。治所在今陝西西安市長安區。

[2]曾祖隨：《舊五代史考異》：“案：《新唐書·宰相世系表》作隨，祕書監。” 光禄卿：官名。南朝梁天監七年（508）改光禄勳置，隋、唐沿置。掌宮殿門户、帳幕器物、百官朝會膳食等。從三品。

[3]庫部郎中：官名。尚書省庫部長官，掌全國武器、儀仗、符勘、尺籍、武學諸事。從五品上。

[4]唐昭宗：即唐昭宗李曄，888年至904年在位。紀見《舊唐書》卷二〇上、《新唐書》卷一〇。 專美少篤學爲文：中華書局本有校勘記：“‘爲文’，原作‘又’，據《册府》卷七七二（宋本）、卷七八一改。”見《宋本册府》卷七七二《總録部·志節門》、卷七八一《總録部·節操門》。

[5]貞明：後梁末帝朱友貞年號（915—921）。 張全義：人名。濮州臨濮（今山東鄄城縣）人。唐末將領，降於諸葛爽。傳見本書卷六三、《新五代史》卷四五。 陸渾：縣名。治所在今河南嵩縣。 舞陽：縣名。治所在今河南舞陽縣。

[6]安邑：縣名。治所在今山西運城市。 榷鹽使：官名。唐德宗時置，掌安邑、解縣兩鹽池事務。詳見齊濤《論唐代榷鹽制度》，《山東大學學報》1989年第4期。 李肅：人名。籍貫不詳。五代地方官員。事見本書本卷。 推官：官名。唐肅宗以後置，五代沿置。爲節度、觀察、團練、防禦等使的屬官。度支、鹽鐵等使也置推官掌理刑案之事。 唐末帝：即後唐末帝李從珂。又稱廢帝。鎮州（今河北正定縣）人。後唐明宗養子，明宗入洛陽，他率兵追隨，以功拜河中節度使，封潞王。紀見本書卷四六至卷四八、《新五代史》卷七。 河中：方鎮名。治所在河中府（今山西永濟市）。

[7]鳳翔：方鎮名。治所在鳳翔府（今陝西鳳翔縣）。《輯本舊史》之影庫本粘籤：“鳳翔，原本作‘鳳翊’，今從《通鑑》改

正。”　記室：官名。或稱記室令史、記室督、記室參軍等。東漢始置，後代因之。王公及大將軍府多設此官，掌章表書記文檄諸事。

[8]除尚書庫部郎中：《舊五代史考異》：“案：《歐陽史》作比部郎中。”見《新五代史》卷二七《劉延朗傳》。　樞密院直學士：官名。五代後唐同光元年（923）改崇政院直學士置，選有政術文學者充任。爲皇帝侍從，備顧問應對。

　　初，末帝起自鳳翔，大許諸軍厚賞。洎至洛陽，閱內庫金帛不過二三萬；尋又配率京城户民，雖行捶楚，亦所獲無幾，末帝憂之。[1]會專美宿於禁中，末帝召而讓之曰：“卿士人子弟，常言有才術，今致我至此，不能度運以濟時事，留才術何施也！”專美惶恐待罪，良久奏曰：“臣才力駑劣，屬當興運，陛下猥垂録任，無以裨益聖朝，然府藏空竭，軍賞不給，非臣之罪也。臣思明宗棄代之際，[2]是時府庫濫賞已竭，繼以鄂王臨朝，紀綱大壞，縱有無限之財賦，不能滿驕軍谿壑之心，所以陛下孤立岐陽而得天下。臣以爲國之存亡，不專在行賞，須刑政立于上，耻格行於下，賞當功，罰當罪，則近於理道也。若陛下不改覆車之轍，以賞無賴之軍，徒困蒸民，存亡未可知也。今宜取見在財賦以給之，不必踐前言而希苟悦。”末帝然之。及其行賞，雖不愜於軍士，[3]然洛陽户民獲免鞭笞之苦，由專美之敷揚也。尋轉給事中，明年，遷兵部侍郎、端明殿學士，未幾，改檢校尚書右僕射、守秘書監，充宣徽北院使。[4]高祖入洛，以例除名。三年，復授衛尉少卿，繼遷鴻臚、大理卿。[5]開運中，以病卒，時年六十二。[6]

[1]雖行捶楚：中華書局本有校勘記："'行'下原有一'行'字，據殿本、劉本、孔本校、邵本、彭本删。影庫本批校：'雖行捶楚'句衍一'行'字。"

[2]明宗：即李嗣源。原名邈佶烈，沙陀部人。

[3]雖不愜於軍士：中華書局本有校勘記："'士'字原闕，據本、劉本補。影庫本批校：'不愜於軍士，脱"士"字。'"此條亦見明本《册府》卷一一《帝王部·繼統門三》。

[4]給事中：官名。秦始置。隋、唐以來，爲門下省屬官。掌讀署奏抄，駁正違失。正五品上。　兵部侍郎：官名。尚書省兵部次官。協助兵部尚書掌武官銓選、勳階、考課之政。正四品下。端明殿學士：官名。後唐明宗時始置，以翰林學士充任，負責誦讀四方書奏。　檢校尚書右僕射：官名。爲散官或加官，以示恩寵，無實際職掌。　秘書監：官名。秘書省長官，掌圖書秘記等。從三品。中華書局本有校勘記："'秘書監'，原作'密書監'，據殿本、劉本、邵本校、彭校改。影庫本粘籤：'守密書監，疑當作"秘書監"。考封演《見聞録》，唐人亦稱祕書爲密書，今仍其舊。'按檢《封氏聞見記》作'秘書'。"《輯本舊史》卷四七《唐末帝紀中》清泰二年（937）五月丙辰條："以端明殿學士李專美爲兵部侍郎。"同卷十月丁丑條："以端明殿學士、兵部侍郎李專美爲祕書監，充宣徽北院使。"　宣徽北院使：官名。唐始置。宣徽北院的長官。初用宦官，五代以後改用士人。與宣徽南院使通掌内諸司及三班内侍之名籍，郊祀、朝會、宴享供帳之儀，檢視内外進奉名物。參見王永平《論唐代宣徽使》，《中國史研究》1995年第1期；王孫盈政《再論唐代的宣徽使》，《中華文史論叢》2018年第3期。

[5]衛尉少卿：官名。北魏置，隋、唐、五代爲衛尉寺次官。協助衛尉卿掌供宮廷、祭祀、朝會之儀仗帷幕，通判本寺事務。從

四品上。　鴻臚卿：官名。秦稱典客，漢初改大行令，漢武帝時改大鴻臚，北齊置鴻臚寺，以鴻臚寺卿爲主官，後代沿置。掌四夷朝貢、宴飲賞賜、送迎外使等禮儀活動。從三品。　大理卿：官名。大理寺長官。負責大理寺的具體事務，掌邦國折獄詳刑之事。從三品。　"高祖入洛"至"大理卿"：《輯本舊史》卷四七《唐末帝紀中》清泰二年十月丁丑條："以端明殿學士、兵部侍郎李專美爲祕書監，充宣徽北院使。"卷八四《晋少帝紀四》開運元年（945）九月壬子條："以前太子詹事王居敏爲鴻臚卿，李專美爲大理卿，以太子賓客致仕馬裔孫爲太子詹事。"

[6]開運：後晉出帝石重貴年號（944—946）。　"開運中"至"時年六十二"：《輯本舊史》卷八四《晋少帝紀四》開運三年七月丁巳條："大理卿李專美卒。"

　　專美之遠祖本出姑臧大房，與清河小房崔氏、北祖第二房盧氏、昭國鄭氏爲四望族，皆不以才行相尚，不以軒冕爲貴，雖布衣徒步，視公卿蔑如也。[1]男女婚嫁，不雜他姓，欲聘其族，厚贈金帛始許焉。唐太宗曾降詔以戒其弊風，終莫能改。[2]其間有未達者，必曰："姓崔、盧、李、鄭了，餘復何求耶！"其達者，則邈在天表，夐若千里，人罕造其門，浮薄自大，皆此類也。唯專美未嘗以氏族形於口吻，見寒素士大夫，恒恂恂如也，人以此多之。

[1]姑臧：地名。位於今甘肅武威市。　清河：縣名。治所在今河北清河縣。

[2]唐太宗：即唐代第二位皇帝李世民。隴西成紀（今甘肅秦安縣）人。626年至649年在位。通過"玄武門之變"掌權，開創

"貞觀之治"。紀見《舊唐書》卷二至卷三、《新唐書》卷二。

專美職岐下，曾夢具裳簡立嵩山之頂。及爲端明殿學士，與學士李崧同列而班在其上，因以所夢告崧，且言："某非德非勳，安可久居此位，處吾子之首乎！"因懇求他官，尋移宣徽使，崧深德之。[1]及高祖臨朝，崧爲樞密使，與桑維翰同列，維翰與專美亦有舊，乃協力以奏之，遂復朝序，位至九卿。[2]專美曾使閩中，遇風水漂至兩浙，踰歲無恙而還，至是善終，人以爲神道福謙之所致也。《永樂大典》卷一萬三百九十。[3]

[1]李崧：人名。深州饒陽（今河北饒陽縣）人。後晋宰相，歷仕後唐至後漢。傳見本書卷一〇八、《新五代史》卷五七。"專美職岐下"至"尋移宣徽使"：亦見《宋本册府》卷八九三《總録部·夢徵門二》。　與學士李崧同列：中華書局本有校勘記："'與'字原闕，據《册府》卷八九三補。"

[2]樞密使：官名。樞密院長官。五代時以士人爲之，備顧問，參謀議，出納詔奏，權侔宰相。參見李全德《唐宋變革期樞密院研究》，國家圖書館出版社 2009 年版。　桑維翰：人名。洛陽（今河南洛陽市）人。初爲石敬瑭節度掌書記，石敬瑭稱帝後出任翰林學士、知樞密院事等職。傳見本書卷八九、《新五代史》卷二九。

[3]《大典》卷一〇三九〇"李"字韻"姓氏（三五）"事目。

盧詹

盧詹，字楚良，京兆長安人也。唐天祐中，爲河中從事。莊宗即位，擢爲員外郎、知制誥，遷中書舍人。[1]天成中，拜禮部侍郎、知貢舉，歷御史中丞、兵部侍郎、尚書左丞、工部尚書。[2]詹性剛直，議論不避權貴，執政者常惡之。[3]天福初，拜禮部尚書，分司洛下，與右僕射盧質、散騎常侍盧重俱在西都，數相過從。[4]三人俱嗜酒，好遊山水，塔廟林亭花竹之地，無不同往，酣飲爲樂，人無間然，洛中朝士目爲“三盧會”。常委順性命，不營財利。開運初，卒於洛陽。詹家無長物，喪具不給，少帝聞之，賜布帛百段，粟麥百斛，方能襄其葬事，贈太子少保。[5]《永樂大典》卷二千二百十二。[6]

[1]“莊宗即位”至“遷中書舍人”：《輯本舊史》卷三八《唐明宗紀四》天成二年（927）三月癸酉條：“以户部郎中、知制誥盧詹爲中書舍人。”《宋本册府》卷四七五《臺省部·奏議門六》：“盧詹，爲中書舍人。天成三年十月，上言曰：‘歌稱九德，彰聖哲於一人；國啓四門，睦臣賓於萬宇。伏惟陛下，登臨宸極，統御寰區，普天之來享來王，率土之爲臣爲子。所以西戎獻款，北狄輸誠，五谿之蠻獠皆臻，百越之梯航畢至。華夷率服，聲教遐流。竊見外國朝天諸藩到闕，多於便殿引對，中外不知。既聞來自殊鄉，宜使觀於盛事。此後每有四夷入貢，伏乞御於正殿，列彼群臣，立天仗於廣廷，臨宸軒而端拱。庶使邊荒異俗，向慕華風，亦具禮樂威儀，更顯聲明文物。’”卷六三二《銓選部·條制門四》：“七月，中書舍人盧詹上言曰：‘一同分土，五等命官，所以字彼黎民，司其輿賦，至於田租桑税，夏斂秋徵，或旨限不愆，或簡量增羨，殊非異政，乃是常程。竊見諸州頻奏縣令，多以税輸辦集，便作功勞，諸道才有表章，朝廷已行恩命。且徵科是縣令之職分，不

過合望於甄酬，若一年兩度轉遷，則三載六昇階級，並加寵渥，慮失規程。伏乞止絶薦論，但稽課最，即銓司黜陟，自有等差，貴塞幸門，以循舊制。'奉敕：盧詹職居近侍，懇述大綱，案州縣之規程，重國家之恩命，既爲允當，須示聽從。"卷六五一《貢舉部·謬濫門》："明宗天成四年，中書舍人、知貢舉盧詹進納春關狀內，漏失五經四人姓名，罰一月俸。"案，盧詹爲中書舍人在明宗時。

[2]禮部侍郎：官名。尚書省禮部次官。協助禮部尚書掌禮儀、祭享、貢舉之政。正四品下。　知貢舉：官名。唐始置，爲主持禮部會試的考官。　御史中丞：官名。如不置御史大夫，則爲御史臺長官。掌司法監察。正四品下。　尚書左丞：官名。尚書省佐貳官。唐中期以後，與尚書右丞實際主持尚書省日常政務，權任甚重。正四品上。後梁開平二年（908）改爲左司侍郎，後唐同光元年（923）復舊爲左丞。正四品。　工部尚書：官名。尚書省工部主官。掌百工、屯田、山澤之政令。正三品。　"天成中"至"工部尚書"：《輯本舊史》卷四〇《唐明宗紀六》天成四年（929）八月丁未條："以中書舍人盧詹爲禮部侍郎。"卷四四《唐明宗紀十》長興四年九月癸未條："以兵部侍郎盧詹爲吏部侍郎。"卷七七《晉高祖紀三》天福三年（938）四月丁亥條："以尚書吏部侍郎盧詹爲尚書左丞。"案此，盧詹所任爲吏部侍郎，《舊五代史》云兵部侍郎，疑誤。

[3]"詹性剛直"至"執政者常惡之"：《宋本册府》卷四五九《臺省部·公正門》："盧詹，歷兵部侍郎、尚書左丞、工部尚書。詹剛直，議論不避權貴，執政者常惡之。"

[4]盧質：人名。河南（今河南洛陽市）人。五代大臣。傳見本書本卷、《新五代史》卷五六。　散騎常侍：官名。門下省屬官。掌侍奉規諷，備顧問應對。正三品下。　盧重：人名。籍貫不詳。五代後唐、後晉官員。事見本書本卷。

[5]"天福初"至"贈太子少保"：《輯本舊史》卷七八《晉高祖紀四》天福四年五月丁巳條："以左丞盧詹爲禮部尚書。"《宋

本册府》卷八五五《總録部・縱逸門》："晋盧詹，天福初拜禮部尚書，分司洛下，與右僕射盧質、散騎常侍盧重俱在西都，數相過從，三人俱嗜酒好遊，山水、塔廟、林亭、花竹之地，無不同往，酣飲爲樂，人無間然。洛中朝士目爲'三盧會'。嘗委順性命，不營財利。開運初，卒於雒陽。詹家無長物，葬具不給。少帝聞之，賜布帛百段，粟麥百斛，方能襄其葬事。贈太子少保。"亦見卷八五五《總録部・曠達門》、卷八六八《總録部・遊宴門》。《輯本舊史》卷八二《晋少帝紀二》開運元年（944）三月壬午條："禮部尚書盧詹卒，贈太子太保。"

[6]《大典》卷二二一二"盧"字韻"姓氏（七）"事目。

崔梲　兄檜

崔梲，字子文，博陵安平人。[1]累世冠冕。曾祖元受，[2]舉進士，直史館。[3]祖銖，安、濮二州刺史。[4]父涿，刑部郎中。[5]梲少好學，梁貞明三年，舉進士甲科，爲開封尹王瓚從事。[6]梲性至孝，父涿有疾，謂親友曰："死生有命，無醫爲也。"梲侍之衣不解帶，有賓至，必拜泣告於門外，請方便勸其進藥，涿終莫之從。[7]及丁憂，哀毀過制。[8]明宗朝，授監察御史，不應命，踰年詔再下，乃就列焉。累遷都官郎中、翰林學士。[9]

[1]博陵：郡名。治所在今河北安平縣。　安平：縣名。治所在今河北安平縣。　崔梲：《册府》或作"崔稅"。見《册府》卷八七七《總録部・方正門》。

[2]曾祖元受：中華書局本有校勘記："'元受'，原作'元授'，據殿本、劉本、《舊五代史考異》卷三引文、《新唐書》卷七

二下《宰相世系表二下》改。按《舊唐書》卷一六三、《新唐書》卷一六〇有《崔元受傳》。"

[3]直史館：官名。唐天寶以後，他官兼領史職者，稱史館修撰。初入史館者稱爲直館。元和六年（811）宰相裴垍建議：登朝官領史職者爲修撰，以官階高的一人判館事；未登朝官均爲直館。《舊五代史考異》："案《新唐書·世系表》：元受直史館、高陵尉。"

[4]安：州名。治所在今湖北安陸市。　濮：州名。治所在今山東鄄城縣。　刺史：官名。漢武帝始置。州一級行政長官。總掌考覈官吏、勸課農桑、地方教化等事。唐中期以後，節度、觀察使轄州而設，刺史爲其屬官，職任漸輕。從三品至正四品下。

[5]刑部郎中：官名。尚書省刑部頭司刑部司長官。掌司法及審覆大理寺及州府刑獄。從五品上。

[6]開封尹：官名。五代除後唐外均定都開封，因置開封府尹。執掌京師政務。從三品。　王瓚：人名。太原祁（今山西祁縣）人。唐河中節度使王重盈之子。五代後梁將領，官至開封尹。傳見本書卷五九。

[7]"梲性至孝"至"梲終莫之從"：亦見《宋本册府》卷八九五《總錄部·達命門》。父涿，《輯本舊史》之影庫本粘籤："父涿，原本作'父淥'，今從《歐陽史》改正。"見《新五代史》卷五五本傳。

[8]丁憂：我國古代官員遭逢父母亡故而辭官守喪的一種禮製。

[9]監察御史：官名。唐代屬御史臺之察院，掌監察中央機構、州縣長官及祭祀、庫藏、軍旅等事。唐中期以後，亦作爲外官所帶之銜。正八品下。　都官郎中：官名。尚書省刑部都官司長官。掌徒刑流放配隸等事。從五品上。　翰林學士：官名。由南北朝始設之學士發展而來，唐玄宗改翰林供奉爲翰林學士，備顧問，代王言。掌拜免將相、號令征伐等詔令的起草。　"及丁憂"至"翰林學士"：《輯本舊史》卷四五《唐閔帝紀》應順元年閏月戊申條：

"以翰林學士、中書舍人崔梲爲工部侍郎，依前充職。"卷四七
《唐末帝紀中》清泰二年（935）十二月壬午條："翰林學士、工部
侍郎崔梲爲户部侍郎。"卷五一《唐宗室列傳三》長興中："又奏翰
林學士崔梲爲元帥府判官。"本傳皆未載。

　　天福初，以户部侍郎爲學士承旨。[1]嘗草制，爲宰
相桑維翰所改，梲以唐故事，學士草制有所改者，當罷
職，乃引經據争，維翰不能詰，命權知二年貢舉。時有
進士孔英者，素有醜行，爲當時所惡。[2]梲受命往見維
翰，維翰語素簡，謂梲曰："孔英來矣。"梲不諭其意，
以謂維翰以孔英爲言，乃考英及第，物議大以爲非。[3]
遂罷學士，拜尚書左丞，遷太常卿。[4]後以風痹改太子
賓客，分司西京，卒年六十八。[5]

　　[1]户部侍郎：官名。尚書省户部次官。協助户部尚書掌土地、
人户、錢穀、貢賦之政。正四品下。　學士承旨：官名。掌拜免將
相、號令征伐等詔令的起草。《輯本舊史》卷七六《晋高祖紀二》
天福二年五月戊寅條："以翰林學士、户部侍郎、知制誥崔梲爲兵
部侍郎、充承旨。"
　　[2]孔英：人名。籍貫不詳。五代後晋進士。事見本書本卷。
　　[3]"時有進士孔英者"至"物議大以爲非"：亦見《宋本册
府》卷六五一《貢舉部·謬濫門》。
　　[4]太常卿：官名。太常寺長官。掌宗廟禮儀。正三品。
"遂罷學士"至"遷太常卿"：《輯本舊史》卷七八《晋高祖紀四》
天福四年（939）四月甲申條："以翰林學士承旨、兵部侍郎崔梲權
判太常卿。"同卷五月丁巳條："以兵部侍郎、權判太常卿事崔梲爲
尚書左丞。"同卷十一月丁丑條："尚書左丞崔梲改太常卿。"

[5]風痹：古時中醫指寒濕侵襲引起的關節痛疼或肢體麻木。
"後以風痹改太子賓客"至"卒年六十八"：《輯本舊史》卷八一
《晋少帝紀一》天福七年八月庚申條："以山陵禮儀使、太常卿崔梲爲
太子賓客，分司西都，病故也。"

　　梲平生所著文章、碑誄、制詔甚多，人有借本傳寫
者，則曰："有前賢，有來者，奚用此爲！"凡受託而作
者，必親札致之，即焚其藁，懼泄人之假手也。[1]梲笑
不至矧，[2]怒不至詈，接新進後生，未嘗無誨焉。羣居
公會，端坐寡言，嘗云非止致人愛憎，且或干人祖禰之
諱。指命僕役，亦用禮節，盛暑祁寒，不使冒犯。嘗自
話於知友云："某少時，夢二人前引行路，一人計地里，
曰：'一舍矣，可以止。'一人曰：'此君當更進三十有
八里。'復行如所言，二人皆止之，俄而驚覺。"梲常識
是夢，以爲定命之限，故六十七請退，明年果終焉。[3]

　　[1]"梲平生所著文章"至"懼泄人之假手也"：亦見《宋本
册府》卷八〇六《總録部·賢德門》、卷八六四《總録部·好謙
門》，明本《册府》卷七九三《總録部·長者門》。
　　[2]梲笑不至矧：中華書局本有校勘記："'矧'，原作'哂'，
據殿本、劉本改。按《禮記·曲禮》：'笑不至矧，怒不至詈。'"
　　[3]"梲常識是夢"至"明年果終焉"：亦見《宋本册府》卷
八九三《總録部·夢徵門》。

　　兄楡，有隱德，好釋氏，閑居滑州。[1]嘗欲訪人於
白馬津，比及臨岸，歎曰："波勢洶湧如此，安可濟
乎！"[2]乃止。後徵拜左拾遺，辭疾不赴。[3]《永樂大典》

卷二千七百四十。[4]

[1]滑州：州名。治所在今河南滑縣。　兄楡：《舊五代史考異》：“案：《世系表》作榆。”

[2]白馬津：地名。位於滑州白馬縣（今河南滑縣）。　比及臨岸：中華書局本有校勘記：“‘比’，原作‘北’，據殿本、《册府》卷七七九改。”見《宋本册府》卷七七九《總録部·高尚門二》。

[3]左拾遺：官名。唐代門下省所屬的諫官。掌規諫，薦舉人才。從八品上。

[4]《大典》卷二七四〇“崔”字韻“姓氏”事目。

薛融

薛融，汾州平遥人。[1]性純和，以儒學爲業。初從雲州帥李存璋爲幕職，唐莊宗平河南，歷鄆、徐二鎮從事。[2]明宗初，授華州節度判官。[3]長興四年，入爲右補闕，直弘文館，歲餘，改河東觀察判官，會高祖鎮太原，遂居于幕府。[4]清泰末，高祖將舉義，延賓席而歷問之，次及融，對曰：“融本儒生，祇曾讀三五卷書，至於軍旅之事，進退存亡之機，未之學也。”座中聳然。[5]及登極，遷尚書吏部郎中兼侍御史知雜事。[6]天福二年，自左諫議大夫遷中書舍人，自以文學非優，不敢拜命，復爲諫議。[7]時詔修西京大内，融以鄴下用兵，國用不足，上疏復罷之，優詔嘉許。[8]俄轉御史中丞，秩滿改尚書右丞，分司西都。[9]天福六年，以疾卒，年六十餘。[10]《永樂大典》卷二萬一千三百六十七。[11]

[1]汾州：州名。治所在今山西汾陽市。　平遥：縣名。治所在今山西平遥縣。

[2]雲州：州名。治所在今山西大同市。　李存璋：人名。雲中（今山西大同市）人。五代後唐將領。傳見本書卷五三、《新五代史》卷三六。　幕職：官名。唐末、五代藩鎮自置的屬官，掌諸項軍民政事務。　鄆：州名。治所在今山東東平縣。　徐：州名。治所在今江蘇徐州市。

[3]華州：州名。治所在今陝西渭南市華州區。

[4]右補闕：官名。唐代諫官。武則天時始置。分爲左、右，左補闕隸於門下省，右補闕隸於中書省。掌規諫諷諭，大事可以廷議，小事則上封奏。從七品上。　弘文館：官署名。弘文館爲唐代中央官學之一。設館主一人，總領館務；判館事一人，管理日常事務。學士無員限，掌校正圖籍，教授生徒，並參議政事。五品以上稱爲學士，六品以下稱爲直學士，又有文學直館學士，均以他官兼領。　觀察判官：官名。唐肅宗以後置，五代沿置。觀察使屬官，參理田賦事，用觀察使印、署狀。

[5]“清泰末”至“座中聳然”：《通鑑》卷二八〇天福元年（936）五月條：“庚寅夜，李崧請急在外，薛文遇獨直，帝與之議河東事，文遇曰：‘諺有之：“當道築室，三年不成。”’兹事斷自聖志；群臣各爲身謀，安肯盡言！以臣觀之，河東移亦反，不移亦反，在旦暮耳，不若先事圖之。”先是，術者言國家今年應得賢佐，出奇謀，定天下。帝意文遇當之，聞其言，大喜，曰：‘卿言殊愜吾意，成敗吾決行之。’即爲除目，付學士院使草制。辛卯，以敬瑭爲天平節度使，以馬軍都指揮使、河陽節度使宋審虔爲河東節度使。制出，兩班間呼敬瑭名，相顧失色。甲午，以建雄節度使張敬達爲西北蕃漢馬步都部署，趣敬瑭之鄆州。敬瑭疑懼，謀於將佐曰：‘吾之再來河東也，主上面許終身不除代；今忽有是命，得非如今年千春節與公主所言乎？我不興亂，朝廷發之，安能束手死於道路乎！今且發表稱疾以觀其意，若其寬我，我當事之；若加兵於

我，我則改圖耳。'幕僚段希堯極言拒之，敬瑭以其樸直，不責也。節度判官華陰趙瑩勸敬瑭赴鄆州；觀察判官平遥薛融曰：'融書生，不習軍旅。'都押牙劉知遠曰：'明公久將兵，得士卒心；今據形勝之地，士馬精强，若稱兵傳檄，帝業可成，奈何以一紙制書自投虎口乎！'掌書記洛陽桑維翰曰：'主上初即位，明公入朝，主上豈不知蛟龍不可縱之深淵邪？然卒以河東復授公，引乃天意假公以利器。明宗遺愛在人，主上以庶孽代之，群情不附。公明宗之愛壻，今主上以反逆見待，此非首謝可免，但力爲自全之計。契丹主素與明宗約爲兄弟，今部落近在雲、應，公誠能推心屈節事之，萬一有急，朝呼夕至，何患無成。'敬瑭意遂決。先是，朝廷疑敬瑭，以羽林將軍竇鼎楊彦詢爲北京副留守，敬瑭將舉事，亦以情告之。彦詢曰：'不知河東兵糧幾何，能敵朝廷乎？'左右請殺彦詢，敬瑭曰：'惟副使一人我自保之，汝輩勿言也。'"亦見《新五代史》卷五六《薛融傳》。

[6]吏部郎中：官名。尚書省吏部頭司吏部司長官。掌文官階品、朝集、録賜，給其告身、假使以及選補流外官等事。《新唐書》記正五品上。　及登極，遷尚書吏部郎中兼侍御史知雜事：《輯本舊史》卷七六《晋高祖紀二》天福元年（936）十一月己亥條："以觀察判官薛融爲吏部郎中兼侍御史，知雜事。"亦見《通鑑》卷二八〇。

[7]左諫議大夫：官名。隸門下省。唐代置左、右諫議大夫各四人，分隸門下省、中書省。掌諫諭得失，侍從贊相。正四品下。

中書舍人：官名。中書省屬官。掌起草文書、呈遞奏章、傳宣詔命等。正五品上。　"天福二年"至"復爲諫議"：《輯本舊史》卷七六《晋高祖紀二》天福二年三月乙亥條："以吏部郎中兼侍御史、知雜事薛融爲左諫議大夫。"同卷同年十二月條："左諫議大夫薛融改中書舍人，辭而不拜。"明本《册府》卷八六七《總録部·自知門》記此事於"天福三年"。《輯本舊史》卷七七《晋高祖紀三》天福三年正月壬申條："以前右諫議大夫薛融爲左諫議大夫。"

[8]"時詔修西京大内"至"優詔嘉許"：《舊五代史考異》：

“案《通鑑》：薛融諫曰：‘今宮室雖經焚毁，猶侈于帝堯之茅茨；所費雖寡，猶多于漢文之露臺。’況魏城未下，公私困窘，誠非陛下修宮館之日。俟海内平寧，修之未晩。”見《通鑑》卷二八一天福三年六月丙戌條。《輯本舊史》卷七七《晋高祖紀三》天福三年六月甲申條：“左諫議大夫薛融上疏，請罷修洛京大内。優詔褒之，尋罷營造。”亦見明本《册府》卷一〇一《帝王部·納諫門》、《宋本册府》卷五四七《諫諍部·直諫門一四》、《通鑑》卷二八一。

　　[9]“俄轉御史中丞”至“分司西都”：《通鑑》卷二八一天福三年秋七月條：“中書奏：‘朝代雖殊，條制無異。請委官取明宗及清泰時敕，詳定可久行者編次之。’己酉，詔左諫議大夫薛融等詳定。”卷二八二天福四年七月戊申條：“薛融等上所定編敕，行之。”《輯本舊史》卷七八《晋高祖紀四》天福四年七月戊申條：“御史中丞薛融等上詳定編敕三百六十八道，分爲三十一卷。”本傳未載。同卷同年四年十一月丁丑：“御史中丞薛融改尚書左丞。”與本傳、《新五代史》本傳“右丞”有異。《宋本册府》卷五二二《憲官部·遣讓門》：“晋薛融爲御史中丞，高祖天福四年，融乘馬入尚書省門，罰俸一月。”

　　[10]年六十餘：《舊五代史考異》：“案：《歐陽史》作年六十。”見《新五代史》卷五六本傳。

　　[11]《大典》卷二一三六七“薛”字韻“姓氏（六）”事目。

曹國珍

　　曹國珍，字彦輔，幽州固安人也。[1]曾祖藹，[2]祖蟾，父絢，代襲儒素。國珍少值燕薊亂離，因落髮被緇，客於河西延州，高萬興兄弟皆好文，辟爲從事。[3]國珍常以文章自許，求貢禮闈，[4]且掌書奏，期年，入爲左拾遺，累遷至尚書郎。每與人交，傾財無吝。性頗剛僻，經藝文學，[5]非其所長，好自矜衒，多上章疏，文字差誤，數數有之，爲搢紳所誚。高祖在藩時，嘗通私謁，以兄事之。及即位，國珍自比於嚴陵，上表敘舊，由是自吏部郎中拜左諫議大夫、給事中。[6]又求爲御史中丞，時宰怒，不復爲請，國珍銜之。李崧之母薨，遣諸弟護喪歸葬深州。[7]崧既起復，乃出北郊路隅設奠，公卿大夫皆送喪而出，國珍固爭不行，衆咸推其讜直。高祖晏駕，朝廷以宰臣馮道爲山陵使，[8]及靈輀既發，國珍上疏言："馮道既爲山陵使，不得復入都城，請除外佐，以桑維翰入輔。李崧請罷相位，俾持喪制。"少帝覽奏，以所言侵越，出爲陝州行軍司馬。[9]至任悒快，遘疾而卒。《永樂大典》卷四千五百十三。[10]

[1]幽州：州名。治所在今北京市。　固安：縣名。治所在今河北固安縣。

[2]曾祖藹：中華書局本有校勘記："'藹'，殿本作'靄'。"

[3]延州：州名。治所在今陝西延安市。《輯本舊史》之影庫本粘籤："延州，原本作'逮州'，今從《歐陽史》改正。"《新五代史》多見，如卷二《梁太祖紀下》。　高萬興：人名。延州（今陝西延安市）人。五代將領，高懷遷之子。傳見本書卷一三二、《新五代史》卷四〇。

[4]求貢禮闈：中華書局本有校勘記："句下《册府》卷七二九有'萬興飛表薦之梁貞明中特敕進士及第還爲萬興幕客'二十二字。"見《宋本册府》卷七二九《幕府部·辟署門四》。

[5]經藝文學：中華書局本有校勘記："'文'，原作'史'，據《册府》卷九一七改。"見《宋本册府》卷九一七《總録部·矜衒門》。

[6]"高祖在藩時"至"給事中"：《舊五代史考異》："案《歐陽史·張彥澤傳》：國珍與御史中丞王易簡率三院御史詣閤門，連疏論張彥澤，不報。"見《新五代史》卷五二。《宋本册府》卷七六六《總録部·攀附門二》："曹國珍，高祖在藩時，嘗通私謁，以兄事之。及即位，國珍自比於嚴陵，上表敘舊，由是自吏部郎中，拜左諫議大夫，給事中。"《輯本舊史》卷七七《晋高祖紀三》天福三年（938）十二月甲戌朔條："以吏部郎中曹國珍爲左諫議大夫。"卷七八《晋高祖紀四》天福四年正月："乙卯，左諫議大夫曹國珍上言：'請于内外臣僚之中，選才略之士，聚《唐六典》、前後《會要》、《禮閣新儀》、《大中統類》、律令格式等，精詳纂集，俾無漏落，别爲書一部，目爲《大晋政統》。'從之。"《輯本舊史》卷八〇《晋高祖紀六》天福六年五月壬子條："左諫議大夫曹國珍爲給事中。"

[7]深州：州名。治所在今河北深州市。

[8]山陵使：官名。唐貞觀中始置，掌議帝后陵寢制度、監造帝后陵寢。

[9]陝州：州名。治所在今河南三門峽市陝州區。　行軍司馬：官名。出征將領及節度使的屬官。掌軍籍符伍，號令印信，是藩鎮重要的軍政官員。

[10]《大典》卷四五一三爲"天"字韻"天官（一五）"事目，誤注。曹姓人物傳記本應在《大典》卷五五六一至五五六九"曹"字韻"姓氏"事目中，但此八卷在修《四庫全書》時已佚失，此傳出處爲《大典》何卷待考。

張仁愿

張仁愿，字善政，開封陳留人也。祖晟，唐右武衛大將軍。父存敬，梁河中節度觀察留後，累贈中書令，

《梁書》有傳。[1]仁愿，梁貞明初，以勳臣之子起家爲衛尉寺主簿，改著作佐郎、左贊善大夫，賜緋魚袋。[2]唐同光初，遷大理正。天成元年，自將作少監轉大理少卿。[3]長興中，歷昭武、歸德兩鎮節度判官。[4]四年，復入爲大理少卿。清泰中，除殿中監。[5]天福五年，拜大理卿。[6]八年，轉光祿卿。仁愿性溫雅，明法書，累居詳刑之地，議讞疑獄，號爲稱職。兄仁穎，梁朝仕至諸衛將軍，中年以風恙廢於家凡十餘年，仁愿事之，出告反面，如嚴父焉，士大夫推爲孝友。仁穎善理家，勤而且約，婦女衣不曳地，什物多歷年所，如新市焉。[7]仁愿，開運元年再爲大理卿，時隰州刺史王澈犯贓，朝廷以澈功臣之後，欲宥之，仁愿累執奏不移，竟遣伏法，議者賞之。[8]開運二年，以疾卒，年五十一。贈祕書監。[9]《永樂大典》卷六千三百五十一。[10]

[1]陳留：縣名。治所在今河南開封市陳留鎮。　右武衛大將軍：官名。唐置，掌宮禁宿衛。唐代置十六衛，即左右衛、左右驍衛、左右武衛、左右威衛、左右領軍衛、左右金吾衛、左右監門衛、左右千牛衛。各置上將軍，從二品；大將軍，正三品；將軍，從三品。　節度觀察留後：官名。唐、五代時，代行方鎮長官之職者稱留後。代行觀察使之職者，即爲觀察留後。掌一州或數州軍政。　中書令：官名。漢代始置，隋、唐前期爲中書省長官，屬宰相之職，唐後期多爲授予元勳大臣的虛銜。正二品。　“父存敬”至“《梁書》有傳”：見《輯本舊史》卷二〇《張存敬傳》、《新五代史》卷二一《張存敬傳》。

[2]衛尉寺：官署名。北齊始置，掌軍器儀仗、祭祀幕帳之類，長官爲衛尉寺卿或衛尉卿，少卿爲副官。　主簿：官名。漢代以後

歷朝均置。唐代京城百司和地方官署，均設主簿。管理文書簿籍，參議本署政事，爲官署中重要佐官。其官階品秩，因官署而不同。

著作佐郎：官名。簡稱著作。魏晉始置，爲著作郎之輔，掌編修國史。唐代隸秘書省著作局，置四人，協助著作郎撰擬文字，掌理局事。從六品上。　左贊善大夫：官名。掌規諫太子過失，贊禮儀等事。正五品。

[3]將作少監：官名。秦設將作少府，唐改將作監。長官爲將作監，少監爲其副貳。掌宮廷器物置辦及宮室修建諸事。從四品上。　大理少卿：官名。爲大理寺的副長官。協助大理卿負責本寺的具體事務。從四品上。

[4]昭武：方鎮名。治所在利州（今四川廣元市利州區）。歸德：方鎮名。治所在宋州（今河南商丘市睢陽區）。

[5]殿中監：官名。殿中省長官。掌宮廷供奉之事。從三品。清泰中，除殿中監：《宋本册府》卷五二二《憲官部·譴讓門》：“帝亦素知文審之兇惡，密令本道捕之下獄，遣殿中少監張仁愿於鄜州置獄，推鞫文審伏殺十餘人罪，未盡疑，乃追赴京師，連坐者二十八人，繫臺獄。”

[6]天福五年，拜大理卿：《輯本舊史》卷二〇《張存敬傳》：“子仁愿，晉天福中，仕至大理。”

[7]“兄仁穎”至“如新市焉”：明本《册府》卷七九四《總錄部·家法門》：“晉張仁愿，兄仁穎，善治家，勤而且約，婦女衣不曳地，什物多歷年所，如新市焉。位大理卿。”《宋本册府》卷八五二《總錄部·友悌門二》：“晉張仁愿爲大理卿，兄仁穎，梁朝仕至諸衛將軍，中風恚十餘年，仁愿事之，出告反面，如嚴父焉。士大夫推爲孝友。兄卒，人弔之，淚流滿目，而辭氣頓絕，見者傷之。”《新五代史·張存敬傳》：“存敬子仁穎、仁愿。仁愿有孝行，存敬卒，事其兄仁穎，出必告，反必面，如事父之禮。”

[8]隰州：州名。治所在今山西隰縣。　王澈：人名。籍貫不詳。五代地方軍閥、官員。事見本書本卷。中華書局本有校勘記：

"原作‘王徹’，據殿本、劉本、孔本、《册府》卷六一七改。本卷下一處同。"見《宋本册府》卷六一七《刑法部·守法門》："晉張仁愿，開運初再爲大理卿。嘗以開州刺史王澈犯贓，朝廷以澈功臣之子，欲宥之，仁愿累執奏不移，竟遣伏法。議者賞之。"《通鑑》卷二八四開運元年（944）四月丁未條："先是，詔以楊光遠叛，命兖州修守備。泰寧節度使安審信，以治樓堞爲名，率民財以實私藏。大理卿張仁愿爲括率使，至兖州，賦緡錢十萬。值審信不在，拘其守藏吏，指取錢一困，已滿其數。" "開運元年再爲大理卿"至"議者賞之"：《輯本舊史》卷八三《晉少帝紀三》開運元年九月條："以光禄卿張仁愿爲大理卿。"

[9]"開運二年"至"贈祕書監"：《輯本舊史》卷八四《晉少帝紀四》開運二年六月壬午："大理卿張仁愿卒，贈祕書監。"《新五代史·張存敬傳》："仁愿曉法令，事梁、唐、晉，常爲大理卿，卒，贈秘書監。"

[10]《大典》卷六三五一"張"字韻"姓氏（二一）"事目。

趙熙

趙熙，字績巨，唐宰相齊國公光逢之猶子也。[1]起家授祕書省校書郎，唐天成中，累遷至起居郎。數上章言事，以稱旨尋除南省正郎。[2]天福中，承詔與張昭遠等修《唐史》，竟集其功。[3]開運中，自兵部郎中授右諫議大夫，賞筆削之功也。[4]及契丹犯闕，僞旨遣使於晉州率配豪民錢幣，以實行橐。[5]始受命之日，條制甚嚴，熙出衣冠族，[6]性素輕急，既畏契丹峻法，乃窮理搜索，人甚苦之。及晉之三軍殺副使駱從朗，百姓相率持仗害熙於館舍，識者傷之。[7]《永樂大典》卷一萬六千九百九十一。[8]

[1]唐宰相齊國公光逢之猶子也：《輯本舊史》卷五八《趙光逢傳》未載。

[2]起居郎：官名。唐代始置，屬門下省。與中書省起居舍人同掌起居注，記皇帝言行。從六品上。　南省正郎：官名。職掌不詳。　"唐天成中"至"以稱旨尋除南省正郎"：《輯本舊史》卷三八《唐明宗紀四》天成二年（927）八月條："史館修撰趙熙上言：'應內中公事及詔書奏對，應不到中書者，請委內臣一人抄録，月終送史館。'詔差樞密直學士録送。"見《宋本册府》卷四七五《臺省部·奏議門六》、卷五五七《國史部·採撰門》、卷五六〇《國史部·記注門》。

[3]張昭遠：人名。籍貫不詳。五代後唐官員。事見本書本卷。

[4]右諫議大夫：官名。隸中書省。唐代置左、右諫議大夫各四人，分隸門下省、中書省。掌諫諭得失，侍從贊相。正四品下。"天福中"至"賞筆削之功也"：《輯本舊史》卷七九《晉高祖紀五》天福六年（941）二月己亥條："詔户部侍郎張昭遠、起居郎賈緯、祕書少監趙熙、吏部郎中鄭受益、左司員外郎李爲光等同修《唐史》，仍以宰臣趙瑩監修。"《宋本册府》卷五五四《國史部·選任門》："晉趙瑩，爲相，監修國史。天福六年二月敕曰：'有唐遠自高祖，下暨明宗，紀傳未分，書志咸闕，今耳目相接，尚可詢求，若歲月更深，何由尋訪？宜令户部侍郎張昭、起居郎賈緯、祕書少監趙熙、吏部郎中鄭受益、左司員外郎李爲光等修撰《唐史》，仍令宰臣趙瑩監修。'"卷五五四《國史部·恩獎門》："趙熙，爲兵部郎中，天福六年，與吏部侍郎張昭受詔修《唐史》。開運中，竟畢其功。熙授右諫議大夫，昭加金紫光禄大夫，進封開國子，增食邑二百户，賞筆削之功也。（一云：開運二年，史館上新修前朝

《李氏書》，賜監修宰臣劉昫、修史官張昭、直館王仲等繒綵銀器各有差。）"卷五五七《國史部‧採撰門三》："晋高祖天福六年二月己亥詔曰：'百王大典，千古元龜，儻不編修，永成漏略。有唐氏遠自高祖，下洎明宗，紀傳未分，書志咸闕。今耳目相接，尚可詢求。若歲月更深，何緣尋訪。眷言筆削，宜屬英髦。户部侍郎張昭、起居郎賈緯、祕書少監趙熙、吏部郎中鄭受益、左司員外郎李爲光等，學並該通，文皆微婉，俾成信史，足展長才。宜令張昭等修撰《唐史》，仍令宰臣趙瑩監修。'昭又以唐朝數帝編簡殘闕，詔遣修唐朝一代正史。昭長於筆述，銳於採求，不三歲，取天寶前舊史至濟陰少主實錄、野史，共纂成二百卷以聞。有制稱美，尋加户封，書付史館。（晋少帝開運二年，史官上新修《李氏書》紀、志、列傳共二百一十三卷，並目錄一卷，都計二十帙，賜監修前朝劉昫及修史官等繒綵銀器有差。）"

[5]契丹：古部族、政權名。公元四世紀中葉宇文部爲前燕攻破，始分離而成單獨的部落，自號契丹。唐貞觀中，置松漠都督府，以其首領爲都督。唐末强盛，916 年迭剌部耶律阿保機建立契丹國（遼）。先後與五代、北宋並立，保大五年（1125）爲金所滅。參見張正明《契丹史略》，中華書局 1979 年版。 晋州：州名。治所在今山西臨汾市。

[6]熙出衣冠族：中華書局本有校勘記："'出衣冠族'，殿本作'出于衣冠之族'，孔本作'出於冠族'。"

[7]駱從朗：人名。籍貫不詳。五代將領。時建雄軍留後劉在明朝於契丹，以節度副使駱從朗知晋州事。事見本書九九《漢高祖紀上》、《通鑑》卷二八六。 及晋之三軍：《輯本舊史》之影庫本粘籤："及晋之三軍，原本疑有舛誤，今無別本可考，姑仍其舊。"

殺：中華書局本有校勘記："原作'投'，據殿本、劉本改。影庫本批校：'殺副使駱從朗，"殺"訛"投"。'"《舊五代史考異》："案《通鑑》云：契丹以節度副使駱從朗知晋州事，大將藥可儔殺從朗。" 契丹以節度副使駱從朗知晋州事：中華書局本有校勘記：

"'副'字原闕，據《通鑑》卷二八六補。"《輯本舊史》卷九九《漢高祖紀上》天福十二年二月庚辰條："權晉州兵馬留後張晏洪奏，軍亂，殺知州副使駱從朗及括錢使、諫議大夫趙熙，以城歸順。時晉州留後劉在明赴東京，朝於契丹，從朗知軍州事，帝方遣使張晏洪、辛處明等告諭登極，從朗囚之本城。大將藥可儔殺從朗於理所，州民相率害趙熙，三軍請晏洪爲留後，處明爲都監。"《新五代史》卷一〇《漢高祖紀》天福十二年二月條："晉州將藥可儔殺其守將駱從朗及括錢使、諫議大夫趙熙來歸。"《通鑑》卷二八六天福十二年條："契丹主遣右諫議大夫趙熙使晉州，括率錢帛，征督甚急。從朗既死，民相帥共殺熙。"

[8]《大典》卷一六九九一"趙"字韻"姓氏（七）"事目。

李遘

李遘，兗州人也。[1]少爲儒，有節操，歷數鎮從事，及升朝，累遷尚書庫部員外郎。高祖即位，以皇子重乂保釐洛邑，知遘強幹有守，除爲西京留守判官，使之佐理；復重其廉勤，兼委監西京左藏庫。[2]會張從賓作亂，使人輂取繒帛以賞羣逆，遘曰："不奉詔書，安敢承命！"遂爲其下所害。[3]高祖聞而歎惜，賵贈加等，仍贈右諫議大夫。其母田氏封京兆郡太君，仍給遘所食月俸，終母餘年。其子俟服闋與官。後又遣兗州節度使李從溫就其舊業，賜牲幣綿帛等物，以旌其忠也。[4]《永樂大典》卷一萬三百九十。[5]

[1]兗州：州名。治所在今山東濟寧市兗州區。
[2]重乂：人名。即石重乂。後晉高祖石敬瑭之子。傳見本書

卷八七、《新五代史》卷一七。中華書局本謂本書卷七六、卷九七及《通鑑》卷二八一皆云於河陽被殺者爲重信，於河南被殺者爲重義，是。《新五代史》卷一七亦記重義於河南被殺。　留守判官：官名。留守司僚屬，分掌留守司各曹事，並協助留守通判陪都事。

　　左藏庫：官署名。負責收納各地所輸財賦，以供官吏、軍兵俸給及賞賜等費用。

　　[3]張從賓：人名。籍貫不詳。五代將領。後晉時起兵響應范延光叛亂，兵敗溺亡。傳見本書卷九七。　　"會張從賓作亂"至"遂爲其下所害"：《輯本舊史》之影庫本粘籤："張從賓，原本作'徒賓'，今從《通鑑》改正。"見《通鑑》卷二八一。《通鑑》繫此事於天福二年（937）六月丁未條。《新五代史》卷八《晉本紀》天福二年六月丁未條："東都巡檢張從賓反，留守判官李遘死之。"《通鑑》卷二八一天福二年六月丁未條："從賓取內庫錢帛以賞部兵，留守判官李遘不與，兵衆殺之。"

　　[4]李從溫：人名。代州崞縣（今山西原平市）人。後唐明宗李嗣源之侄。五代大臣、藩鎮軍閥。傳見本書卷八八。　　"高祖聞而歎惜"至"以旌其忠也"：《輯本舊史》卷七六《晉高祖紀二》天福二年八月戊子條："故東京留守判官李遘可贈右諫議大夫，其母田氏封京兆郡太君，子孫量才敍録，仍加賻贈，長給遘在身禄俸，終母之世。先是，遘監左藏庫於洛陽，會張從賓叛，令强取錢帛，遘拒而不與，因而遇害，故有是命。"《宋本冊府》卷一四〇《帝王部·旌表門四》晉高祖條天福二年："七月，詔曰：'東都奏，留守判官監左藏庫李遘，當張從賓作亂之際，遣李彦珣强取錢帛。李遘稱："不奉詔旨，安敢從命？"尋遇害。朕以李遘讀古人書，持君子行。攻苦食淡，承家不墜於素風；激濁揚清，歷宦咸推於貞操。一昨叛臣猖獗，兇黨憑陵，而能守正不回，臨難無懼，忘身徇節，雖死猶生。若無優異渥恩，何以光揚忠烈？仍聞母老子幼，鄉遠家貧，宜超贈於華資，兼賞延於嫡嗣。是覃漏澤，慰彼沈冤。可贈右諫議大夫。其母田氏，封京兆郡太君。所有子孫，俟服闋日，

量才敘録。朝廷雖已特支救接錢帛粟麥，其本官賻贈物色，宜依常例指揮，仍長給遐在生官俸禄，終母一世。噫！朕以薄德，屬兹多難，致害忠良，實多軫惻。以子之俸，終母之年，用表盡傷，俾慰存殁。布告中外，當體朕懷。'"

[5]《大典》卷一〇三九〇"李"字韻"姓氏"事目。

尹玉羽[1]

[1]中華書局本引原輯者案語："案：《尹玉羽傳》，原本止存兩條，今採《册府元龜》以存大概。"

尹玉羽，京兆長安人。[1]唐天復中，[2]隨計京師，甚有文稱。會有苴杖之喪，累歲贏疾，冬不釋菅履，期不變倚廬。制闋，隱居杜門，無仕宦之意。《永樂大典》卷一萬六千九百九十一。[3]梁貞明中，劉鄩辟爲保大軍節度推官，歷雍、汴、滑、兖從事。[4]

[1]京兆長安人：中華書局本有校勘記："五字原闕，據殿本、劉本、《册府》卷七二九補。"

[2]天復：唐昭宗李曄年號（901—904）。

[3]"尹玉羽"至"無仕宦之意"：《大典》卷一六九九一。按，卷一六九九一爲"趙"字韻"姓氏（七）"事目，與本則内容無關，疑爲誤記。《册府》卷七五六《總録部·孝門六》作"無召官之意"。

[4]劉鄩：人名。密州安丘（今山東安丘市）人。唐末、五代將領。傳見本書卷二三、《新五代史》卷二二。　保大軍：方鎮名。治所在鄜州（今陝西富縣）。　雍：地名。即京兆府，治所在今陝西西安市。　"梁貞明中"至"歷雍、汴、滑、兖從事"：《宋本

册府》卷七二九《幕府部·辟署門四》。中華書局本引《舊五代史考異》曰：“案：以下有闕文。考宋黎持《移石經記》：石經舊在務本坊，自天祐中韓建築新城，而石經委棄于野。至朱梁時，劉鄩守長安，從幕吏尹玉羽之請，輦入城中，置于此地，即唐尚書省之西隅也。”

　　唐明宗時爲解縣榷鹽使，遷光禄大夫。[1]天成三年五月，爲人所訟，使過官錢按之不虛，且令徵納填贓，纔足自舉，欲就通班。敕旨停見任。[2]後唐清泰中，爲光禄少卿，退歸秦中，以林泉詩酒自樂，自號自然先生。《永樂大典》卷一萬六千九百九十一。[3]宰臣張延朗手書而召，[4]高卧不從，謂人曰：“庶孽代宗，不可仕也。”及高祖入洛，即受詔而來，以所著《自然經》五卷貢之，且告其老。即日，璽書褒美，頌其器幣，月給俸錢三萬及冬春二時服。[5]

　　[1]解縣：縣名。治所在今山西運城市解州鎮。　光禄大夫：官名。唐、五代文散官。從二品。
　　[2]“唐明宗時”至“敕旨停見任”：《宋本册府》卷五一一《邦計部·貪污門》。
　　[3]光禄少卿：官名。北魏始設，歷代沿置。光禄寺副長官，協光禄寺卿掌諸項事務。從四品上。　“後唐清泰中”至“以林泉詩酒自樂”：明本《册府》卷八一三《總録部·退迹門》，“光禄少卿”下有“滿歲”二字。　自號自然先生：《大典》卷八五七〇“生”字韻／事韻（八）。
　　[4]張延朗：人名。汴州（今河南開封市）人。五代、後唐大臣，歷任三司使、宰相。傳見本書卷六九、《新五代史》卷二六。

［5］"宰臣張延朗手書而召"至"月給俸錢三萬及冬春二時服"：明本《册府》卷八九九《總録部·致政門》。《輯本舊史》於此條後有原輯者案語："案：《尹玉羽傳》，原本止存二條，今採《册府元龜》以存大概。"

天福二年六月乙酉，前光禄少卿玉羽以少府監致仕。[1]玉羽性仁恕，好静默，與朋友交，無怨棄，御僕隷，不好詈辱，有過則諭而戒之，有罪則禮而遣之。家雖屢空，不渝其廉。時雖亂離，不廢其業。[2]天福中卒，有《武庫集》五十卷行于世。[3]

［1］少府監：官名。少府監長官。隋初置，唐初廢，太宗時復置。掌百工技巧之事。從三品。　"天福二年"至"少府監致仕"：《輯本舊史》卷七六《晋高祖紀二》天福二年（937）六月乙酉條。

［2］"玉羽性仁恕"至"不廢其業"：明本《册府》卷八○六《總録部·賢德門》。

［3］天福中卒，有《武庫集》五十卷行于世：中華書局本有校勘記："十四字原闕，據殿本補。"《輯本舊史》卷七九《晋高祖紀》作："（天福五年五月）壬寅，少府監致仕尹玉羽卒。"《册府》卷八五四《總録部·立言門》作："退居秦中，十年之間，著書五十卷，名曰《武庫集》。"

鄭雲叟

鄭雲叟，本名遨，雲叟其字也，以唐明宗廟諱，故世傳其字焉，本南燕人也。[1]少好學，耿介不屈。唐昭宗朝，嘗應進士舉，不第，因欲携妻子隱于林壑，其妻非之，不肯行，雲叟乃薄游諸郡，獲數百緡以贍其家，辭訣而去。尋入少室山，[2]著《擬峯詩》三十六章，以導其趣，人多傳之。後妻以書達意，勸其還家，雲叟未嘗一覽，悉投於火，其絶累如此。[3]俄聞西嶽有五鬣松，淪脂千年，能去三尸，因居於華陰。[4]與李道殷、羅隱之友善，時人目爲"三高士"。[5]道殷有釣魚之術，鈎而不餌，又能化易金石，無所不至，雲叟恒目覩其事，信而不求。

[1]本南燕人也：《舊五代史考異》："《歐陽史》作滑州白馬人。"《新五代史》卷三四《鄭遨傳》："鄭遨字雲叟，滑州白馬人也……後聞其妻子卒，一慟而止。"《宋本册府》卷八五五《總録部·曠達門》："晉鄭雲叟，南燕人，家本東郡，隱居華山。妻兒繼已凋謝，每聞凶訃，一哭而止。"

[2]少室山：山名。位於今河南登封市西北。《舊五代史考異》："《歐陽史》作入少室爲道士。"《新五代史》卷三四亦有"山"字。

[3]"後妻以書達意"至"其絶累如此"：《新五代史》卷三四："後聞其妻子卒，一慟而止。"

[4]五鬣松：中華書局本有校勘記："'五鬣松'原作'五粒松'，據彭校及《永樂大典》卷八八四五引《五代薛史》、《册府》卷八一〇改。"《新五代史》卷三四亦作"粒"。《大典》卷八八四五"遊"字韻"琴鶴從遊"條："《五代薛史·晉鄭雲叟傳》：雲叟名遨，隱於少室山，後聞西嶽有五鬣松，淪脂千年，能去三尸，因居於華陰。時唯有青衿二童、一琴、一鶴從其遊處。好棋塞之戲，遇同侶則以晝繼夜，雖寒風大雪，臨籌對局，手足皸裂，亦無倦

焉。"　　三尸：道教術語。指寄於人體的三尸神。主監察人之諸種惡性。　　華陰：縣名。治所在今陝西華陰市。

　　[5]李道殷：人名。五代道士。籍貫、事跡不詳。　　羅隱之：人名。五代道士。籍貫、事跡不詳。

　　雲叟與梁室權臣李振善，[1]振欲禄之，拒而不諾，及振南遷，雲叟千里徒步以省之，識者高焉。後妻兒繼謝，每聞凶訃，一哭而止。時唯青衿二童子、一琴、一鶴，從其遊處。好棋塞之戲，遇同侶則以晝繼夜，雖寒風大雪，臨簹對局，手足皸裂，亦無倦焉。唐天成中，召拜左拾遺，[2]不起，與羅隱之朝夕遊處，[3]隱之以藥術取利，雲叟以山田自給，俱好酒能詩，善長嘯。有大瓠，云可辟寒暑，置酒於其中，經時味不壞，日携就花木水石之間，一酌一詠。嘗因酒酣聯句，鄭曰："一壺天上有名物，兩箇世間無事人。"羅曰："醉却隱之雲叟外，不知何處是天真。"

　　[1]李振：人名。祖居西域，祖、父在唐皆官郡守。後梁大臣。傳見本書卷一八、《新五代史》卷四三。

　　[2]唐天成中，召拜左拾遺：明本《册府》卷六八《帝王部·求賢門二》唐明宗長興二年（931）七月："敕：朝臣相次敷陳，請搜沉滯。簪纓之内，甚有美賢；山澤之中，非無俊彦。若令終老，乃是遺才。鄭雲叟頃自亂離，久從隱逸。近頒特勑，除授拾遺，不來赴京，自緣抱病，非朝廷之不録，在遐邇以皆知。宜令諸道藩侯專切搜訪，如有隱逸之士藝行可稱者，當具奏聞，必宜量才任使。"

　　[3]與羅隱之朝夕遊處：明本《册府》卷八一〇《總録部·隱逸門二》上有"嘗"字。

高祖即位，聞其名，遣使齎書致禮，徵爲右諫議大夫，雲叟稱疾不起，上表陳謝。[1]高祖覽表嘉之，賜近臣傳觀，尋賜號逍遥先生，以諫議大夫致仕，月給俸禄。[2]雲叟好酒，嘗爲《詠酒詩》千二百言，海内好名者書於縑緗，以爲贈貺。復有越千里之外，使畫工潛寫其形容列爲屏障者焉。其爲時望所重也如此。天福末，以壽終，時年七十四。[3]有文集二十卷行于世。[4]《永樂大典》卷一萬八千八百八十一。[5]

[1]"高祖即位"至"上表陳謝"：《輯本舊史》卷七八《晋高祖紀四》天福四年（939）三月："庚申，遣内臣趙處玭以版詔徵華山隱者、前右拾遺鄭雲叟。"同年四月："庚辰，徵前右拾遺鄭雲叟爲右諫議大夫。"五月乙卯："右諫議大夫、致仕鄭雲叟賜號逍遥先生，仍給致仕官俸。"明本《册府》卷九八《帝王部·徵聘門》晋高祖天福四年四月庚辰："徵前左拾遺鄭雲叟爲右諫議大夫，玉笥山道士羅隱之賜號希夷先生。雲叟始隱尚少，累年之後，西入華岳，與之朝夕遊處。隱之以藥術取利，雲叟以山田自給，俱好酒能詩及長嘯。有大瓠，云可辟寒暑。置竿所酒，經時，其味不壞。日携酒就花木水石之間，一酌一詠。嘗酒酣聯句，鄭雲叟曰：'一壺天上有名物，兩個世間無事人。'羅隱之曰：'醉却隱之雲叟外，不知何處是天真。'上聞其名故遣劉珣、趙處玭等齎鵠書致禮徵召。其後雲叟稱疾不起，上表曰：'臣聞君子有應敵之方，因時俯仰；介士有不移之操，與性逍遥。康堯佐舜者，洽道於君臣；洗渭巢箕者，寄形於天壤。惟聖人之效業，左庶物以由庚。微臣學圃無成，文堨不調，頃屬兵交四海，怨暴三堨。梁室亂離，走蘭成於荒谷；江都淪覆，遁庾袞於天山。而又蔡順少孤，虞丘三失，倉野之女，遠國飄零，王祥之男，一時彫落。喪家室而有鰥在下，悲身世而無

處求生。因投迹玄元，委心虛靜，長揖當途之客，羣居在野之人。幽蘭以備於重襟，灌木用成於虛室。或臨窗嘯傲，或植杖耕耘，樂在其中，老而將至。西山採藥，已有詠歌；北闕彈冠，曾無夢想。安期綸綍，下及煙蘿。日月方耀於太清，世胄適躋於高祖。任賢勿貳，蒞事惟能。衡門不傑之才，鑠來有愧；詔局殊常之命，未敢以聞。夫功大者其任尊，職充者其責重，任必安於所據，責不致於非才。方今内服百工，外拜五長，百爾黎獻，一存至公。載惟清朝，奚急百士。誠鑠陛下天綱地絡，容無所遺。夏雨春風，恩無不及。青陽振其沉穎，旭旦起乎幽棲。將令匹微，罔不率俾。固宜勇別環堵，言隨輯車。拜丹地之明廷，奉竈囊之清職。東望心踊，其如病何？賦分隱淪，滅思聞見。九徵而往，雖有語於莊周；三召不行，獨無求於殷浩。仰祈皇鑒，俯有愚衷。'上覽表，嘉之，賜近臣傳觀。"卷八一〇《總録部‧隱逸門二》："晉鄭雲叟，白馬人也。少好學，耿介不屈，爲文敏速遒麗。昭宗朝嘗應進士不第，拂衣歎曰：'天命之謂性，率性之謂道。性與道，在乎已而不能取，焉用浮名之攖我心，使鬱鬱然若是耶？'因欲携妻子隱於林壑，其妻非而不行，雲叟乃薄遊諸郡，獲數百縑以贍其家，辭訣而去。"

　　[2]致仕：官員告老辭官。

　　[3]天福末，以壽終，時年七十四：《輯本舊史》卷七八《晉高祖紀四》天福四年十一月："丙申，諫議大夫致仕、逍遥先生鄭雲叟卒。"《新五代史》卷三四《鄭遨傳》："天福四年卒，年七十四。"《宋本册府》卷八九五《總録部‧達命門》："鄭雲叟隱居嵩山。一旦，卧病，俾弟子召友羅隱之與李道殷曰：'吾將訣矣。'弟子曰：'先生嘗無疾，何若此也？'雲叟曰：'屈伸形兆，四時之嘗道也。風蒸燥濕，四時之嘗德也。陰陽流轉，四時之嘗氣也。井營經合，四時之嘗主也。木之爲疾也瘁，火之爲疾也温，癘土之爲疾也痁，疥金之爲疾也滑，水之爲疾也急。大化無私，弱者罷之。居身，無身之事，庶幾乎免矣，非神仙而處也。得斯而鑠，謂之考終命。箕子以爲福，復何恨也？'言終而卒，年七十四。"

[4]有文集二十卷行于世：《新唐書》卷六〇《藝文志四》載"《鄭雲叟詩集》三卷"。

[5]《大典》卷一八八八一"鄭"字韻"姓氏"事目。

史臣曰：自古攀龍鱗，附鳳翼，坐達於雲衢者，豈獨豐沛之士哉！苟懷才抱器，適會興王，亦可以取貴於一時，如盧質而下數君子是也。至如國珍之謇直，仁愿之友悌，趙、李二子没于王事，皆無忝于士林矣。唯玉羽之貞退，雲叟之肥遯，足可以柅奔競之風，激高尚之節也。《永樂大典》卷一萬八千八百八十一。[1]

[1]《大典》卷一八八八一"鄭"字韻"姓氏"事目。

舊五代史 卷九四

晋書二十

列傳第九

萇從簡

萇從簡，陳州人也。[1]世以屠羊爲業，力敵數人，善用槊。初事後唐莊宗爲小校，[2]每遇攻城，召人爲梯頭，從簡多應募焉，[3]莊宗愛其勇，[4]擢領帳前親衛兼步軍都指揮使。[5]一日，莊宗領大軍與梁軍對陣，登高丘而坐，敵人有執大幟揚其武者，莊宗指之謂左右曰：“猛士也。”從簡曰：“臣爲大王取之。”莊宗慮其不捷，[6]不許。從簡退，乃潛領十數騎挺身而入，奪幟以歸，萬衆鼓譟，莊宗壯之，錫賚甚厚。又嘗中箭而鏃入於骨，使醫工出之，以刃鑿骨，恐其痛也，良久未能搖動。從簡嗔目謂曰：“何不沈鑿？”[7]泊出之，左右無不惻然，從簡顏色自若，其勇壯皆此類也。

[1]陳州：州名。治所在今河南淮陽縣。

[2]後唐莊宗：即李存勖。代北沙陀部人，五代後唐開國皇帝。公元923年至926年在位。紀見本書卷二七至卷三四、《新五代史》卷四、卷五。

[3]召人爲梯頭，從簡多應募焉：《輯本舊史》之影庫本粘籤：“‘梯頭’，原本作‘楊頭’，今從《歐陽史》改正。”見《新五代史》卷四七《萇從簡傳》，亦見《宋本册府》卷八四五《總録部·善武藝門》。

[4]莊宗愛其勇：中華書局本有校勘記：“愛，原作‘爲’，據《册府》卷三九六、《新五代史》卷四七《萇從簡傳》改。”見《宋本册府》卷三九六《將帥部·勇敢門三》。

[5]步軍都指揮使：官名。五代時藩鎮馬步軍之長官。五代軍隊編制，五百人爲一指揮，設指揮使、副指揮使；十指揮爲一軍，設都指揮使、副都指揮使。

[6]慮其不捷：《新五代史》卷四七作“惜之”。

[7]沈鷙：《宋本册府》卷三九六作“深鷙”，均可通。

　　從簡所爲多不法，莊宗以其戰鬭多捷，常屈法赦之，賜姓，名曰紹瓊。後加謁誠匡國功臣，累官至金紫光禄大夫、檢校太保、景州刺史，[1]歷洺州團練使。[2]及梁平，典蔡州。[3]同光四年，[4]授許州節度使，[5]會莊宗晏駕，未及赴鎮而止。明宗登極，[6]例復本姓，[7]歷麟、汝、汾、金四州刺史。[8]應順初，[9]舉軍伐鳳翔，[10]從簡亦預其行，會軍變，乃東還。道遇張廷蕴，[11]爲廷蕴所執，送於末帝。[12]末帝數之曰：“人皆歸我，爾何背我而去也？”從簡曰：“事主不敢二心，今日死生唯命。”末帝釋之。[13]清泰二年，[14]授潁州團練使。[15]

[1]金紫光禄大夫：官名。本兩漢光禄大夫。魏晉以後，光禄大夫之位重者，加金章紫綬，因稱金紫光禄大夫。北周、隋爲散官。唐貞觀後列入文散官。正三品。　檢校太保：官名。爲散官或加官，以示恩寵，無實際職掌。太保，與太師、太傅合稱三師。景州：州名。治所在今河北東光縣。　刺史：官名。漢武帝時始置。州一級行政長官，總掌考覈官吏、勸課農桑、地方教化等事。唐中期以後，節度、觀察使轄州而設，刺史爲其屬官，職任漸輕。從三品至正四品下。

[2]洺州：州名。治所在今河北邯鄲市永年區。　團練使：官名。唐中期以後，於不設節度使的地區設團練使，掌本區各州軍事。

[3]蔡州：州名。治所在今河南汝南縣。

[4]同光：五代後唐莊宗李存勗年號（923—926）。

[5]許州：州名。治所在今河南許昌市。　節度使：官名。唐時在重要地區所設掌握一州或數州軍、民、財政的長官。

[6]明宗：即五代後唐明宗李嗣源。沙陀部人。原名邈佶烈，李克用養子。926年至933年在位。紀見本書卷三五至卷四四、《新五代史》卷六。

[7]例復本姓：《通鑑》卷二七五天成元年（926）五月丙辰條：“武寧節度使李紹真、忠武節度使李紹瓊、貝州刺史李紹英、齊州防禦使李紹虔、河陽節度使李紹奇、洺州刺史李紹能，各請復舊姓名爲霍彦威、萇從簡、房知温、王晏球、夏魯奇、米君立，許之。”

[8]麟：州名。治所在今陝西神木市。　汝：州名。治所在今河南汝州市。　汾：州名。治所在今山西汾陽市。　金：州名。治所在今陝西安康市。　歷麟、汝、汾、金四州刺史：《舊五代史考異》：“《北夢瑣言》云：明宗尤惡貪貨，面戒汝州刺史萇從簡，爲其貪暴。”見《北夢瑣言》卷一八明宗惡貪吏條。《新五代史》卷四七《萇從簡傳》：“明宗嘗戒之曰：‘富貴可惜，然汝不能守也。

先帝能貸爾，吾恐不能。'"刺史，《新五代史》卷四七作"防禦使"。

[9]應順：五代後唐閔帝李從厚年號（934）。

[10]鳳翔：方鎮名。治所在鳳翔府（今陝西鳳翔縣）。

[11]張廷蘊：人名。開封襄邑（今河南睢縣）人。五代方鎮軍閥。傳見本書本卷、《新五代史》卷四七。

[12]末帝：即五代後梁末帝朱友貞。朱温第三子。鳳曆元年（913）殺其兄友珪自立。即位後連年與河東李存勖爭戰，龍德三年（923），後唐軍陷洛陽，友貞自殺，後梁亡。紀見本書卷八至卷一〇、《新五代史》卷三。

[13]"應順初"至"末帝釋之"：亦見《宋本册府》卷三七四《將帥部·忠門五》，文字略有異。《通鑑》卷二七九清泰元年（934）二月辛卯條："前絳州刺史萇從簡爲馬步都虞候。"同年三月條："馬步都虞候萇從簡、左龍武統軍王景戡皆爲部下所執，降於潞王，東軍盡降。"同年四月庚寅條："庚寅，釋王景戡、萇從簡。"

[14]清泰：後唐末帝李從珂年號（934—936）。

[15]潁州：州名。治所在今安徽阜陽市。

　　高祖舉義，[1]末帝將議親征，詔赴闕，充副招討使，[2]隨駕至孟津，[3]除河陽節度使。[4]及趙延壽軍敗，[5]斷浮橋歸洛，留從簡守河陽。[6]高祖自北而至，從簡察軍情離散，遂渡河迎謁高祖。[7]天福元年十二月，[8]授許州節度使，[9]改賜推忠佐運保國功臣。二年秋，移鎮徐州。[10]三年，加開府儀同三司、檢校太尉，[11]進封開國公，食邑至一千五百戶。受代歸闕，授左金吾衛上將軍。[12]

　　[1]高祖：即五代後晉高祖石敬瑭。沙陀部人。五代後唐將領、後晉開國皇帝。936 年至 942 年在位。紀見本書卷七五至卷八〇、《新五代史》卷八。

　　[2]副招討使：官名。行營統兵官。位次行營都統、招討使。掌招撫討伐事務。"副"字原闕，中華書局本據浙江本、宗文本、《新五代史》卷四七、本書卷八三及卷九〇補，今從。

　　[3]孟津：地名。位於今河南孟津縣會盟鎮，黃河中下游分界綫、重要渡口。

　　[4]河陽：縣名。治所在今河南孟州市。

　　[5]趙延壽：人名。常山（今河北正定縣）人。本姓劉，爲後唐將領趙德鈞養子。仕至後唐樞密使，遼朝幽州節度使、燕王。傳見本書卷九八。

　　[6]留從簡守河陽：中華書局本有校勘記："'河陽'，《册府》卷七六六作'河陽南城'。按《通鑑》卷二八〇：'唐主命河陽節度使萇從簡與趙州刺史劉在明守河陽南城。'"見《宋本册府》卷七六六《總録部·攀附門二》，且上句"斷浮橋歸洛"前有"僞王"二字。《通鑑》卷二八〇天福元年（936）閏十一月己丑條："符彦饒、張彦琪至河陽，密言於唐主曰：'今胡兵大下，河水復淺，人心已離，此不可守。'己丑，唐主命河陽節度使萇從簡與趙州刺史劉在明守河陽南城，遂斷浮梁，歸洛陽。"此處"己丑"當作"丁丑"。天福元年閏十一月丙辰朔，無己丑，丁丑爲二十二日。

　　[7]"高祖自北而至"至"遂渡河迎謁高祖"：本書、《册府》、《新五代史》、《通鑑》均繫此事於天福元年閏十一月己卯，見《輯本舊史》卷七六《晉高祖紀二》天福元年閏十一月己卯條、《宋本册府》卷八《帝王部·創業門四》、明本《册府》卷一二六《帝王部·納降門》、《新五代史》卷八《晉高祖紀》、《通鑑》卷二八〇。

　　[8]天福：五代後晉高祖石敬瑭年號（936—942）。出帝石重貴沿用至九年（944）。後漢高祖劉知遠繼位後沿用一年，稱天福十二年（947）。

[9]授許州節度使:《輯本舊史》卷七六天福元年十二月丁亥條:"以河陽節度使萇從簡爲許州節度使。"《宋本册府》卷四八五《邦計部·濟軍門》天福二年五月丁卯條:"許州萇從簡進助國錢五千貫,絲五千兩。"

[10]移鎮徐州:《輯本舊史》卷七六天福二年八月辛巳條:"以許州節度使萇從簡爲徐州節度使。"《宋本册府》卷四八五天福三年二月戊寅條:"徐州萇從簡進助國錢三千貫。"

[11]開府儀同三司:官名。魏晉始置,隋唐時爲散官之最高官階。多授功勳重臣。從一品。《輯本舊史》之影庫本粘籤:"'開府',原本誤作'開封',今據文改正。"　檢校太尉:官名。爲散官或加官,以示恩寵,無實際職掌。太尉,與司徒、司空並爲三公。

[12]左金吾衛上將軍:官名。唐置,掌宮禁宿衛。唐代置十六衛,即左右衛、左右驍衛、左右武衛、左右威衛、左右領軍衛、左右金吾衛、左右監門衛、左右千牛衛。各置上將軍,從二品;大將軍,正三品;將軍,從三品。中華書局本有校勘記:"'左',《册府》卷四四八同。本書卷七九《晉高祖紀五》作'右'。"明本《册府》卷四四八《將帥部·殘酷門》作"左金吾衛左將軍",並稱其名爲"弘簡"。《新五代史》卷四七《萇從簡傳》:"歷鎮忠武、武寧,入爲左金吾衛上將軍。"《輯本舊史》卷七九《晉高祖紀五》天福五年五月甲申條:"以前徐州節度使萇從簡爲右金吾衛上將軍。"卷八〇《晉高祖紀六》天福六年十二月癸卯條亦云"右金吾上將軍萇從簡卒"。明本《册府》卷一六九《帝王部·納貢獻門》天福三年九月乙丑條:"徐州萇從簡直進馬三十匹。"同年十月壬寅條:"徐州萇從簡進錢一千貫,絹一千匹。"

從簡性忌克而多疑,歷州鎮凡十餘,所在豎棘於公署,纔通人行,左右稍違忤,即加鞭笞,或至殺害,其意不可測，吏人皆側足而行。[1]其煩苛暴虐，爲武臣之最。[2]六年秋，隨駕幸鄴都，[3]遇疾請告，尋卒於鄉里，年六十五。贈太傅。[4]《永樂大典》卷一萬八千一百三十一。[5]

[1]"左右稍違忤"至"吏人皆側足而行"：中華書局本有校勘記："'足而'二字，原在'稍違'下，據彭校、《册府》卷四四八乙正。"

[2]其煩苛暴虐，爲武臣之最：《新五代史》卷四七《萇從簡傳》："從簡好食人肉，所至多潛捕民間小兒以食。許州富人有玉帶，欲之而不可得，遣二卒夜入其家殺而取之。卒夜踰垣，隱木間，見其夫婦相待如賓，二卒歎曰：'吾公欲奪其寶，而害斯人，吾必不免。'因躍出而告之，使其速以帶獻，遂踰垣而去，不知其所之。"

[3]鄴都：地名。五代後晋陪都。治所在今河北大名縣。

[4]太傅：官名。與太師、太保合稱三師，唐後期、五代多爲大臣、勳貴加官。正一品。"贈太傅"，中華書局本有校勘記："本書卷八〇《晋高祖紀六》、《新五代史》卷四七《萇從簡傳》作'贈太師'。《舊五代史考異》卷三：'案《歐陽史》作贈太師'。"《輯本舊史》卷八〇《晋高祖紀六》天福六年（941）十二月癸卯條："右金吾上將軍萇從簡卒，廢朝，贈太師。"《新五代史》卷四七亦稱"卒年六十五，贈太師"。

[5]《大典》卷一八一三一"將"字韻"後晋將（二）"事目。

潘環

潘環，字楚奇，洛陽人也。父景厚，以環貴，授左監門上將軍致仕。[1]環少以負販爲業，始事梁邢州節度使閻寶，[2]爲帳中親校。及莊宗定魏博，[3]移兵攻邢，寶遣環間道馳奏於梁，梁末帝用爲左堅銳夾馬都虞候，[4]累遷左雄威指揮使。[5]時梁人與莊宗對壘於河上，環每預戰，先登陷敵，金瘡徧體。[6]莊宗知其名，及平梁，命典禁軍。同光中，從明宗北禦契丹，[7]鄴軍之亂，從明宗入洛。[8]天成初，授棣州刺史。[9]會定州王都反，[10]朝廷攻之，以環爲行營右厢步軍都指揮使。賊平，改易州刺史、北面沿邊都部署，[11]後移刺慶州。[12]受代歸闕，明宗召對，顧侍臣曰："此人勇敢，少能偕者。"尋除宿州團練使。[13]清泰中，移耀州。[14]

　　[1]左監門上將軍：官名。掌宮禁宿衞。唐代十六衞之一，從二品。　致仕：官員告老辭官。

　　[2]邢州：州名。治所在今河北邢臺市。　閻寶：人名。鄆州（今山東東平縣）人。五代後梁、後唐將領。傳見本書卷五九、《新五代史》卷四四。

　　[3]魏博：方鎮名。治所在魏州貴鄉縣（今河北大名縣）。

　　[4]都虞候：官名。唐、五代方鎮高級軍官。　左堅銳夾馬都虞候：中華書局本有校勘記："'堅'，原作'豎'，據殿本、劉本、邵本校、彭校改。影庫本批校：'左堅銳夾馬都虞候，"堅"訛"豎"。'"

　　[5]左雄威指揮使：中華書局本有校勘記："'左'，《册府》卷三九六作'右'。"見《宋本册府》卷三九六《將帥部·勇敢門三》。

　　[6]"時梁人與莊宗對壘於河上"至"金瘡徧體"：《舊五代史考異》："《玉堂閒話》云：潘環常中流矢于面，骨銜其鏃，故負重

傷。醫至經年，其鏃自出，其瘡成漏，終身不痊。"見《玉堂閒話》卷二崔祕條，引自《太平廣記》卷二六六崔祕條。

[7]契丹：古部族、政權名。公元4世紀中葉宇文部爲前燕攻破，始分離而成單獨的部落，自號契丹。唐貞觀中，置松漠都督府，以其首領爲都督。唐末强盛，916年迭剌部耶律阿保機建立契丹國（遼）。先後與五代、北宋並立，保大五年（1125）爲金所滅。參見張正明《契丹史略》，中華書局1979年版。

[8]"同光中"至"從明宗入洛"：《輯本舊史》卷三四《唐莊宗紀八》同光四年（926）三月壬午（壬午，原誤作"壬申"）條："時潘環守王村寨，有積粟數萬，亦奔汴州。"《通鑑》卷二七四繫此事於後唐明宗天成元年（926），即莊宗同光四年，該年四月明宗即位始改元。《通鑑》該年三月壬午條："指揮使潘環守王村寨，有芻粟數萬，帝（莊宗）遣騎視之，環亦奔大梁。"

[9]棣州：州名。治所在今山東惠民縣。

[10]定州：州名。治所在今河北定州市。　王都：人名。原名劉雲郎。中山陘邑（今河北定州市）人。妖人李應之養子，又被送與王處直爲養子，遂改姓名爲王都。後爲義武軍節度使。傳見本書卷五四、《新五代史》卷三九。　會定州王都反：王都反在後唐明宗天成三年四月。見《通鑑》卷二七六天成三年四月癸巳條。

[11]易州：州名。治所在今河北易縣。　都部署：官名。五代後唐始置，爲臨時委任的大軍區統帥。掌管屯戍、攻防等事務。

[12]慶州：州名。治所在今甘肅慶城縣。

[13]宿州：州名。治所在今安徽宿州市。

[14]耀州：州名。治所在今陝西銅川市耀州區。　清泰中，移耀州：明本《册府》卷八一《帝王部·慶賜門三》唐末帝清泰元年（934）七月條："詔鄭州防禦使宋敬塘、宿州團練使潘環、潁州團練使孫鐸、亳州團練使康文審、洺州團練使田武、密州刺史張籛、鄆州刺史武廷翰、懷州刺史周光輔、商州刺史侯益，並敘進爵邑，從恩例也。"《輯本舊史》卷四八《唐末帝紀下》清泰三年九月甲辰條："遣

侍衛步軍都指揮使符彦饒率兵屯河陽，詔范延光率兵由青山路趨榆次，詔幽州趙德鈞由飛狐路出敵軍後，耀州防禦使潘環合防戍軍出慈、隰以援張敬達。"亦見《通鑑》卷二八〇天福元年（936）九月甲辰條。《輯本舊史》卷四八同年十一月庚子條："潘環奏：隰州逐退蕃軍。"清泰前後共三年，"三年"不得言"中"。

天福中，預平范延光，[1]授齊州防禦使。[2]四年，升金州爲節鎮，以環爲節度使，久之，入爲左神武統軍。[3]開運初，[4]契丹入寇，王師北征，以環爲北面行營步軍左廂排陣使，[5]預破契丹於陽城。[6]軍迴，授澶州節度使，[7]累官至檢校太傅。[8]三年，罷鎮歸闕，俄受詔洛京巡檢。其年冬，戎王犯闕，僞署劉晞爲西京留守，[9]環乞罷巡警，閑居洛陽。遇河陽軍亂，晞出奔，未幾，蕃將高牟翰以兵援晞入於洛，[10]慮環有變，乃害之，盡取其家財。漢高祖至京，[11]贈太尉。[12]

[1]范延光：人名。相州臨漳（今河北臨漳縣）人。五代後唐、後晋將領。傳見本書卷九七、《新五代史》卷五一。

[2]齊州：州名。治所在今山東濟南市。　防禦使：官名。唐代始置，設有都防禦使、州防禦使兩種。常由刺史或觀察使兼任，實際上爲唐代後期州或方鎮的軍政長官。

[3]左神武統軍：官名。唐置六軍，分左、右羽林，左、右龍武，左、右神武，即"北衙六軍"。唐德宗興元元年（784），六軍各置統軍，以寵勳臣。五代沿之。其品秩，《唐會要》卷七一、《舊唐書》卷一二記載爲"從二品"；《通鑑》卷二二九興元元年辛丑條記載爲"從三品"。　"四年"至"入爲左神武統軍"：《輯本舊史》卷七八《晋高祖紀四》天福四年（939）五月乙卯條："升

金州爲節鎮，以懷德軍爲使額。以齊州防禦使潘環爲懷德軍節度使。”卷八一《晉少帝紀一》天福七年十二月乙丑條：“以前金州節度使潘環爲左神武統軍。”

[4]開運：五代後晉出帝石重貴年號（944—946）。

[5]排陣使：官名。唐節度使所屬武官中有排陣使，五代後梁以後設於諸軍，爲先鋒之職。參見王軼英《中國古代排陣使述論》，《西北大學學報》2010年第6期。　以環爲北面行營步軍左廂排陣使：中華書局本有校勘記：“《册府》卷三六〇同，本書卷八二《晉少帝紀二》、《通鑑》卷二八三記其開運元年爲‘步軍右廂排陣使’，本書卷八三《晉少帝紀三》記其至開運二年爲‘步軍左右廂都排陣使’，則未嘗歷左廂。”見《宋本册府》卷三六〇《將帥部·立功門一三》。《輯本舊史》卷八二《晉少帝紀二》開運元年（944）正月庚辰條：“以左羽林統軍潘環爲步軍右廂排陣使。”同年五月丁亥條：“以左神武統軍潘環掌騎兵。”卷八三《晉少帝紀三》開運元年八月辛丑條：“命十五將以禦契丹……左神武統軍潘環充步軍右廂排陣使。”同卷開運二年二月己卯條：“以左神武統軍潘環爲北面行營步軍都指揮使。”同月甲午條：“以神武統軍潘環充步軍左右廂都排陣使。”《通鑑》卷二八三開運元年正月乙亥條：“邊藩馳告：‘契丹前鋒將趙延壽、趙延照將兵五萬入寇，逼貝州。’”同月庚辰條：“以左羽林將軍潘環爲步軍右廂排陳使。”卷二八四開運元年四月戊寅條：“遣神武統軍洛陽潘環及張彥澤等將兵屯澶州，以備契丹。”

[6]陽城：縣名。治所在今山西陽城縣。

[7]澶州：州名。唐、五代初，治所在今河南清豐縣。後晉天福四年移治於今河南濮陽市。　授澶州節度使：卷八四《晉少帝紀四》開運二年五月戊戌條：“以左神武統軍潘環爲澶州節度使。”

[8]檢校太傅：官名。爲散官或加官，以示恩寵，無實際職掌。

[9]劉晞：人名。涿州（今河北涿州市）人。初爲周德威的從事，後爲遼國將領。傳見本書卷九八。　留守：官名。古代皇帝出

巡或親征時指定親王或大臣留守京城，綜理國家軍事、行政、民事、財政等事務，稱京城留守。在陪都或軍事重鎮也常設留守，以地方長官兼任。

[10]高牟翰：人名。《遼史》作“高模翰”。渤海族人。遼朝將領。傳見《遼史》卷七六。中華書局本有校勘記：“原作‘高牟朝’，據殿本、劉本、邵本校、本書卷九九《漢高祖紀一》改。影庫本批校：‘高牟翰，“翰”訛“朝”。’”此校勘記“漢高祖紀一”實爲“漢高祖紀上”。《輯本舊史》引殿本案語：“《通鑑》云：晞疑環搆其衆逐己，使牟翰殺之。”《通鑑》卷二八六天福十二年四月丁卯條，“搆”作“構”，“牟”作“謨”。《輯本舊史》卷九九《漢高祖紀上》天福十二年四月條：“汴州蕭翰遣蕃將高牟翰將兵援送劉晞復歸於洛，牟翰至，殺前澶州節度使潘環於洛陽。”

[11]漢高祖：即五代後漢開國皇帝劉知遠。太原（今山西太原市）人，沙陀部人。947年至948年在位。紀見本書卷九九、卷一〇〇及《新五代史》卷一〇。

[12]太尉：官名。與司徒、司空並爲三公，唐後期、五代多爲大臣、勳貴加官。正一品。

環歷六部兩鎮，所至以聚斂爲務。在宿州時，有牙將因微過見怒，[1]環紿言笞之，牙校因託一尼嘗熟於環者，獻白金兩鋌。尼詣環白牙校餉鏊腳兩枚，[2]求免其責，環曰：“鏊本幾腳？”尼曰：“三腳。”環復曰：“今兩腳能成鏊乎？”尼則以三數致之，當時號環爲“潘鏊腳”。《永樂大典》卷一萬八千二百三十一。[3]

[1]牙將：官名。古代軍隊中的中低級軍官。
[2]鏊（áo）：同“鏊”。鐵製炊具。 兩枚：《輯本舊史》之影庫本粘籤：“兩枚，原本作‘兩枝’，今從《册府元龜》改正。”

見明本《册府》卷四五五《將帥部・貪黷門》。

　　[3]《大典》卷一八二三一爲"匠"字韻"周官匠人、將作大匠、少匠、東園匠、都匠、詩文、姓氏"事目，與内容無關，應爲卷一八一三一"將"字韻"後晉將（二）"事目。

方太

　　方太，字伯宗，青州千乘人也。[1]少隸本軍爲小校，嘗戍登州，[2]劫海客，事洩，刺史淳于晏匿之，[3]遇赦免。事定州節度使楊光遠，[4]光遠領兵赴晉陽。[5]本州軍亂，太與馬萬、盧順密等擒之，[6]使太縛送至闕。[7]尋從杜重威破張從賓於汜水，[8]以功除趙州刺史。[9]從楊光遠平范延光於鄴，移刺萊州，[10]遷安州防禦使。[11]從少帝幸澶州，與契丹戰於戚城，[12]中數創，改鳳州防禦使，[13]行至中途，遷河陽留後，移邢州留後。[14]契丹犯闕，僞命遙領洋州節度使，[15]充洛京巡檢，與前洺州團練使李瓊俱至鄭州，[16]其屯駐兵士迫請太在城巡檢，以備外盜，號爲"鄭王"。[17]時有嵩山賊帥張遇，[18]領衆萬餘，於僧衆得梁朝故嗣密王朱乙，[19]遂推爲天子，取嵩山神冠冕之服以衣之。張遇以其衆攻鄭州，太與李瓊擊之，賊衆敗走，瓊中流矢而死。太乃括率郡中財物以賞軍士，因誘之欲同西去，其衆不從，太乃潛奔於洛陽。[20]及劉晞南走許州，[21]太殺晞牙校李暉，[22]入河南府行留守事。[23]既而嵩山賊帥張遇殺嗣密王，傳首於太，懸於洛市。又有伊闕賊帥自稱天子，[24]領衆萬餘，將入洛城，集郊壇之上，太率兵數百人逆擊，破之，賊衆遂潰。河陽武行德遣使召太，[25]詐言欲推之爲帥，尋爲行德所害。[26]《永樂大典》卷一萬八千一百三十一。[27]

[1]青州：州名。治所在今山東青州市。　千乘：縣名。治所在今山東廣饒縣。

[2]登州：州名。治所在今山東蓬萊市。

[3]淳于晏：人名。籍貫不詳。登明經第，久事霍彥威。彥威曾兵敗，淳于晏獨自仗劍隨從，因而受到信任。彥威節度數鎮，淳于晏被任爲從事，凡軍府之事，私家之務，都由他處理，職似家宰，被當時仿效，稱爲“效淳”。傳見本書卷七一。

[4]楊光遠：人名。沙陀部人。五代後唐、後晉將領。傳見本書卷九七、《新五代史》卷五一。

[5]光遠領兵赴晉陽：中華書局本有校勘記：“按句下疑有闕文，本卷下文所云本州軍亂事在滑州，見本書卷七六《晋高祖紀二》、卷九五《白奉進、盧順密傳》，與楊光遠赴晉陽非一事。”《通鑑》卷二八〇天福元年（936）五月丙午條：“以張敬達爲太原四面兵馬都部署，以義武節度使楊光遠爲副部署。”丁未條：“光遠既行，定州軍亂，牙將千乘方太討平之。”按：定州、滑州均有亂事。“本州”指代不明。闕文當爲方太平定州亂及在滑州事。

[6]馬萬：人名。澶州（今河南濮陽市）人。五代後唐、後晉、後漢將領。傳見本書卷一〇六。　盧順密：人名。汶陽（今山東泰安市）人。五代方鎮軍閥。傳見本書卷九五。

[7]“本州軍亂”至“使太縛送至闕”：此事詳見《輯本舊史》卷九五《盧順密傳》、《通鑑》卷二八一天福二年七月條等。《輯本舊史》卷九五：“執彥饒於樓上，使裨將方太押送赴闕，滑城遂定。”《通鑑》卷二八一：“萬不得已從之，與奉國都虞候方太等共攻牙城，執彥饒，令太部送大梁。”亦見《宋本册府》卷三六〇《將帥部·立功門一三》。

[8]杜重威：人名。朔州（今山西朔州市朔城區）人。五代將領、石敬瑭妹婿。傳見本書卷一〇九、《新五代史》卷五二。 張從賓：人名。籍貫不詳。五代後唐、後晉將領。傳見本書卷九七。 汜水：縣名。治所在今河南滎陽市汜水鎮。

[9]趙州：州名。治所在今河北趙縣。 以功除趙州刺史：《通鑑》卷二八一天福二年七月丙辰條：“方太爲趙州刺史。”

[10]萊州：州名。治所在今山東萊州市。

[11]安州：州名。治所在今湖北安陸市。

[12]戚城：地名。位於今河南濮陽市。

[13]鳳州：州名。治所在今陝西鳳縣。

[14]留後：官名。唐、五代節度使多以子弟或親信爲留後，以代行節度使職務，亦有軍士、叛將自立爲留後者。掌一州或數州軍政。《輯本舊史》卷八四《晉少帝紀四》開運二年（945）十月庚寅條：“以前河陽留後方太爲邢州留後。”

[15]洋州：州名。治所在今陝西洋縣。

[16]李瓊：人名。滄州饒安（今河北鹽山縣）人。五代十國藩鎮將領。傳見本書本卷。 鄭州：州名。治所在今河南鄭州市。

[17]“契丹犯闕”至“號爲‘鄭王’”：《輯本舊史》卷八五《晉少帝紀五》開運三年十二月丙寅條：“邢州方太充都虞候，領後軍駐於河上，以備敵騎之奔衝也。”同月己巳條：“邢州方太奏：‘此月六日，契丹與王師戰於中渡，王師不利，奉國都指揮使王清戰死。’”《通鑑》卷二八五開運三年戊辰條：“義武節度使李殷、安國留後方太，皆降於契丹。”

[18]張遇：人名。籍貫不詳。五代地方武裝頭目。事見本書本卷。

[19]朱乙：人名。籍貫不詳。五代地方武裝頭目。事見本書本卷。

[20]“時有嵩山賊帥張遇”至“太乃潛奔於洛陽”：《舊五代史考異》：“《通鑑》云：戍兵既失太，反譖太于契丹，云脅我爲亂。

太遣子師朗自訴于契丹，契丹殺之。”《通鑑》卷二八六天福十二年（947）四月條：“契丹遣武定節度使方太詣洛陽巡檢，至鄭州；州有戍兵，共迫太爲鄭王。梁嗣密王朱乙逃禍爲僧，嵩山賊帥張遇得之，立以爲天子，取嵩岳神衮冕以衣之，帥衆萬餘襲鄭州，太擊走之。太以契丹尚强，恐事不濟，説諭戍兵，欲與俱西；衆不從，太自西門逃奔洛陽。戍兵既失太，反譖太於契丹，云脅我爲亂；太遣子師朗自訴於契丹，契丹將麻荅殺之，太無以自明。”

[21]劉晞：《舊五代史考異》：“《通鑑考異》作劉禧。”又《舊五代史考異》：“《通鑑考異》引《實録·方太傳》云：劉禧走許田，復有潁陽妖巫，姓朱，號嗣密王，誓衆于洛南天壇，號萬餘人。太帥部曲與朝士董虚張旗幟，一舉而逐之，洛師遂安。”見《通鑑》卷二八六天福十二年四月丁卯條。又此條：“會群盜攻洛陽，契丹留守劉晞棄城奔許州，太乃入府行留守事，與巡檢使潘環擊群盜却之，張遇殺朱乙請降。伊闕賊帥自稱天子，誓衆於南郊壇，將入洛陽，太逆擊，走之。”

[22]李暉：人名。籍貫不詳。五代藩鎮軍官。事見本書本卷。

[23]河南府：府名。治所在今河南洛陽市。

[24]伊闕：一爲山名。又名闕塞山、龍門山，位於今河南洛陽市。一爲縣名。治所在今河南伊川縣西南。

[25]武行德：人名。并州榆次（今山西晋中市榆次區）人。五代、宋初將領。傳見《宋史》卷二五二。

[26]“河陽武行德遣使召太”至“尋爲行德所害”：《通鑑》卷二八六天福十二年四月丁卯條：“太欲自歸於晋陽，武行德使人誘太曰：‘我禆校也。公舊鎮此地，今虚位相待。’太信之，至河陽，爲行德所殺。”亦見《輯本舊史》卷九九《漢高祖紀上》天福十二年四月戊辰條。

[27]《大典》卷一八一三一“將”字韻“後晋將”事目。

何建

何建，[1]其先迴鶻人也，[2]代居雲、朔間。[3]祖慶，[4]父懷福，俱事後唐武皇爲小校。建少以謹厚隸於高祖帳下，以掌廐爲役，及即位，累典禁軍，[5]遙領驩、睦二郡。[6]天福中，自曹州刺史遷延州兵馬留後，[7]尋正授旄鉞。[8]數年之間，歷涇、鄧、貝、澶、孟五鎮節度使，[9]累官至檢校太傅。

[1]何建：《輯本舊史》之原輯者案語：“《九國志》作何重建。”見《九國志》卷七《何重建傳》，録自《大典》卷一八一三六“將”字韻“後蜀將（一）”事目。《通鑑》卷二八三天福七年（942）二月癸巳條、明本《册府》卷九六《帝王部・赦宥門一五》亦作何重建。《通鑑》云：“重建，雲、朔間胡人也。”重建應爲原名，因避晋少帝重貴諱删“重”字。

[2]迴鶻：古部族名。原係突厥鐵勒部的一支。唐天寶三載（744）建立回鶻汗國，9世紀中葉，回鶻汗國瓦解。其中一支爲甘州回鶻。11世紀初，甘州回鶻爲西夏所滅。參見楊蕤《回鶻時代：10—13世紀陸上絲綢之路貿易研究》，中國社會科學出版社2015年版。

[3]雲：州名。治所在今山西大同市。　朔：州名。治所在今山西朔州市朔城區。

[4]祖慶：《九國志》作“祖允慶”。

[5]“建少以謹厚”至“累典禁軍”：《輯本舊史》之原輯者案語：“《九國志》云：重建初事晋祖爲奉德馬軍都指揮使。”見《九國志》卷七。

[6]驩：州名。治所在今越南榮市。　睦：州名。治所在今浙

江建德市。

[7]兵馬留後：官名。唐、五代時，代行方鎮長官之職者稱留後。代行州兵馬使之職者，即爲兵馬留後。掌本州兵馬。

[8]"天福中"至"尋正授旄鉞"：《輯本舊史》之原輯者案語："《九國志》云：延州節度使丁審琪殘暴貪冒，蕃部苦之。重建以所部兵攻其城，審琪遁去，晋祖即以重建權節度兵馬留後，下車諭以威福，邊民安堵，就加彰武軍節度使。"見《九國志》卷七。《輯本舊史》卷八〇《晋高祖紀六》天福七年二月："己亥，以曹州防禦使何建爲延州留後。"同年閏三月："庚寅，以延州留後何建爲延州節度使。"《通鑑》卷二八三天福七年二月癸巳條："彰武節度使丁審琪，養部曲千人，縱之爲暴於境内。軍校賀行政與諸胡相結爲亂，攻延州。帝遣曹州防禦使何重建將兵救之，同、鄜援兵繼至，乃得免。二月，癸巳，以重建爲彰武留後。"

[9]涇：州名。治所在今甘肅涇川縣。　鄧：州名。治所在今河南鄧州市。　貝：州名。治所在今河北清河縣。　孟：州名。治所在今河南孟州市。　歷涇、鄧、貝、澶、孟五鎮節度使：《輯本舊史》之原輯者案語："《九國志》云：皆以廉儉簡易稱。"見《九國志》卷七。《輯本舊史》卷八二《晋少帝紀二》天福八年十月："甲子，以前延州節度使何建爲涇州節度使。"同年十一月丁丑條："以涇州節度使何建爲鄧州節度使。"同卷開運元年（944）二月甲辰條："何建守楊劉鎮。"同月："癸亥，以前鄧州節度使何建爲東南面馬步軍都部署，率師屯汶陽。"同卷開運元年五月："戊戌，以鄧州節度使何建爲貝州永清軍節度使。"卷八三《晋少帝紀三》開運元年十一月："壬午，以貝州節度使何建爲澶州節度使兼北面行營馬軍右厢排陣使。"卷八四《晋少帝紀四》開運二年五月戊戌條："澶州節度使何建移鎮河陽。"同年十月戊辰條："以河陽節度使何建爲涇州節度使。""戊辰"原作"戊寅"，此句《輯本舊史》之影庫本粘籤："戊寅，以長曆推之，當作'戊辰'。今無別本可校，姑仍其舊。"因其下記事依次爲庚午，辛未，丁丑。開運二年

十月甲子朔，戊寅爲十五，庚午爲初七，辛未爲初八，丁丑爲十四，故影庫本粘籤云：“戊寅，當作戊辰。”戊辰爲初五，是，故改。《通鑑》卷二八四開運元年二月甲辰條：“前威勝節度使何重建守楊劉鎮。”同月：“癸亥，以前威勝節度使何重建爲東面馬步都部署，將兵屯鄆州。”

　　開運三年，移鎮秦州。[1]是冬，契丹入汴，戎王遣人齎詔以賜建，建憤然謂將吏曰：“吾事石氏二主，累擁戎旃，人臣之榮，亦已極矣。今日不能率兵赴難，豈可受制於契丹乎！”即遣使齎表與其地送款於蜀，[2]孟昶待之甚厚，[3]僞加同平章事，[4]依前秦州節度使。[5]歲餘，移閬州保寧軍節度使，[6]加僞官至中書令，[7]後卒於蜀。《永樂大典》卷五千六百三十二。[8]

　　[1]秦州：州名。治所在今甘肅天水市。　開運三年，移鎮秦州：《輯本舊史》卷八四《晉少帝紀四》開運三年（946）正月：“癸丑，以涇州節度使何建爲秦州節度使。”

　　[2]“是冬，契丹入汴”至“其地送款於蜀”：《通鑑》卷二八六天福十二年（947）正月乙未條：“契丹主分遣使者，以詔書賜晉之藩鎮；晉之藩鎮爭上表稱臣，被召者無不奔馳而至……雄武節度使何重建斬契丹使者，以秦、階、成三州降蜀。”《輯本舊史》卷九九《漢高祖紀上》天福十二年二月條：“是月，秦州節度使何建以其地入於蜀。”明本《册府》卷一二六《帝王部·納降門》顯德二年（955）九月癸丑條注：“開運末，戎虜盜國，節度使何建以城入蜀。”

　　[3]孟昶：人名。邢州龍岡（今河北邢臺市）人。孟知祥之子。五代後蜀皇帝，934年至965年在位。傳見本書卷一三六、《新

五代史》卷六四。

　　[4]同平章事：官名。全稱“同中書門下平章事”。唐高宗以後，凡實際任宰相之職者，常在其本官後加同平章事的職銜。後成爲宰相專稱。後晋天福五年（940），升中書門下平章事爲正二品。

　　[5]“孟昶待之甚厚”至“依前秦州節度使”：《輯本舊史》之原輯者案語：“《九國志》云：時固鎮與鳳州未平，重建悉經略討平之。”見《九國志》卷七《何重建傳》。《通鑑》卷二八六天福十二年二月乙丑條：“何重建請出蜀兵與階、成兵共扼散關以取鳳州。”同月壬申條：“何重建遣宮苑使崔延琛將兵攻鳳州，不克，退保固鎮。”同月癸未條：“蜀主加雄武節度使何重建同平章事。”

　　[6]閬州：州名。治所在今四川閬中市。　保寧軍：方鎮名。治所在閬州（今四川閬中市）。　移閬州保寧軍節度使：《輯本舊史》之原輯者案語：“《九國志》云：昶大舉兵北伐，遣張虔釗出大散關，以重建爲招討使，由隴州路以進師，無功而還。”見《九國志》卷七。《通鑑》卷二八七天福十二年十二月庚寅條：“（蜀主）以山南西道節度使兼中書令張虔釗爲北面行營招討安撫使，雄武節度使何重建副之。”又：“虔釗出散關，重建出隴州，以擊鳳翔。”同卷乾祐元年（948）二月辛巳條：“蜀韓保貞、龐福誠引兵自隴州還，要何重建俱西。是日，保貞等至秦州，分兵守諸門及衢路，重建遂入于蜀。”《輯本舊史》卷一〇一《漢隱帝紀上》乾祐元年二月：“壬辰，右衛大將軍王景崇奏，於大散關大敗蜀軍，俘斬三千人。初，契丹犯京師，侯益、趙贊皆受其命，節制岐、蒲，聞高祖入洛，頗懷反仄。朝廷移贊於京兆，侯益與贊皆求援於蜀，蜀遣何建率軍出大散關以應之。至是，景崇糾合岐、雍、邠、涇之師以破之。”同月：“丙午，鳳翔巡檢使王景崇遣人送所獲僞蜀將校軍士四百三十八人至闕下，詔釋之，仍各賜衣服。”亦見明本《册府》卷四三五《將帥部·獻捷門二》乾祐元年二月條。

　　[7]中書令：官名。漢代始置，隋、唐前期爲中書省長官，屬宰相之職；唐後期多爲授予元勳大臣的虛銜。正二品。

[8]《大典》卷五六三二"何"字韻"姓氏"事目。

張廷藴

張廷藴，字德樞，開封襄邑人也。[1]祖立，贈驍衛將軍。父及，贈光禄大夫。[2]廷藴少勇捷，始隸宣武軍爲伍長，[3]唐天復中，[4]奔太原，武皇收於帳下爲小校。及莊宗救上黨，[5]戰柏鄉，[6]攻薊門，[7]下邢、魏，皆從之。[8]後戰於莘縣及胡柳陂，[9]繼爲流矢所中，金瘡之痕，盈於面首。莊宗寵之，統御營黄甲軍，常在左右，累加檢校兵部尚書、帳前步軍都虞候，[10]充諸軍濠寨使。[11]同光初，從明宗收汶陽，[12]加檢校尚書右僕射，[13]充魏博三城巡檢使。[14]時皇后劉氏在鄴，每縱其下擾人，廷藴多斬之，[15]聞者壯焉。[16]

[1]襄邑：縣名。治所在今河南睢縣。

[2]光禄大夫：官名。唐、五代文散官。從二品。

[3]宣武軍：方鎮名。唐舊鎮，治所在汴州（今河南開封市）。五代後梁開平元年（907）升汴州爲東京開封府。開平三年（909）置宣武軍於宋州（今河南商丘市睢陽區）。後唐同光元年（923）改宋州宣武軍爲歸德軍。廢東京開封府，重建宣武軍於汴州。後晉天福三年（938），改爲東京開封府。除天福十二年、十三年短暫改爲宣武軍外，汴京均爲東京開封府。　伍長：軍吏名。軍中五人之長。西周置，後世多沿之。

[4]天復：唐昭宗李曄年號（901—904）。中華書局本有校勘記："'天復'，原作'天福'，據劉本改。"唐無天福年號。

[5]上黨：即潞州。治所在今山西長治市。

[6]柏鄉：縣名。治所在今河北柏鄉縣。

[7]薊門：縣名。治所在今北京市昌平區。

[8]魏：州名。治所在今河北大名縣。

[9]莘縣：縣名。治所在今山東莘縣。　胡柳陂：地名。位於今河南濮陽市。

[10]檢校兵部尚書：官名。爲散官或加官，以示恩寵，無實際職掌。

[11]諸軍濠寨使：官名。負責軍中城壕建設。

[12]汶陽：地名。位於今山東泰安市一帶。

[13]檢校尚書右僕射：官名。爲散官或加官，以示恩寵，無實際職掌。

[14]巡檢使：官名。五代始設巡檢，設於京師、陪都、重要的州及邊防重鎮。

[15]多斬：明本《册府》卷四〇一《將帥部·行軍法門》作"立斬"。《新五代史》卷四七《張廷蘊傳》："是時，莊宗在魏，以劉皇后從行。劉氏多縱其下擾人爲不法，人無敢言者。廷蘊輒收而斬之。"

[16]聞者：明本《册府》卷四〇六《將帥部·正直門》作"覩者"。

梁平，承詔入覲，改帳前都指揮使兼左右羽林都虞候。會潞州李繼韜故將楊立嬰城叛，[1]詔遣明宗爲招討使，[2]元行欽爲都部署，[3]廷蘊爲前鋒。[4]軍至上黨，日已暝矣，憩軍方定，廷蘊首率勁兵百餘輩，踰洫坎城而上，守陴者不能禦，尋斬關延諸軍入焉。明宗、行欽達明而始至，其城已下，明宗甚慊之。[5]軍還，[6]改左右羽林都指揮使，加檢校司空，[7]行申州刺史。[8]同光末，從皇子魏王繼岌伐蜀，[9]授行營中軍都指揮使。[10]蜀平，明宗嗣位，遷懷州刺史，賜竭忠建策興復功臣，加檢校司徒。旋移金州防禦使，[11]加檢校太保，繼授潁州團練使、沿淮招安使。應順中，轉隴州防禦使。[12]清泰中，進封清河郡公。高祖即位，入爲右龍武統軍，遷絳州防禦使，[13]少帝嗣位，領左軍衛上將軍，[14]加特進。[15]開運三年冬，以老病求歸於宋城，[16]明年卒于家，時年六十九。

[1]潞州：州名。治所在今山西長治市。　李繼韜：人名。汾州太谷（今山西晋中市太谷區）人。五代後唐重臣李嗣昭子，囚長兄繼儔，迫莊宗任其爲安義軍兵馬留後。傳見本書卷五二。　楊立：人名。籍貫不詳。五代後唐潞州將領，歷事李嗣昭、李繼韜。傳見本書卷七四。

[2]招討使：官名。唐始置。戰時任命，兵罷則省。常以大臣、將帥或地方軍政長官兼任。掌招撫討伐等事務。

[3]元行欽：人名。幽州（今北京市）人。五代後唐將領。傳見本書卷七〇、《新五代史》卷二五。

[4]“會潞州李繼韜故將楊立嬰城叛”至“廷蘊爲前鋒”：中華書局本有校勘記：“‘潞州’‘嬰城’四字原闕，據殿本、《舊五代史考異》卷三引文補。”又：“‘都’字原闕，據孔本、彭本、《新五代史》卷四七《張廷蘊傳》補。”《舊五代史考異》：“《歐陽史》云：‘李繼韜叛于潞州，莊宗遣明宗爲招討使，元行欽爲部署，廷蘊爲馬步軍都指揮使，將兵爲前鋒。’吳縝《纂誤》據《梁本紀》及《元行欽·李繼韜傳》，云並無明宗、元行欽、張廷蘊攻潞州之事。今考《薛史》，本言廷蘊平潞州楊立之叛，《歐陽史》以爲平李繼韜，殊誤。《通鑑》從《薛史》。”見《舊五代史考異》卷

三。此段《考異》，中華書局本有校勘記："'李繼韜'，原作'李繼儔'，據殿本考證、《新五代史》卷四七《張廷蘊傳》改。本卷下文同。"《通鑑》卷二七三同光二年（924）四月條："初，安義牙將楊立有寵於李繼韜。繼韜誅，常邑邑思亂。會發安義兵三千戍涿州，立謂其衆曰：'前此潞兵未嘗戍邊，今朝廷驅我輩投之絶塞，蓋不欲置之潞州耳。與其暴骨沙場，不若據城自守。事成富貴，不成爲群盜耳。'因聚譟攻子城東門，焚掠市肆。節度副使李繼珂、監軍張弘祚棄城走。立自稱留後，遣將士表求旌節。詔以天平節度使李嗣源爲招討使，武寧節度使李紹榮爲部署，帳前都指揮使張廷蘊爲馬步都指揮使以討之。"

[5]"軍至上黨"至"明宗甚慊之"：《通鑑》卷二七三同光二年五月丙寅條："李嗣源大軍前鋒至潞州，日已暝；泊軍方定，張廷蘊帥麾下壯士百餘輩踰堙坎城而上，守者不能禦，即斬關延諸軍入。比明，嗣源及李紹榮至，城已下矣，嗣源等不悦。"

[6]軍還：《輯本舊史》之影庫本粘籤："原本作'軍遷'，今據文改正。"

[7]檢校司空：官名。爲散官或加官，以示恩寵，無實際職掌。

[8]申州：州名。治所在今河南信陽市。

[9]繼岌：人名。即李繼岌。五代後唐莊宗長子。傳見本書卷五一、《新五代史》卷一四。

[10]授行營中軍都指揮使：《輯本舊史》卷三三《唐莊宗紀七》同光三年九月辛丑條："張廷蘊爲中軍步軍都指揮使。"明本《冊府》卷二六九《宗室部·將兵門》後唐魏王繼岌條亦作"中軍步軍都指揮使"。

[11]旋移金州防禦使：《輯本舊史》卷三九《唐明宗紀五》天成三年（928）三月戊辰條："以懷州刺史張廷蘊爲金州防禦使。"

[12]隴州：州名。治所在今陝西隴縣。 應順中，轉隴州防禦使：《輯本舊史》卷九四《萇從簡傳》："應順初，舉軍伐鳳翔，從簡亦預其行。會軍變，乃東還，道遇張廷蘊，爲廷蘊所執，送於末

帝。"亦見《宋本册府》卷三七四《將帥部·忠門五》。

[13]絳州：州名。治所在今山西新絳縣。　遷絳州防禦使：《輯本舊史》卷七八《晋高祖紀四》天福四年（939）四月乙卯條："以右龍武統軍張廷蘊爲絳州刺史。"

[14]領左軍衛上將軍：《新五代史》卷四七《張廷蘊傳》作"左監門衛上將軍"。

[15]特進：官名。西漢末期始置，授給列侯中地位較特殊者。隋唐時期，特進爲散官，授給有聲望的文武官員。正二品。

[16]宋城：古時商丘的別稱。

　　廷蘊所識不過數字，而性重文士。下汶陽日，首獲郓帥戴思遠判官趙鳳，[1]訊之曰："爾狀貌必儒人也，勿隱其情。"鳳具言之，尋引薦於明宗，明宗令送赴行臺，尋除鳳翰林學士。[2]及鳳入相，頗與廷蘊相洽，數言於近臣安重誨，[3]重誨亦以廷蘊苦戰出於諸將之右，力保薦之。明宗以廷蘊取潞之日，不能讓功於己，故恒蓄宿忿，至使廷蘊位竟不至方鎮，亦命矣夫！廷蘊歷七郡，家無餘積，年老耄期，終於牖下，良可嘉也。

[1]戴思遠：人名。籍貫不詳。五代後梁、後唐將領。傳見本書卷六四。　判官：官名。爲長官的佐吏，協理政事，或備差遣。

趙鳳：人名。幽州（今北京市）人。五代後唐明宗朝宰相。傳見本書卷六七、《新五代史》卷二八。

[2]翰林學士：官名。由南北朝始設之學士發展而來，唐玄宗改翰林供奉爲翰林學士，備顧問，代王言。掌拜免將相、號令征伐等詔令的起草。　"性重文士"至"尋除鳳翰林學士"：亦見《宋本册府》卷四一三《將帥部·禮賢門》。

[3]安重誨：人名。應州（今山西應縣）人。五代後唐大臣。傳見本書卷六六、《新五代史》卷二四。

長子光被，歷通事舍人。[1]《永樂大典》卷一萬一百三十一。[2]

[1]通事舍人：官名。東晋始置。唐代爲中書省屬官，全稱中書通事舍人。掌殿前承宣通奏。從六品上。

[2]《大典》卷一〇一三一爲"史"字韻"歷代諸史（二）《西漢書》"事目，與本傳無涉，應爲卷一八一三一"將"字韻"後晋將（二）"事目。

郭延魯

郭延魯，字德興，沁州綿上人也。[1]父饒，後唐武皇時，以軍功嘗爲本郡守，凡九年，有遺愛焉。延魯少有勇，[2]善用槊，莊宗以舊將之子，擢爲保衛軍使，[3]頻戍塞下，捍契丹有功。及即位，賜協謀定亂功臣，加檢校兵部尚書、右神武都指揮都知兵馬使。天成中，汴州朱守殷叛，[4]延魯從車駕東幸，至其地，坎壘先登。守殷平，以功授汴州步軍都指揮使，[5]加檢校尚書左僕射。[6]長興中，累加檢校司徒，[7]歷天雄軍、北京馬步軍都校，[8]遥領梧州刺史。[9]清泰中，遷復州刺史，正俸之外，未嘗斂貸，庶事就理，一郡賴焉。秩滿，百姓上章舉留，朝廷嘉之。[10]高祖即位，遷單州刺史，[11]加檢校太保，賜輸誠奉義忠烈功臣。到任踰月，以疾卒於理

所，時年四十七。[12]詔贈太傅。《永樂大典》卷二萬二千一
百六十一。[13]

[1]沁州：州名。治所在今山西沁源縣。　綿上：縣名。治所
在今山西沁源縣。

[2]少有勇：中華書局本有校勘記："'少'，原作'小'，據殿
本、劉本、孔本、邵本、彭本改。"

[3]軍使：官名。唐制。掌領本軍軍務，或兼理地方政務。
《新唐書・兵志》："唐初，兵之戍邊者，大曰軍，小曰守捉，曰城，
曰鎮……武德至天寶以前邊防之制，其軍、城、鎮、守捉皆有使。"

[4]朱守殷：人名。籍貫不詳。五代後唐將領。傳見本書卷七
四、《新五代史》卷五一。　汴州朱守殷叛：《輯本舊史》之影庫
本粘籤："'守殷'，原本作'宋殷'，今據《通鑑》改正。"見《通
鑑》卷二七六天成二年（927）十月戊子、己丑諸條。亦見《輯本
舊史》卷三八《唐明宗紀四》上述諸條。

[5]步軍：《新五代史》卷四六《郭延魯傳》作"馬步軍"。

[6]檢校尚書左僕射：官名。尚書左僕射，隋唐宰相名號。爲
散官或加官，以示恩寵，無實際職掌。

[7]檢校司徒：官名。爲散官或加官，以示恩寵，無實際職掌。

[8]天雄軍：方鎮名。治所在魏州（今河北大名縣）。

[9]梧州：州名。治所在今廣西梧州市。

[10]"清泰中"至"朝廷嘉之"：《宋本冊府》卷六八三《牧
守部・遺愛門二》："郭延魯，末帝清泰中爲復州刺史，臨任呼驚歎
曰：'先人曾爲沁牧，九年不移，我得不遵其家法，而使政有紕繆
者乎？'由是正俸之外，未嘗斂貸，庶事致理，一郡賴焉。及秩滿，
百姓上章舉留。將離境，攀卧遮圍者不能去。朝廷聞而嘉之。"卷
六七九《牧守部・廉儉門九》"就理"作"求理"。明本《册府》
卷六八三"攀卧"作"攀轅"，卷六七九"斂貸"作"斂貨"，

"就理"亦作"求理"。《新五代史》卷四六:"累遷復州刺史。延魯歎曰:'吾先君爲沁州者九年,民到于今思之。吾今幸得爲刺史,其敢忘吾先君之志!'由是益以廉平自勵,民甚賴之。秩滿,州人乞留,不許,皆遮道攀號。"又:"當是時,刺史皆以軍功拜,言事者多以爲言,以謂方天下多事,民力困敝之時,不宜以刺史任武夫,恃功縱下,爲害不細。而延魯父子,特以善政著聞焉。"明本《册府》卷四八五《邦計部·濟軍門》清泰三年八月丙寅條:"復州刺史郭延魯貢錢五百貫、馬十匹助征。"

[11]單州:州名。治所在今山東單縣。

[12]時年四十七:中華書局本有校勘記:"'年'字原闕,據殿本、邵本校補。"

[13]《大典》卷二二一六一"郭"字韻"姓氏"事目。

郭金海

郭金海,本突厥之族。[1]少侍昭義節度使李嗣昭,[2]常從征伐。金海好酒,所爲不法,自潞州過山東,入邢洺界爲劫盜,嗣昭雖知之,然惜其拳勇,每優容之。天祐中,[3]累職至昭義親騎指揮使。同光二年,遷本道馬軍都指揮使。天成初,[4]入爲捧聖指揮使。長興三年,改護聖都虞候。天福二年,從王師討范延光於魏州,以功轉本軍都指揮使,領黃州刺史。[5]高祖幸鄴,宣金海領部兵巡檢東京。其年十一月,安從進謀犯闕,[6]金海爲襄州道行營先鋒都指揮使,與李建崇等同於唐州湖陽遇從進軍萬餘人,[7]金海以一旅之衆突擊,大敗之,策勳授檢校太保、商州刺史,[8]俄移慶州。秩滿歸闕,途中遇疾而卒,年六十一。《永樂大典》卷二萬一千四百五十。[9]

[1]突厥：部族名、政權名。公元 6 至 8 世紀活躍於北亞和中亞，稱雄於漠北、西域。西魏廢帝元年（552），首領土門大破柔然，自號伊利可汗，建立突厥汗國，置汗庭於郁督軍山（今蒙古國杭愛山東段）。隋文帝開皇二年（582），突厥汗國分裂爲東、西突厥。唐中期以後西突厥、東突厥均已衰落。參見吴玉貴《突厥汗國與隋唐關係史研究》，中國社會科學出版社 2007 年版。

[2]昭義：方鎮名。又稱澤潞。唐至德元載（756）置澤潞沁節度使，治所在潞州（今山西長治市）。廣德元年（763）又置相、衛六州節度使，治所在相州（今河南安陽市）。 李嗣昭：人名。汾州（今山西汾陽市）人。唐末、五代李克用義子、部將。傳見本書卷五二、《新五代史》卷三六。

[3]天祐：唐昭宗李曄開始使用的年號（904）。唐哀帝李柷即位後沿用（904—907）。唐亡後，河東李克用、李存勗仍稱天祐，沿用至天祐二十年（923）。五代其他政權亦有行此年號者，如南吴、吴越等，使用時間長短不等。

[4]天成：五代後唐明宗李嗣源年號（926—930）。

[5]黄州：州名。治所在今湖北黄岡市黄州區。

[6]安從進：人名。索葛部人。五代後唐、後晋將領。傳見本書卷九八、《新五代史》卷五一。

[7]李建崇：人名。潞州（今山西長治市）人。五代後唐至後周將領。傳見本書卷一二九。 唐州：州名。治所在今河南唐河縣。 湖陽：縣名。治所在今河南唐河縣。

[8]商州：州名。治所在今陝西商洛市商州區。 "天福二年"至"商州刺史"：亦見《宋本册府》卷三六〇《將帥部·立功門一三》、卷三八七《將帥部·襃異門一三》。《通鑑》卷二八二天福六年（941）十一月條："從進舉兵攻鄧州，唐州刺史武延翰以

聞。鄭王遣宣徽南院使張從恩、武德使焦繼勳、護聖都指揮使郭金海、作坊使陳思讓將大梁兵就申州刺史李建崇兵於葉縣以討之。"同月丁丑條:"以郭金海爲先鋒使。"《輯本舊史》卷八〇《晉高祖紀六》天福六年十二月丙戌條:"南面軍前奏,十一月二十七日,武德使焦繼勳、先鋒都指揮使郭金海等於唐州南遇安從進賊軍一萬餘人,大破之。"亦見《輯本舊史》卷九八《安從進傳》、《新五代史》卷五一《安從進傳》、明本《册府》卷一二三《帝王部·征討門三》晉高祖天福六年十一月條。

[9]《大典》卷二一四五〇爲"鐵"字韻"鐵官"事目,與本傳無涉,疑與《郭延魯傳》同録自《大典》卷二二一六一"郭"字韻"姓氏"事目。《輯本舊史》在此後引《洛陽縉紳舊聞記》卷一:"從進與金海相遇于花山。金海蕃將,善用槍,時罕與敵,拳勇過人,喜戰鬥,欲立奇功。兩陣相去數里。從進素管騎兵,金海久在麾下,從進亦待之素厚。乃躍馬引數百騎乘高,去金海陣數百步,屬聲呼'郭金海'!金海獨鞭馬出于陣數十步,免冑側身,高聲自稱曰'金海'。從進又前行數十步,勞之曰:'金海安否?我素待爾厚,略不知恩,今日敢來共我相殺?'金海應聲答曰:'官家好看大王,負大王甚事,大王今日反?金海舊事大王,乞與大王一箭地,大王回去,若不去,喫取金海槍。'言訖,援槍鞭馬,疾趨其陣。從進懼,躍馬而進,師遂相接,大爲金海、焦繼勳摧敗。奏到,晉祖大喜,賞賜有差。從進自此喪氣,嬰城自固,王師爲連城重塹以守之。月餘,王師攻城,城上矢下如雨,王師被傷者衆。是日,金海爲飛矢集身,扶傷歸營。明日,從進用計汙金海,欲使朝廷疑之。以金瓶貯酒,金合盛藥,以索懸之,城上呼'郭金海'。金海知之,力疾扶創而往。城上勞金海曰:'大王知爾中箭創甚,賜爾金瓶金合酒與風藥。'金海目不知書,惟利是貪,取瓶與合歸營,且不聞于元戎。元戎等疑之,乃馳驛奏。晉祖以花山之功,不加罪。城下,就除金州團練,併其兵于他部。金海之任,居常悒悒不樂,至于捐館。"《輯本舊史》因之。

劉處讓

劉處讓，字德謙，滄州人也。[1]祖信，累贈太子少保。[2]父瑜，[3]累贈太子少師。[4]梁貞明初，[5]張萬進帥兗州，[6]處讓事之，爲親校。[7]萬進據城叛，梁遣大將劉鄩討之，[8]時唐莊宗屯軍於麻口渡，[9]萬進密遣處讓乞師於莊宗。莊宗未即應之。乃於軍門截耳曰：“主帥急難，使我告援，苟不得請，死亦何避。”莊宗義之，將舉兵渡河，俄聞城陷，乃止。因以墨制授處讓行臺左驍衛將軍，俄改客省副使。[10]

[1]滄州：州名。治所在今河北滄縣舊州鎮。

[2]太子少保：官名。與太子少傅、太子少師合稱“三少”，唐後期、五代多爲大臣、勳貴加官。從二品。

[3]父瑜：中華書局本有校勘記：“‘瑜’，殿本作‘喻’。”

[4]太子少師：官名。與太子少傅、太子少保合稱“三少”，唐後期、五代多爲大臣、勳貴加官。從二品。

[5]貞明：五代後梁末帝朱友貞年號（915—921）。

[6]張萬進：人名。突厥人。五代後唐、後晉將領。傳見本書卷八八。中華書局本有校勘記謂《册府》卷六五作“張進”；明本《册府》卷一二八《帝王部·明賞門二》有“洺州團練使張進”，即其人。當是。 兗州：州名。治所在今山東濟寧市兗州區。

[7]“梁貞明初”至“爲親校”：《新五代史》卷四七《劉處讓傳》：“萬進入梁，爲泰寧軍節度使，以處讓爲牙將。”

[8]劉鄩：人名。密州安丘（今山東安丘市）人。唐末、五代將領。傳見本書卷二三、《新五代史》卷二二。

[9]麻口渡：地名。今地不詳。

[10]客省副使：官名。唐代宗朝始置。客省副長官。佐客省使掌款待外國與少數民族使者，及文武官朝見皇帝禮儀等。 "萬進據城叛"至"俄改客省副使"：《通鑑》卷二七一貞明五年十月條："萬進遣親將劉處讓乞師於晋，晋王未之許，處讓於軍門截耳曰：'苟不得請，生不如死！'晋王義之，將爲出兵，會鄆已屠兗州，族萬進，乃止。以處讓爲行臺左驍衛將軍。"《新五代史》卷四七："莊宗即位，爲客省使，常使四方，多稱旨。"《宋本册府》卷六五三《奉使部·稱旨門》："晋劉處讓初仕後唐，爲客省副使，累將命稱旨。"

梁平，加檢校兵部尚書，累將命稱旨。天成初，轉檢校尚書右僕射，依前充職。歲餘遷引進使。[1]長興三年，轉檢校司空、左威衛大將軍，其職如故。[2]四年，西川孟知祥跋扈，[3]不通朝貢，朝廷方議懷柔，乃遣處讓爲官告國信使，[4]復命，轉檢校司徒。應順初，授忻州刺史、檢校太保，[5]充西北面都計度使，[6]備北寇也。清泰二年，[7]入爲左驍衛大將軍。三年夏，魏博屯將張令昭逐其帥，[8]以城叛，朝廷命范延光領兵討之，以處讓爲河北都轉運使。[9]

[1]引進使：官名。五代後梁始置，爲引進司的主官，五代諸司使之一。掌臣僚及外國與少數民族進奉禮物諸事。

[2]"長興三年"至"其職如故"：明本《册府》卷九九四《外臣部·備禦門七》長興三年（932）二月："引進使劉處讓奏相度西路事，請修葺故武州以備邊。"同年："十一月庚辰，帝謂近臣曰：'北面頻奏蕃寇，宜令河東節度使李從温且將兵士至雁門已來巡撫。'因令客省副使劉處讓往太原，與從温同出兵師。"

[3]孟知祥：人名。邢州龍岡（今河北邢臺市）人。李克用女婿，五代後蜀開國皇帝。傳見本書卷一三六、《新五代史》卷六四。

[4]國信使：官名。古代負責出使外邦的使臣，多因相應事件或節日而派遣。

[5]忻州：州名。治所在今山西忻州市。

[6]都計度使：官名。唐末五代地方或軍中負責財務籌措的官員。

[7]清泰二年：明本《册府》卷五二《帝王部·崇釋氏門二》："（清泰）二年正月千秋節，樞密使趙延壽獻金繒并《大乘經》十卷，忻州刺史劉處讓獻金字《法華經》一部。太原多僧舍，資福一宗，尤事禪譯，文武間好佛者多湊其門，帝頗宗奉。及鎮河中，鳳翔僧知數者數言帝有金輪之位，岐僧阿闍黎言事多從，故延壽、處讓有是貢獻。"

[8]張令昭：人名。籍貫不詳。五代後唐將領。事見本書卷四八。

[9]都轉運使：官名。戰時設置，負責隨軍籌措、供應軍馬所需糧草。地位高於一般轉運使。　"三年夏"至"河北都轉運使"：亦見《宋本册府》卷四八三《邦計部·選任門》。

　　及高祖舉義於太原，處讓從至洛陽，乃授宣徽北院使。[1]天福二年，轉左監門衛上將軍，充宣徽南院使。[2]范延光之據鄴也，高祖命宣武軍節度使楊光遠領兵討之，時處讓奉詔與光遠同參議軍政。會張從賓作亂於河陽，處讓自黎陽分兵討襲，[3]從賓平，復與楊光遠同攻鄴城。[4]四年冬，范延光將謀納款，尚或遲留，處讓首入其城，以禍福諭之，延光乃降，[5]以功加檢校太傅。

[1]宣徽北院使：官名。唐始置。宣徽北院的長官。初用宦官，五代以後改用士人。與宣徽南院使通掌內諸司及三班內侍之名籍，郊祀、朝會、宴享供帳之儀，檢視內外進奉名物。參見王永平《論唐代宣徽使》，《中國史研究》1995 年第 1 期；王孫盈政《再論唐代的宣徽使》，《中華文史論叢》2018 年第 3 期。　“及高祖舉義”至“宣徽北院使”：亦見《宋本冊府》卷七六六《總錄部·攀附門二》。

[2]宣徽南院使：官名。唐始置。宣徽南院的長官。初用宦官，五代以後改用士人。與宣徽北院使通掌內諸司及三班內侍之名籍，郊祀、朝會、宴享供帳之儀，檢視內外進奉名物。參見王永平《論唐代宣徽使》、王孫盈政《再論唐代的宣徽使》。　“天福二年”至“充宣徽南院使”：《輯本舊史》卷七六《晉高祖紀二》繫此事於天福二年（937）十月壬午。《輯本舊史》卷七七《晉高祖紀三》天福三年九月丙寅條：“遣宣徽南院使劉處讓權知魏府軍府事。”

[3]黎陽：縣名。治所在今河南浚縣。

[4]“會張從賓”至“同攻鄴城”：《新五代史》卷四七《劉處讓傳》：“已而副招討使張從賓叛于河陽，處讓分兵擊破從賓。還，與光遠攻鄴，逾年不能下。”

[5]“四年冬”至“延光乃降”：中華書局本有校勘記：“四年冬，《冊府》卷四二六同，本書卷七七《晉高祖紀三》、《通鑑》卷二八一繫其事於天福三年。”范延光歸降時間有兩説：《通鑑》卷二八一繫此事於天福三年（938）九月。《宋本冊府》繫此事於天福四年冬，卷三六〇《將帥部·立功門一三》：“劉處讓爲左監門衛上將軍，充宣徽南院使。天福二年，范延光據鄴城叛，命宣武軍節度楊光遠、前靈武節度張從賓等討之。時處讓奉詔與光遠同參議軍政，從賓行次河陽，密與延光連結，以兵南入洛京，東抵成皋，將犯梁城，謀爲大逆。處讓奉詔自黎陽分兵討襲，從賓平，復又與楊光遠攻鄴。四年冬，范延光將謀納款，尚竊疑留。處讓親入，以禍福諭之，乃決歸命。以功轉檢校太傅。”亦見明本《冊府》卷四二六《將帥部·招降門》。《輯本舊史》卷七五至卷七八唐、晉兩朝

本紀有詳細準確之記載，可印證《通鑑》之説。《新五代史》卷五
一《范延光傳》亦明言三年九月使謁者入魏數延光，延光乃降。
《册府》誤。《新五代史》卷五一：“及致仕居京師……歲餘，使宣
徽使劉處讓載酒夜過延光，謂曰：‘上遣處讓來時，適有契丹使至，
北朝皇帝問晉魏博反臣何在？恐晉不能制，當鎖以來，免爲中國後
患。’延光聞之泣下，莫知所爲。處讓曰：‘當且之洛陽，以避契丹
使者。’延光曰：‘楊光遠留守河南，吾之仇也。吾有田宅在河陽，
可以往乎？’處讓曰：‘可也。’乃挈其帑歸河陽，其行輜重盈路，
光遠利其眥，果圖之。”

　　先是，桑維翰、李崧兼充樞密使，[1]處讓以莊宗已
來樞密使罕有宰臣兼者，因萌心以覬其位。[2]及楊光遠
討伐鄴城，軍機大事，高祖每命處讓宣達。時光遠恃軍
權，多有越體論奏，高祖依違而已，光遠慊之，頻與處
讓宴語及之，處讓訴曰：“非聖旨也，皆出維翰等意。”
及楊光遠入朝，[3]遂於高祖前面言執政之失，高祖知其
故，不得已乃罷維翰等，以處讓爲樞密使。[4]時處讓每
有敷奏，高祖多不稱旨，會處讓丁繼母憂，高祖因議罷
樞密使，其本院庶事並委宰臣分判。[5]處讓居喪期年，
起復，[6]授彰德軍節度使、相澶衛等州觀察處置等使。[7]

　　[1]桑維翰：人名。洛陽（今河南洛陽市）人。五代後唐進
士，後晉宰相、樞密使。傳見本書卷八九、《新五代史》卷二九。
　李崧：人名。深州饒陽（今河北饒陽縣）人。五代後晉宰相，歷
仕後唐至後漢。傳見本書卷一〇八、《新五代史》卷五七。　樞密
使：官名。樞密院長官。五代時以士人爲之，備顧問、參謀議，出
納詔奏，權侔宰相。參見李全德《唐宋變革期樞密院研究》，國家

圖書館出版社 2009 年版。

[2]“先是”至“因萌心以覬其位”：中華書局本有校勘記：“‘萌’，原作‘盟’，據劉本改。”《新五代史》卷四七《劉處讓傳》：“唐制，樞密使常以宦者爲之，自梁用敬翔、李振，至莊宗始用武臣，而權重將相。高祖時，以宰相桑維翰、李崧兼樞密使，處讓與諸宦者心不平之。”

[3]及楊光遠入朝：《通鑑》卷二八一天福三年（938）九月庚午條：“楊光遠表乞入朝，命劉處讓權知天雄軍府事。”胡注：“楊光遠之討范延光也，制令兼知天雄軍行府事。延光既降而光遠請入朝。時劉處讓奉詔入魏諭降延光，因使之權知軍府。”

[4]以處讓爲樞密使：《新五代史》卷八《晋高祖紀》繫此事於天福三年九月。《通鑑》卷二八一天福三年十月戊子條：“初，郭崇韜既死，宰相罕有兼樞密使者。帝即位，桑維翰、李崧兼之，宣徽使劉處讓及宦官皆不悦。楊光遠圍廣晋，處讓數以軍事銜命往來，光遠奏請多踰分，帝常依違，維翰獨以法裁折之。光遠對處讓有不平語，處讓曰：‘是皆執政之意。’光遠由是怨執政。范延光降，光遠密表論執政過失；帝知其故而不得已，加維翰兵部尚書，崧工部尚書，皆罷其樞密使；以處讓爲樞密使。”《通鑑考異》：“竇貞固《晋少帝實録》及《薛史·劉處讓傳》云：‘楊光遠入朝，遂於高祖前面言執政之失；乃罷維翰等樞密使，以處讓爲之。’《楊光遠傳》云：‘范延光降，光遠面奏維翰擅權；高祖以光遠方有功於國，乃出維翰領安陽，光遠爲西京留守。’今按《晋高祖實録》，天福三年十月壬辰，維翰、崧罷樞密使。庚子，光遠始入朝，對於便殿；十一月戊申，光遠爲西京留守。天福四年閏七月壬申，維翰出爲相州節度使。蓋《處讓、光遠傳》之誤。《晋少帝實録》及《薛史·桑維翰傳》敘光遠鎮洛陽，後疏維翰出相州，是也。”

[5]“時處讓每有敷奏”至“並委宰臣分判”：《通鑑》卷二八二天福四年四月甲申條：“及劉處讓爲樞密使，奏對多不稱旨。會處讓遭母喪，甲申，廢樞密院，以印付中書，院事皆委宰相分判。”

明本《冊府》卷三三三《宰輔部・罷免門二》繫此事於晉高祖天福四年四月。

[6]起復：官吏服喪未滿而再起用。

[7]彰德軍：方鎮名。治所在相州（今河南安陽市）。　相：州名。治所在今河南安陽市。　衛：州名。治所在今河南衛輝市。

觀察處置使：官名。即觀察使之全稱。唐代後期出現的地方軍政長官。唐玄宗開元二十一年（733）置十五道採訪使，唐肅宗乾元元年（758）改爲觀察使。無旌節，故地位低於節度使。掌一道州縣官的考績及民政。　"處讓居喪"至"觀察處置等使"：中華書局本有校勘記："'相'字原闕，據《冊府》卷六七七補。"見《宋本冊府》卷六七七《牧守部・能政門》。《輯本舊史》卷七九《晉高祖紀五》天福五年三月："己卯，以前樞密使劉處讓爲相州節度使。"

處讓勤於公務，孜孜求理，撫馭吏民，不至苛察，人甚便之。[1]高祖幸鄴都，處讓竭家財貢奉，至於薪炭膏沐之細，悉供億焉。六年，除右金吾衛上將軍，處讓自以嘗經重任，又歷方鎮，謂其入朝必重要職，一旦除授金吾，有所不足。少帝即位之初，處讓與宰臣言，有協翼之論，覃恩之際，又未擢用。一日至中書，宰臣馮道、趙瑩、李崧、和凝在列，[2]處讓因酒酣，歷詆諸相，道笑而不答。月餘稱病。八年，從駕歸汴，寄居於封禪寺，[3]遇疾而卒，年六十三。贈太尉，再贈太師。[4]

[1]"處讓勤於公務"至"人甚便之"：見明本《冊府》卷四一七《將帥部・強明門》、《宋本冊府》卷六七七《牧守部・能政門》。"撫馭吏民"，中華書局本有校勘記："'撫'字原闕，據《冊

《府》卷四一七、卷六七七補。"

[2]馮道：人名。瀛州景城（今河北滄縣）人。五代時官拜宰相，歷仕後唐、後晋、後漢、後周，亦曾臣服於契丹。傳見本書卷一二六、《新五代史》卷五四。　趙瑩：人名。華州華陰（今陝西華陰市）人。五代後晋宰相。傳見本書卷八九、《新五代史》卷五六。　和凝：人名。鄆州須昌（今山東東平縣）人。五代官員、詞人。歷仕後梁至後周。傳見本書卷一二七、《新五代史》卷五六。

[3]封禪寺：寺名。初建於北齊天保十年（559），名獨居寺。唐玄宗開元十七年（729），詔改爲封禪寺。宋太祖開寶三年（970）改爲開寶寺。今爲河南開封市鐵塔公園。

[4]太師：官名。與太傅、太保合稱三師，唐後期、五代多爲大臣、勳貴加官。正一品。　"遇疾而卒"至"再贈太師"：《輯本舊史》卷八一《晋少帝紀一》天福八年（943）二月丁丑條："右金吾衛上將軍劉處讓卒，贈太尉。"

　　子保勳，仕皇朝，位至省郎。[1]《永樂大典》卷九千九百九。[2]

[1]子保勳，仕皇朝，位至省郎：《宋史》卷二七六有《劉保勳傳》。

[2]《大典》卷九九〇九爲"嚴"字韻"華嚴經（九五）"事目，與本傳無涉，應爲卷九〇九九"劉"字韻"姓氏（二七）"事目。

　　李瓊

　　李瓊，字隱光，滄州饒安人也。[1]少籍本軍爲騎士，莊宗平河朔，隸明宗麾下，漸升爲小校。同光二年，明宗受詔，以本部兵送糧入薊門，[2] 時高祖從行，至涿州與虜相遇，[3] 高祖陷於圍中。瓊顧諸軍已退，密牽高祖鐵衣，指東而遁。至劉李河，[4] 爲虜所襲，瓊浮水先至南岸，高祖至河中，馬倒，順流而下，瓊以所執長矛援高祖出之，[5] 又以所跨馬奉高祖，瓊徒步護之，奔十餘里，乃入涿州。高祖薦于明宗，明宗賞之，尋超授軍職。

[1] 饒安：縣名。治所在今河北鹽山縣西南。

[2] 薊門：據中華書局本有校勘記，宗文本、本書卷九〇《李承約傳》作“薊州”，當是。薊州，州名。治所在今天津市薊州區。

[3] 涿州：州名。治所在今河北涿州市。

[4] 劉李河：水名。一作“琉璃河”。位於今北京市房山區。《輯本舊史》之影庫本粘籤：“劉李河，《通鑑》作琉璃河。考《薛史》前後作劉李，蓋地名多用對音，今仍其舊。”《通鑑》未見。《新五代史》卷四七《李瓊傳》亦作劉李河。

[5] 瓊以所執長矛援高祖出之：中華書局本有校勘記：“‘援’，原作‘授’，據劉本、彭校、《册府》卷一七二、《新五代史》卷四七《李瓊傳》改。影庫本批校：‘授高祖出之，“授”當作“援”。’”見《宋本册府》卷一七二《帝王部·求舊門二》。《輯本舊史》因忌清諱，改“虜”作“敵”，今回改。《新五代史》卷四七：“同光二年，契丹犯塞。明宗出涿州，遇契丹，與戰不勝，諸將各稍引去，而晉高祖獨戰不已。”

同光末，明宗討趙在禮於鄴。[1] 鄴軍既變，明宗退至魏縣，[2] 遣高祖以騎士三百疾趨汴州。時莊宗遣騎將西方鄴守其城，[3]高祖憂之，使瓊以勁兵突封丘門而入，[4]高祖踵之，鄴尋歸命，浚郊遂定。[5]及高祖領陝州，奏補雲騎指揮使，俄改侍衛牙隊指揮使。長興中，從高祖討東川，[6]至劍州，[7]使瓊以部下兵破賊軍數千，身中重創，軍還，改龍武指揮使。清泰中，屯雲州，累擒獲契丹人馬，以功改右捧聖軍指揮使。唐末帝以瓊元事高祖，乃自寨下移授單州馬步軍副指揮使。

[1]趙在禮：人名。涿州（今河北涿州市）人。五代後唐、後晉將領。傳見本書卷九〇、《新五代史》卷四六。

[2]魏縣：縣名。治所在今河北魏縣。

[3]西方鄴：人名。定州滿城（今河北保定市滿城區）人。五代後唐將領。傳見本書卷六一、《新五代史》卷二五。

[4]封丘門：五代後梁都城開封（今河南開封市）北墻西門。

[5]“時莊宗遣騎將”至“浚郊遂定”：《通鑑》卷二七四天成元年（926）三月壬午條：“先是，帝遣騎將滿城西方鄴守汴州；石敬瑭使裨將李瓊以勁兵突入封丘門，敬瑭踵其後，自西門入，遂據其城。西方鄴請降。”

[6]東川：指劍南東川節度使，簡稱東川。唐至德二載（757）分劍南節度使東部地區置劍南東川節度使，治所在梓州（今四川三臺縣）。

[7]劍州：州名。治所在今四川劍閣縣。

高祖即位，補護聖都虞候，[1]又念疇昔輟馬導護之力，前後所賜金帛甚厚，但未升爵位，瓊亦鬱鬱然。久之，領橫州刺史。[2]五年，出典申州，[3]微有政聲。少帝嗣位，入爲殿前散員都指揮使，遙領雷州，[4]俄遷棣州刺史。遇楊光遠以青州叛，自統本部兵攻其城，且以書誘瓊，瓊固拒之，[5]以書上進，朝廷嘉之。開運二年，改洺州團練使，累官至加檢校司空。三年，授護聖右廂都指揮使，領岳州團練使。[6]時洺州吏民列狀保留，[7]朝廷不允。及杜重威降敵，改授瓊威州刺史。行及鄭州，遇群盜攻郡，與方太禦賊，中流矢而卒，年六十五。[8]《永樂大典》卷一萬三百四十。[9]

[1]都虞候：原作"都指揮使"。中華書局本有校勘記："都指揮使，《册府》卷一七二、《新五代史》卷四七《李瓊傳》作'都虞候'。按本卷下文李瓊開運三年方遷護聖右廂都指揮使。"據改。見《宋本册府》卷一七二《帝王部·求舊門二》。

[2]横州：州名。治所在今廣西横縣。

[3]申州：州名。治所在今河南信陽市。 出典申州：《新五代史》卷四七《李瓊傳》作"拜相、申二州刺史"。

[4]雷州：州名。治所在今廣東雷州市。

[5]瓊固拒之：中華書局本有校勘記："'固'，原作'因'，據《册府》卷六八六改。"見《宋本册府》卷六八六《牧守部·忠門二》。《輯本舊史》卷八二《晋少帝紀二》開運元年（944）二月："壬戌，楊光遠率兵圍棣州，刺史李瓊以州兵擊之，棄營而遁。"《通鑑》卷二八四開運元年二月壬戌條："楊光遠圍棣州，刺史李瓊出兵擊敗之，光遠燒營走還青州。"

[6]岳州：州名。治所在今湖南岳陽市。

[7]時洺州吏民列狀保留：中華書局本有校勘記："'保留'，孔本作'舉留'。"

[8]"及杜重威降敵"至"年六十五"：《輯本舊史》卷九四《方太傳》："契丹犯闕，僞命遥領洋州節度使，充洛京巡檢，與前洺州團練使李瓊俱至鄭州……時有嵩山賊帥張遇……以其衆攻鄭

州，太與李瓊擊之，賊衆敗走，瓊中流矢而死。"《新五代史》卷四七："晋亡，契丹入京師，以瓊爲威州刺史，行至鄭州，遇盜見殺。"

[9]《大典》卷一〇三四〇爲"里"字韻，與本傳無涉，應爲卷一〇三九〇"李"字韻"姓氏（三五）"事目。

高漢筠

高漢筠，字時英，齊州歷山人也。[1]曾祖詣，嘗爲是邑令，故家焉。漢筠少好書傳，嘗詣長白山講肆，會唐末齊、魯交兵，梁氏方霸，乃擲筆謁焉。尋納於軍門，未幾，出爲衛州牙校。唐天祐中，莊宗入魏，分兵諭其屬郡，時漢筠以利病説衛之牧守，俾送款於莊宗，以漢筠爲功，尋移洺州都校。[2]其後改常山爲北京，[3]以漢筠爲皇城使，[4]加檢校兵部尚書、左驍衛將軍同正。明宗即位，除成德軍節度副使，[5]俄以荆門用軍，[6]促詔漢筠移倅襄州，[7]權知軍州事。長興中，歷曹、亳二州刺史，[8]秩滿，加檢校司徒，行左金吾衛大將軍。

[1]歷山：縣名。治所在今山東鄆城縣。

[2]尋移洺州都校：中華書局本有校勘記："洺州，原作'洺州'，據殿本、劉本、邵本校改。"亦見《宋本册府》卷七六六《總録部·攀附門二》。

[3]常山：即鎮州，治所在今河北正定縣。

[4]皇城使：官名。唐末始置，爲皇城司長官，一般由君主的親信充任，以拱衛皇城。

[5]成德軍：方鎮名。治所在鎮州（今河北正定縣）。　節度

副使：官名。唐、五代方鎮屬官。位於行軍司馬之下、判官之上。

[6]荆門：地名。位於今湖北中部。

[7]襄州：州名。治所在今湖北襄陽市。

[8]曹：州名。治所在今山東曹縣。　歷曹、亳二州刺史：《宋本册府》卷六九〇《牧守部·强明門》：“晋高漢筠爲曹州刺史，以勾吏積欺在己，妄擾封民，民去者半。漢筠鞫而得情，殺吏於廷。民不踰月，呼，尋，比户歌之。”

　　清泰末，高祖建義於河東，唐末帝遣晋昌節度使張敬達率師圍太原，[1]委漢筠巡撫其郡。及敬達遇害，節度副使田承肇率部兵攻漢筠於府署，[2]漢筠乃啓關延承肇，謂曰：“僕與子俱承朝寄，而相迫何甚？”承肇曰：“我欲扶公爲節度使。”漢筠曰：“老夫耄矣，不敢首爲亂階，死生繫子籌之。”承肇目左右令前，諸軍投刃於地，曰：“高金吾累朝宿德，不可枉殺。”承肇以衆意難拒，遂謝云：“與公戲耳！”遂與連騎以還。[3]高祖入洛，飛詔征之，遇諸途，乃入覲，尋遷左驍衛大將軍、内客省使。天福三年正月，遘疾，終東京之私第，時年六十六。

　　[1]晋昌：方鎮名。治所在京兆府（今陝西西安市）。五代後晋改永平軍置晋昌軍，後漢改爲永興軍。　張敬達：人名。代州（今山西代縣）人。五代後唐將領。傳見本書卷七〇、《新五代史》卷三三。

　　[2]田承肇：人名。籍貫不詳。五代藩鎮軍閥。事見本書本卷。

　　[3]遂與連騎以還：中華書局本有校勘記：“殿本、孔本作‘漢筠促騎以還’，《册府》卷三七四作‘漢筠遂促騎以還’。”《輯本舊

史》卷七六《晋高祖紀二》天福二年（937）十月壬午條："以左金吾衛大將軍高漢筠爲左驍衛大將軍，充内客省使。"《通鑑》卷二八〇天福元年閏十一月甲戌條："漢筠歸洛陽，帝遇諸塗，曰：'朕憂卿爲亂兵所傷，今見卿甚喜'。"《宋本册府》卷三七四《將帥部·忠門五》："清泰末，高祖建義，朝廷詔遣晋州張敬達屯於太原，委漢筠巡撫其郡。俄以漢筠爲契丹所敗，敬達繼死之。"又："及入覲，高祖曰：'朕恐倉卒之際，濫致傷害。今見卿面，深所喜也。'尋，遷左驍衛大將軍、内客省使。"

　　漢筠性寬厚，儀容偉如也。雖歷戎職，未嘗有非法之言出於口吻，多慕士大夫所爲，復以清白自負。在襄陽，有孽吏常課外獻白金二十鎰，漢筠曰："非多納秣麰，[1]則刻削闤闠，[2]吾有正俸，此何用焉！"因戒其主者不得復然，[3]其白金皆以狀上進，有詔嘉之。及蒞濟陰，[4]部民安之，四邑飯僧凡有萬八千人。[5]在亳州三年，[6]歲以己俸百千代納逋租，斯亦近代之良二千石也。[7]

　　[1]秣（lái）麰（móu）：古時對麥子類穀物的統稱。
　　[2]闤（huán）闠（huì）：古時對街道的統稱。
　　[3]因戒其主者不得復然：中華書局本有校勘記："'得'字原闕，據《册府》卷六七九補。"見《宋本册府》卷六七九《牧守部·廉儉門九》。
　　[4]濟陰：地名。位於今山東曹縣西北。
　　[5]飯僧：中國古代佛教信徒善舉的一種，通過向僧侶提供齋飯以祈福。
　　[6]亳州：州名。治所在今安徽亳州市。

[7]"在亳州三年"至"良二千石也":《宋本册府》卷六七五《牧守部·仁惠門》:"晋高漢筠爲亳州刺史,有逃死百姓,虚繫税錢二百緡,計司累訴不蠲,歲使鄰伍代納。漢筠在任三年,以己俸輸之。其惠恤多如此類。""刺史"誤作"刺州",據明本改。

長子貞文,仕皇朝,爲開封少尹,卒。[1]《永樂大典》卷五千五百三十八。[2]

[1]"長子貞文"至"卒":《宋本册府》卷八一七《總録部·訓子門二》:"晋高漢筠在常山,嘗戒其子曰:'吾遊歷多矣,觀風俗淳厚,以經術相尚,罕得如此地者。教子訓孫,可爲終焉之計。'因負郭鑿荒爲田,種樹成圃。凡議婚嫁,必接士人。竟葬於常山,從其欲也。漢筠官至左驍衛大將軍,内客省使。"

[2]《大典》卷五五三八"高"字韻"姓氏"事目。

孫彦韜

孫彦韜,字德光,汴州浚儀人也。[1]少以勇力應募從軍。梁祖之兼領四鎮,擢彦韜於行間,歷諸軍偏校。及唐莊宗與梁軍對壘於河上,彦韜知梁運將季,乃間行渡河,北歸莊宗,莊宗嘉而納之,授親從右廂指揮使。[2]及莊宗平梁,出爲晋州長步都校,[3]加檢校兵部尚書。天成初,遷綿州刺史、檢校尚書左僕射,[4]至郡踰年,以考課見稱,就加檢校司空。長興、清泰中,歷密、沂、濮三州刺史,[5]累官至檢校太保,賜竭忠建策興復功臣。高祖即位,復授密州刺史,尋卒于任,年六十四。彥韜出於軍旅，植性和厚，理綿州日，甚著綏懷之譽，故有賞典旌焉。^[6]在濮陽，屬清泰末，群寇入郡，郡人大擾，彥韜率帳下百人，一呼破之，人皆感之。^[7]但不能守廉養正，以終令譽。長興中，罷密州赴闕，苞苴甚厚。起甲第於洛陽，踰月而成，華堂廣廡，亞王公之家，見者嗤之。故淹翔五郡，位不及廉察，抑有由也。《永樂大典》卷一萬八千一百三十二。^[8]

[1]汴州：州名。治所在今河南開封市。　浚儀：縣名。治所在今河南開封市。

[2]"少以勇力"至"右廂指揮使"：《宋本册府》卷一六六《帝王部·招懷門四》："孫彥韜，字德光，少以勇力聞於鄉里。唐末，朱氏將圖革命，兼領四鎮，擢彥韜於伍卒，歷諸軍校偏。及朱氏僭竊軍鋒，屢爲莊宗所敗，彥韜北屯河上，知大事不濟，乃間行由官渡委質來歸，帝喜而納之，授親從定捷右廂指揮使。"

[3]晉州：州名。治所在今山西臨汾市。

[4]綿州：州名。治所在今四川綿陽市。

[5]密：州名。治所在今山東諸城市。　沂：州名。治所在今山東臨沂市。　濮：州名。治所在今山東鄄城縣。

[6]"彥韜出於軍旅"至"故有賞典旌焉"：《宋本册府》卷六七三《牧守部·褒寵門二》："孫彥韜爲密州刺史。彥韜出於軍旅，植性和厚，理綿黏以首爲竹使，甚著綏懷之譽。及卒，故有賞典旌焉。"

[7]"在濮陽"至"人皆感之"：亦見《宋本册府》卷六九四《牧守部·武功門二》、卷六九五《牧守部·屏盜門》。

[8]《大典》卷一八一三二"將"字韻"後晉將（三）"事目。

王傳拯

王傳拯,[1]吳江人也。[2]父縮,僞虔州節度使。[3]傳拯初事楊溥,[4]爲黑雲右厢都指揮使,領本軍戍海州。[5]唐長興元年,傳拯殺海州刺史陳宣,[6]焚州城,以所部兵五千人來歸。[7]明宗喜而納之,授金紫光禄大夫、檢校司徒、曹州刺史,尋移濮州。清泰中,遷貝州防禦使,秩滿有代,會范延光叛,以兵要傳拯入魏城,疑而不用。延光降,高祖授傳拯諸衛將軍,出爲寧州刺史。[8]境接蕃部,以前弊政滋章,民甚苦之,傳拯自下車,除去弊政數十件,百姓便之。不數月,移刺虢州。[9]離寧州日,衙門聚數千人,拆橋遮道以留之。及赴虢略,[10]爲理清静,蒸民愛戴如寧州焉。[11]開運中,歷武州刺史,[12]受代歸洛,遇疾卒。傳拯家本多財,尤好賓客,及歷數郡,不事生産,將即世,甚貧匱,物論惜之。《永樂大典》卷六千五百二十。[13]

[1]王傳拯:中華書局本有校勘記:"原作'王傅拯',據《永樂大典》卷六八五〇引《五代薛史》、本書卷四一《唐明宗紀七》、《册府》(宋本)卷六七七、《通鑑》卷二七七改。本書各處同。影庫本粘籤:'王傳拯,《歐陽史》作"傳極",考《通鑑》俱作"拯",今仍其舊。'今檢《新五代史》卷六《唐本紀》作'王傳極'。"《輯本舊史》卷四一《唐明宗紀七》長興元年(930)八月戊申條、《通鑑》卷二七七長興元年八月己亥條並作"王傳拯"。《新五代史》卷六《唐明宗紀》長興元年八月戊申條、《宋本册府》卷一六六《帝王部·招懷門四》長興元年九月條、明本《册府》

卷六七七《牧守部·能政門》並作“王傳極”。明本《册府》卷六八九作“王傳拯”。

[2]吳江：縣名。治所在今江蘇蘇州市吳江區。

[3]虔州：州名。治所在今江西贛州市贛縣區。

[4]楊溥：人名。楊行密第四子，五代十國吳國君主。傳見本書卷一三四、《新五代史》卷六一。

[5]海州：州名。治所在今江蘇連雲港市海州區。

[6]陳宣：人名。籍貫不詳。五代十國吳國將領。事見本書卷四一。

[7]“唐長興元年”至“五千人來歸”：《輯本舊史》卷四一長興元年八月戊申條：“兗州奏：‘淮南海州都指揮使王傳拯殺本州刺史陳宣，焚燒州城，以所部兵士及家口五千人歸國，至沂州。’帝遣使慰納之。”《新五代史》卷六長興元年八月戊申條：“海州將王傳極殺其刺史陳宣，叛于吳來降。”《通鑑》卷二七七長興元年八月己亥條：“吳徐知誥以海州都指揮使王傳拯有威名，得士心，值團練使陳宣罷歸，知誥許以傳拯代之；既而復遣宣還海州，徵傳拯還江都。傳拯怒，以爲宣毀之。己亥，帥麾下入辭宣，因斬宣，焚掠城郭，帥其衆五千來奔。知誥曰：‘是吾過也。’免其妻子。漣水制置使王巖將兵入海州，以巖爲威衛大將軍，知海州。傳拯，縮之子也。其季父興爲光州刺史。傳拯遣間使持書至光州，興執之以聞，因求罷歸。知誥以興爲控鶴都虞候。時，政在徐氏，典兵宿衛者尤難其人，知誥以興重厚慎密，故用之。”《宋本册府》卷一六六：“長興元年九月，淮南降將海州馬步軍都指揮使王傳極率黑雲都兵士七百三十五人見于內殿，各賜鞍馬、衣段、錢帛、袍帶有差。”

[8]寧州：州名。治所在今甘肅寧縣。

[9]虢州：州名。治所在今河南靈寶市。

[10]虢略：略，境界。虢略，指虢國的境界。位於今河南嵩縣西北。

[11]“延光降”至“蒸民愛戴如寧州焉”：亦見於明本《册

府》卷六七七、卷六八九。

[12]武州：州名。治所在文德縣（今河北張家口市宣化區）。

[13]《大典》卷六五二〇爲"莊"字韻"莊公（三九）"事目，與本傳無涉，實爲卷六八五〇"王"字韻"姓氏"事目。此卷現存。

祕瓊

祕瓊，鎮州平山人也。[1]父弘遇，[2]以善射歷本軍偏校，累官至慶州刺史。瓊亦有勇。清泰中，董溫琪爲鎮州節度使，[3]擢瓊爲衙内指揮使，[4]倚以腹心。及溫琪陷蕃，瓊乃害溫琪之家，載其屍，都以一坎瘞之。溫琪在任貪暴，積鏹巨萬，瓊悉輦之，以藏其家，遂自稱留後。高祖即位，遣安重榮代之，[5]授瓊齊州防禦使。時重榮與蕃帥趙思温同行，[6]部曲甚衆，[7]瓊不敢拒命，尋橐其奇貨，由鄴中以赴任。[8]先是，鄴帥范延光將謀叛，遣牙將范鄴持書搆瓊，[9]瓊領書不答。使者還，具達其事，延光深忿之。及聞瓊過其境，密使精騎殺瓊于夏津，[10]以滅其口，一行金寶侍伎，皆爲延光所有，由是延光異志益露焉。[11]《永樂大典》卷一萬二千八百六十六。[12]

[1]鎮州：州名。治所在今河北正定縣。　平山：縣名。治所在今河北平山縣。

[2]父弘遇："弘"字原無，據《宋本册府》卷八九九《總録部・致政門》補，當爲輯者避清乾隆帝弘曆諱所刪。

[3]董溫琪：《輯本舊史》卷九七《范延光傳》、《通鑑》卷二八○天福元年（936）十二月條、《宋本冊府》卷九四三《總錄部·不誼門》並作"董溫琪"，《新五代史》卷五一《范延光傳》、《宋本冊府》卷四五五《將帥部·貪黷門》並作"董溫其"。此事亦見於《通鑑》卷二八○天福元年十二月條、明本《冊府》卷四五五《將帥部·貪黷門》。《輯本舊史》卷七六《晋高祖紀二》天福元年十二月癸巳條："鎮州衙内都虞候祕瓊作亂，逐副使李彦琦，殺都指揮使胡章。"《通鑑》卷二八○天福元年十二月癸巳條"自稱留後"後有"表稱軍亂"四字。《新五代史》卷八《晋高祖紀》天福元年十二月癸巳條："鎮州牙内都虞候祕瓊逐其節度副使李彦琦。"《宋本冊府》卷九四三："溫琪爲幽州連帥趙德鈞所奏，同赴太原之役，軍敗没蕃。"

[4]衙内指揮使：官名。唐、五代時期節度使府衙内之牙將，統最親近衛兵。中華書局本有校勘記："'使'字原闕，據《冊府》卷四五五、卷九四三補。"見《宋本冊府》卷四五五、卷九四三。

[5]安重榮：人名。朔州（今山西朔州市朔城區）人。五代後唐、後晋將領。傳見本書卷九八、《新五代史》卷五一。

[6]趙思温：人名。盧龍（今河北盧龍縣）人。原爲五代後唐將領，官至平州刺史，兼平、營、薊三州都指揮使。後降遼，從伐渤海，爲漢軍團練使。遼太宗時，以功擢檢校太保，歷任保静、盧龍、臨海軍節度使。傳見《遼史》卷七六。

[7]部曲：遼對奴隸、農奴的稱謂。

[8]"高祖即位"至"由鄆中以赴任"：《通鑑》卷二八一天福二年正月乙卯條："詔以前北面招收指揮使安重榮爲成德節度使，以祕瓊爲齊州防禦使，遣引進使王景崇諭瓊以利害。重榮與契丹將趙思温偕如鎮州，瓊不敢拒命。"

[9]范鄴：人名。籍貫不詳。五代藩鎮軍官。事見本書本卷。

[10]夏津：縣名。治所在今山東夏津縣。

[11]"先是"至"延光異志益露焉"：《輯本舊史》卷七六天

福二年正月丙寅條：“魏府范延光奏：‘當管夏津鎮捕賊兵士，誤殺却新齊州防禦使祕瓊。’初，延光將萌異志，使人潛結於瓊，諾之。及是，以瓊背其謀，密使精騎殺之。由是，延光反狀明矣。”《新五代史》卷八天福二年正月丁卯條：“天雄軍節度使范延光殺齊州防禦使祕瓊。”卷五一《范延光傳》：“晋高祖入立，以瓊爲齊州防禦使，橐其貲裝，道出于魏。延光陰遣人以書招之，瓊不納，延光怒，選兵伏境上，伺瓊過，殺之于夏津，悉取其貨，以戍遷者惧殺聞。由是，高祖疑其必爲亂，乃幸汴州。”《通鑑》卷二八一天福二年正月：“唐潞王素與延光善。及趙德鈞敗，延光自遼州引兵還魏州，内不自安，以書潛結祕瓊，欲與之爲亂；瓊受其書不報。延光恨之。瓊將之齊，過魏境，延光欲滅口，且利其貨，遣兵邀之於夏津，殺之。丁卯，延光奏稱夏津捕盜兵誤殺瓊，帝不問。”

[12]《大典》卷一二八六六爲“宋”字韻“高宗（一〇八）”事目，與本傳無涉，應爲卷一三八六六“祕”字韻“姓氏”事目。

李彦珣

李彦珣，邢州人也。少爲郡之牙吏。唐天祐中，明宗鎮其地，彦珣素無檢節，因洽於左右，明宗即位，以爲通事舍人。嘗遣使東川，行至其境，其僕從爲董璋所收，[1]彦珣竄還，以失敬故也。[2]朝廷攻璋，詔授行營步軍都監。[3]彦珣素不孝於父母，在鄉黨絶其供饋，同列惡其鄙惡，旋出爲外任。[4]清泰中，遷河陽行軍司馬，[5]遇張從賓爲亂，因朋助之，從賓敗，奔於魏州。范延光既叛，署爲步軍都監，委以守陴，招討使楊光遠以彦珣見用，欲撓延光而誘彦珣，乃遣人就邢臺訪得其母，[6]令於城下以招之。彦珣識其母，發矢以斃之，見者傷之。

及隨延光出降，授坊州刺史。[7]近臣以彥珣之惡逆奏於高祖，高祖曰：“赦命已行，不可改也。”遂令赴郡，後不知其所終焉。[8]《永樂大典》卷一萬三百八十九。[9]

　　[1]董璋：人名。籍貫不詳。五代後梁、後唐將領。傳見本書卷六二、《新五代史》卷五一。

　　[2]“唐天祐中”至“以失敬故也”：《通鑑》卷二七六繫此事於天成四年（929）五月。亦見明本《册府》卷六六四《奉使部·辱命門》，“僕從”作“從人”。

　　[3]都監：官名。唐代中葉命將出征，常以宦官爲監軍、都監。後爲臨時委任的統兵官，稱都監、兵馬都監。掌屯戍、邊防、訓練之政令。

　　[4]在鄉黨絶其供饋：中華書局本有校勘記：“‘黨’字原闕，據《永樂大典》卷一〇八一四引《五代薛史》補。”今據補。

　　[5]行軍司馬：官名。爲出征將領及節度使的屬官。掌軍籍符伍，號令印信，是藩鎮重要的軍政官員。

　　[6]邢臺：地名。此處代指五代方鎮安國軍，治所在邢州（今河北邢臺市）。

　　[7]坊州：州名。治所在今陝西黃陵縣。　　“彥珣素不孝於父母”至“授坊州刺史”：亦見於《新五代史》卷五一《范延光傳》，《通鑑》卷二八一天福三年（938）九月條。《輯本舊史》卷七七《晉高祖紀三》天福三年九月己巳條：“以天雄軍都監、前河陽行軍司馬李彥珣爲檢校司空、坊州刺史。”《宋本册府》卷一四〇《帝王部·旌表門四》天福二年七月條：“詔曰：‘東都奏留守判官監左藏庫李遹當張從賓作亂之際，遣李彥珣强取錢帛。’”

　　[8]“近臣以彥珣之惡”至“後不知其所終焉”：《輯本舊史》之原輯者案語：“《歐陽史》：‘彥珣後以坐贓誅。’”見《新五代史》卷五一。《宋本册府》卷七〇〇《牧守部·貪黷門》：“晉李彥

珣爲坊州刺史，高祖天福五年十二月，犯枉法贓，特敕免官。彥珣久臨翟道，苛暴不法，結怨所部。宜君縣民唐璘與李婦爭田，彥珣納賄數十萬，曲斷其事。故李婦詣御史府上訴，按詰伏罪，法寺詳斷以奏。敕曰：‘李彥珣頃委分符，不能求瘼，既受贓而枉法，合准律以定刑。特與含弘，聊示懲戒，宜奪一任官，送虢州收管。’”

[9]《大典》卷一〇三八九“李”字韻“姓氏”事目。

史臣曰：昔從簡從莊宗戰於河上，可謂勇矣，及其爲末帝守於孟津，豈得爲忠乎？忠既無聞，勇何足貴！潘環、方太，雖咸負雄幹，而俱殁亂世，蓋方略不足以衛其身故也。何建舉秦、隴之封，附巴、邛之俗，守方之寄，其若是乎！其餘皆儋珪析爵之流也，亦可以垂名於是矣。[1]祕瓊既覆董氏之族，旋爲鄴帥所屠，何報應之速也！惟彥珣忍射其親，殆非人類，晋祖宥之不戮，蓋失刑之甚也。《永樂大典》卷一萬三百八十九。[2]

[1]其餘皆儋珪析爵之流也，亦可以垂名於是矣：中華書局本有校勘記：“‘儋珪析爵’，揚雄《解嘲》作‘析珪儋爵’。‘是’，彭校作‘世’。”

[2]《大典》卷一〇三八九“李”字韻“姓氏”事目。

舊五代史　卷九五

晉書二十一

列傳第十

皇甫遇

皇甫遇，常山人也。[1]父武，流寓太原，嘗爲遮虜軍使。遇少好勇，及壯，虬髯，善騎射。唐明宗在藩時，[2]隸於麾下，累從戰有功。[3]明宗即位，遷龍武都指揮使，[4]遙領嚴州刺史，[5]出討東川，[6]爲行營左軍都指揮使。應順、清泰中，[7]累歷團練、防禦使，[8]尋遷鄧州節度使。[9]所至苛暴，以誅斂爲務，其幕客多私去，以避其累。

[1]常山：即鎮州，治所在今河北正定縣。《舊五代史考異》："《歐陽史》作常山真定人。"見《新五代史》卷四七《皇甫遇傳》。《通鑑》卷二七八清泰元年（934）正月甲申條作真定人。

[2]唐明宗：即五代後唐明宗李嗣源。沙陀部人。原名邈佶烈，

李克用養子。926 年至 933 年在位。紀見本書卷三五至卷四四、《新五代史》卷六。

　　[3]"唐明宗在藩時"至"累從戰有功"：《新五代史》卷四七："少從唐明宗征伐。"

　　[4]龍武都指揮使：官名。所部統兵將領。龍武爲五代禁軍番號。

　　[5]嚴州：州名。治所在今廣西來賓市興賓區。　刺史：官名。漢武帝時始置。州一級行政長官。總掌考覈官吏、勸課農桑、地方教化等事。唐中期以後，節度、觀察使轄州而設，刺史爲其屬官，職任漸輕。從三品至正四品下。

　　[6]東川：方鎮名。治所在梓州（今四川三臺縣）。

　　[7]應順：五代後唐閔帝李從厚年號（934）。　清泰：五代後唐廢帝李從珂年號（934—936）。

　　[8]團練使：官名，唐代中期以後，於不設節度使的地區設團練使，掌本區各州軍事。　防禦使：官名。唐代始置，設有都防禦使、州防禦使兩種。常由觀察使或刺史兼任，實際上爲唐代後期方鎮或州的軍政長官。

　　[9]鄧州：州名。治所在今河南鄧州市。　節度使：官名。唐時在重要地區所設掌握一州或數州軍、民、財政的長官。　"明宗即位"至"尋遷鄧州節度使"：《輯本舊史》卷四五《唐閔帝紀》應順元年（934）正月甲申條："以嚴衛左右厢都指揮使、巖州刺史皇甫遇爲忠正軍節度使，檢校太保，充侍衛步軍都指揮使。"卷四六《唐末帝紀》清泰元年（934）六月甲午條："以侍衛步軍都指揮使、壽州節度使皇甫遇爲鄧州節度使。"《通鑑》卷二七八清泰元年正月甲申條："朱弘昭、馮贇忌侍衛馬軍都指揮使安彥威，侍衛步軍都指揮使、忠正節度使張從賓。甲申，出彥威爲護國節度使，以捧聖馬軍都指揮使朱洪實代之；出從賓爲彰義節度使，以嚴衛步軍都指揮使皇甫遇代之。"

　　高祖入洛，[1]移領中山，[2]俄聞與鎮州安重榮爲婚家，[3]乃移鎮上黨，[4]又改平陽，[5]咸以憸人執事，政事隳紊。及鎮河陽，[6]部内創別業，開畎水泉，以通溉灌，所經墳墓悉毀之，部民以朝廷方姑息郡帥，[7]莫之敢訴。少帝即位，[8]罷歸闕下。元年，[9]虜南寇，從至澶州，[10]戰於鄆州北津，[11]虜衆大敗，溺死者數千人，以功拜滑州節度使。[12]

　　[1]高祖：石敬瑭。沙陀部人，太原（今山西太原市）人。五代後晉開國君主。936年至942年在位。在位期間割華北北部幽、雲諸州予契丹。紀見本書卷七五至卷八〇、《新五代史》卷八。

　　[2]中山：地名。此處代指唐末河北方鎮義武軍。治所在定州（今河北定州市）。

　　[3]鎮州：州名。治所在今河北正定縣。　安重榮：人名。朔州（今山西朔州市朔城區）人。五代後唐、後晉將領。傳見本書卷九八、《新五代史》卷五一。

　　[4]上黨：即潞州。治所在今山西長治市。

　　[5]平陽：地名。位於今山西臨汾市。

　　[6]河陽：方鎮名。全稱"河陽三城"。治所在孟州（今河南孟州市）。

　　[7]部民以朝廷方姑息郡帥：中華書局本有校勘記："'郡帥'，《册府》卷四五四、卷六九八作'群帥'。"《宋本册府》卷四五四《將帥部·豪橫門》作"群師"，卷六九八《牧守部·失政門》作"群帥"。《輯本舊史》因忌清諱，删"虜"字，改作"契丹"。今據《宋本册府》卷三六〇《將帥部·立功門一三》、卷三八七《將帥部·襃異門一三》回改。

　　[8]少帝：即唐哀帝李柷。唐昭宗之子。904年至907年在位，年號天祐。爲朱温所殺。紀見《舊唐書》卷二〇下、《新唐書》卷

一〇。

［9］元年：原作“二年”。中華書局本有校勘記：“本書卷八二《晋少帝紀二》、《通鑑》卷二八四皆繫其事於開運元年，《遼史》卷四《太宗紀下》繫其事於會同七年。按會同七年即開運元年。”但未改。見《通鑑》卷二八四開運元年（944）二月戊申條。《遼史》月同，不書日。今據改。《輯本舊史》卷七六《晋高祖紀二》天福元年（936）十二月癸巳條：“鄧州節度使皇甫遇爲定州節度使。”卷七八《晋高祖紀四》天福四年三月癸亥條：“以左龍武統軍皇甫遇爲鎮國軍節度使。”此句中華書局本有校勘記：“朱玉龍《方鎮表》（《五代十國方鎮年表》）：‘按《舊史·高祖、少帝紀》，天福元年十二月，皇甫遇自鄧州移鎮定州；四年七月，由定州徙潞州；五年七月，由潞州改晋州；七年七月，自晋州移河陽；八年三月，自河陽罷歸。兩《五代史·皇甫遇傳》與之略同，亦無鎮華州之説。考《舊史》卷八一《少帝紀一》，天福七年十二月乙丑有“以前華州節度使皇甫立爲左金吾衛上將軍”文，因疑“皇甫遇”或爲“皇甫立”之誤。’”按：此校勘記中，“五年七月”當爲“五年三月”，“七年七月”當爲“七年三月”，“八年三月”當爲“八年七月”。同年七月甲辰條：“以定州節度使皇甫遇爲潞州節度使。”卷七九《晋高祖紀五》天福五年三月癸酉條：“以潞州節度使皇甫遇爲晋州節度使。”卷八〇《晋高祖紀六》天福七年三月丁丑條：“以晋州節度使皇甫遇爲河陽節度使。”卷八一《晋少帝紀一》天福七年十二月丙寅條：“河陽節度使皇甫遇……加爵邑，以山陵充奉之勞也。”卷八二《晋少帝紀二》天福八年七月壬午條：“以前河陽節度使皇甫遇爲右龍武統軍。”同卷開運元年正月庚辰條：“以右神武統軍皇甫遇爲馬軍右厢排陣使。”同年四月癸亥條：“以左龍武統軍皇甫遇爲滑州節度使。”同年五月丁亥條：“以滑州節度使皇甫遇爲行營都虞候。”卷八三《晋少帝紀三》開運元年八月辛丑條：“滑州節度使皇甫遇充馬軍右厢都指揮使。”此句中華書局本有校勘記：“‘馬軍’原作‘馬步軍’，據殿本、孔本、《通鑑》卷二

八四胡注引《薛史》、《册府》卷一二〇改。”見《通鑑》卷二八四開運元年八月辛丑條胡注，明本《册府》卷一二〇《帝王部・選將門二》。《通鑑》卷二八二天福四年七月甲辰條：“義武節度使皇甫遇與重榮姻家，甲辰，徙遇爲昭義節度使。”卷二八三開運元年正月庚辰條：“以右神武統軍皇甫遇爲馬軍右厢排陳使。”卷二八四開運元年二月乙巳條：“遣侍衛馬軍都揮使、義成節度使、李守貞、神武統軍皇甫遇、陳州防禦使梁漢璋、懷州刺史薛懷讓將兵萬人，緣河水陸俱進。”同卷開運二年正月庚子條：“義成節度使皇甫遇將兵趣邢州。”卷二八五開運三年十月辛未條：“義成節度使皇甫遇爲馬軍右厢都指揮使。”《新五代史》卷四七《皇甫遇傳》：“晉高祖時，歷義武、昭義、建雄、河陽四鎮，罷爲神武統軍。契丹入寇，陷貝州。出帝以高行周爲北面行營都部署，遇爲馬軍右厢排陣使。是時，青州楊光遠據城反，出帝乃遣李守貞及遇分兵守鄆州。遇等至馬家渡，契丹方將渡河助光遠，遇等擊敗之，以功拜義成軍節度使、馬軍都指揮使。”明本《册府》卷一一八《帝王部・親征門三》晉少帝天福九年正月乙亥條：“神武統軍皇甫遇爲騎軍右排陣使，懷州刺史薛懷副之。”明本《册府》卷一二〇晉少帝條開運元年八月：“皇甫遇充馬軍右都指揮使。”同卷天福九年條：“神武統軍皇甫遇爲騎軍右排陣使，懷州刺史薛懷讓副之。”

[10]澶州：州名。唐、五代初，治所在今河南清豐縣。後晉天福四年（939），移治於今河南濮陽縣。

[11]鄆州：州名。治所在今山東東平縣。

[12]滑州：州名。治所在今河南滑縣。

二年，[1]虜長率衆屯邯鄲，[2]遇與安審琦、慕容彦超等禦之。[3]遇將渡漳河，[4]契丹前鋒大至，[5]遇引退，轉鬭二十里，至鄴南榆林店。[6]遇謂審琦等曰：“彼衆我寡，走無生路，不如血戰。”遂自辰及未，戰百餘合，所傷甚衆。遇所乘馬中鏑而斃，遇有紀綱杜知敏以馬授遇，[7]遇得馬復戰，久之稍解。顧杜知敏已爲虜所獲，[8]遇謂彦超曰："知敏蒼黃之中，以馬授我，義也，安可使陷於戎賊中！"[9]遂與彦超躍馬取知敏而還，敵騎壯之。俄而生軍復合，遇不能解。時審琦已至安陽河，[10]謂首將張從恩曰：[11]"皇甫遇等未至，必爲敵騎所圍，若不急救，則成擒矣。"從恩曰："敵勢甚盛，[12]無以枝梧，將軍獨往何益？"審琦曰："成敗命也，設若不濟，則與之俱死，假令失此二將，將何面目以見天子！"[13]遂率鐵騎北渡赴之。契丹見塵起，謂救軍併至，乃引去。遇與彦超中數創，得還。時諸軍歎曰："此三人皆猛將也！"遇累官至檢校太師、同中書門下平章事。[14]

[1]二年：原作"三年"。中華書局本有校勘記："本書卷八三《晉少帝紀三》、《新五代史》卷四七《皇甫遇傳》、《通鑑》卷二八四皆繫其事於開運二年。《遼史》卷四《太宗紀下》繫於會同八年。按會同八年即開運二年。"但未改，現據以上諸書改。

[2]虜長：《輯本舊史》原作"契丹"。中華書局本有校勘記："契丹，《册府》卷三七四、卷三九六作'虜長'。"此因輯者忌清諱而改，今據明本《册府》回改。　邯鄲：地名。位於今河北邯鄲市。《輯本舊史》之影庫本粘籤："'邯鄲'，原本作'邯縣'，今從《通鑑》改正。"《通鑑》卷二八四開運二年（945）正月各條記此役甚詳，既未見"邯鄲"，亦未見"邯縣"，但五代無邯縣，邯鄲則數見。

[3]安審琦：人名。沙陀部人。五代將領。歷仕後唐、後晉、後漢、後周。傳見本書卷一二三。　慕容彦超：人名。沙陀部人（一説"吐谷渾部人"）。五代後漢將領，後漢高祖劉知遠同母弟。

傳見本書卷一三〇、《新五代史》卷五三。

[4]漳河：水名。又作“漳水”。即今漳河。有清漳水（今清漳河）、濁漳水（今濁漳河）兩支上源，分別出自今山西長子縣和沁縣，二源至今河南林州市相合，流入河南安陽市北，下游河道屢有變化。

[5]契丹：古部族、政權名。公元4世紀中葉宇文部爲前燕攻破，始分離而成單獨的部落，自號契丹。唐貞觀中，置松漠都督府，以其首領爲都督。唐末强盛，916年迭刺部耶律阿保機建立契丹國（遼）。先後與五代、北宋並立，保大五年（1125）爲金所滅。參見張正明《契丹史略》，中華書局1979年版。

[6]榆林店：地名。即榆林。位於今河北臨漳縣西南。

[7]紀綱：對僕役的一種代稱。 杜知敏：人名。籍貫不詳。皇甫遇僕隸。

[8]顧杜知敏已爲虜所獲：中華書局本從《輯本舊史》，無“虜”字。其校勘記：“‘顧’字原闕，據彭校、《册府》卷三七四、卷三九六、《武經總要後集》卷九補。‘所’，《册府》卷三九六、《武經總要後集》卷九作‘虜’，‘所’上《册府》卷三七四有‘虜’字。”今據《宋本册府》補“虜”字。

[9]安可使陷於戎賊中：中華書局本有校勘記：“‘賊’《册府》卷三七四作‘戎賊’。”但未改，今據改。

[10]安陽河：水名。即恒水。位於今河南安陽市北。

[11]張從恩：人名。并州太原（今山西太原市）人。五代後晉外戚、將領。仕至宋初。傳見《宋史》卷二五四。

[12]敵勢甚盛：中華書局本有校勘記：“‘勢’字原闕，據《册府》卷三九六、《武經總要後集》卷九補。”

[13]將何面目以見天子：《舊五代史考異》：“《通鑑》作‘坐失皇甫太師，吾屬何顔以見天子！’胡三省注云：‘皇甫遇未必加官至太師也，而安審琦以太師稱之，蓋五季之亂，官賞無章，當時相稱謂，不論其品秩，就人臣極品而稱之。’據《薛史》，遇累官至

檢校太師，審琦蓋稱其檢校之官也，胡注似未詳考。”見《通鑑》卷二八四開運二年（945）正月。不論其品秩，《通鑑》胡注作“不復論其品秩”。《新五代史》卷四七：“開運二年，契丹寇西山，遣先鋒趙延壽圍鎮州，杜重威不敢出戰。延壽分兵大掠，攻破欒城、柏鄉等九縣，南至邢州。是時歲除，出帝與近臣飲酒過量，得疾，不能出征，乃遣北面行營都監張從恩會馬全節、安審琦及遇等禦之。從恩等至相州，陣安陽河南，遣遇與慕容彦超率數千騎前視虜。”又：“虜兵與遇戰，自午至未，解而復合，益出生兵，勢甚盛。遇戒彦超曰：‘今日之勢，戰與走爾，戰尚或生，走則死也。等死，死戰，猶足以報國。’”又：“虜望見救兵來，即解去。遇與審琦等收軍而南，契丹亦皆北去。是時，契丹兵已深入，人馬俱乏，其還也，諸將不能追，而從恩率遇等退保黎陽，虜因得解去。”《通鑑》卷二八四開運二年正月壬子條：“皇甫遇與濮州刺史慕容彦超將數千騎前覘契丹，至鄴縣。”又：“俄而契丹繼出新兵來戰，二將曰：‘吾屬勢不可走，以死報國耳。’”

[14]檢校太師：官名。爲散官或加官，以示恩寵，無實際職掌。太師，與太傅、太保並爲三師。　同中書門下平章事：官名。簡稱“同平章事”。唐高宗以後，凡實際任宰相之職者，常在其本官後加同平章事的職銜。後成爲宰相專稱。後晉天福五年（940），升中書門下平章事爲正二品。　遇累官至檢校太師、同中書門下平章事：《輯本舊史》卷八三《晉少帝紀三》開運二年正月乙巳條：“詔滑州節度使皇甫遇率兵赴邢州。”同年二月甲午條：“滑州節度使皇甫遇充馬步軍右廂都指揮使。”同年三月乙巳條：“皇甫遇部領大軍赴定州。”又：“以皇甫遇爲北面行營馬步軍左廂排陣使。”同月癸亥條：“皇甫遇等率騎奮擊，風勢尤猛，沙塵如夜，敵遂大敗。”同年四月庚寅條：“滑州節度使皇甫遇加同平章事。”明本《册府》卷一一八《帝王部·親征門三》開運二年二月癸未條：“宣差皇甫遇領馬步軍兵士二十九、指揮天威兵士二千一百八十人進發。”同年三月甲辰條：“杜威奏：‘今月八日，臣與都監李守貞、

副招討馬全節、安審琦、皇甫遇等部領大將發赴定州。'"同月庚申條:"午後,張彥澤、皇甫遇、符彥卿等選勁騎擊賊,遂行千餘里,賊渡白溝而去。"

三年,[1]契丹復至,從杜重威營滹水,[2]重威送款於契丹,遇不預其議,及降,心不平之。戎王欲遣遇先入汴,遇辭之,[3]因私謂人曰:"我身荷國恩,位兼將相,既不能死於軍陣,何顏以見舊主!更受命圖之,所不忍也。"明日,行及趙郡,[4]泊其縣舍,顧從者曰:"我已信宿不食,疾甚矣,主辱臣死,無復南行。"因絕吭而殞,遠近聞而義之。漢高祖登極,詔贈中書令。[5]

[1]三年:《輯本舊史》原作"四年"。中華書局本有校勘記:"本書卷八五《晉少帝紀五》、《新五代史》卷四七《皇甫遇傳》、《通鑑》卷二八五皆繫其事於開運三年。《遼史》卷四《太宗紀下》繫於會同九年。按會同九年即開運三年。"但未改,今據上述諸書改。

[2]杜重威:人名。其先朔州(今山西朔州市朔城區)人,後徙居太原(今山西太原市)。五代後晉、後漢將領。傳見本書卷一○九、《新五代史》卷五二。 滹水:水名。發源於今山西繁峙縣,東流入今河北省,過正定縣,向東流入渤海。

[3]遇辭之:中華書局本有校勘記:"句下《冊府》卷三七四有'推張彥澤督其行'七字。"見明本《冊府》卷三七四《將帥部·忠門五》。

[4]趙郡:郡名。治所在今河北趙縣。 行及趙郡:中華書局本有校勘記:"句下《冊府》卷三七四有'平棘縣'三字。按《新五代史》卷四七《皇甫遇傳》:'遇行至平棘,絕吭而死。'"亦見

《宋本册府》卷三七四《將帥部·忠門五》。《新五代史》卷九《晋出帝紀》開運三年（945）六月己丑條："李守貞爲行營都部署，義成軍節度使皇甫遇爲副。"卷四七《皇甫遇傳》："（開運）三年冬，以杜重威爲都招討使，遇爲馬軍右厢都指揮使，屯于中渡。重威已陰送款契丹，伏兵幕中，悉召諸將列坐，告以降虜。遇與諸將愕然不能對。重威出降表，遇等俛首以次自畫其名，即麾兵解甲出降。契丹遣遇與張彦澤先入京師，遇行至平棘，絶吭而死。"《輯本舊史》卷八四《晋少帝紀四》開運三年二月壬戌條："詔滑州皇甫遇率兵援糧入易、定等州。"同年五月辛亥條："詔皇甫遇爲北面行營都部署。"同年六月條："詔李守貞爲北面行營都部署，滑州皇甫遇爲副。"同年八月庚申條："李守貞、皇甫遇駐軍定州。"同年九月壬辰條："滑州節度使皇甫遇進封邠國公。"同月乙巳條："皇甫遇赴相州。"卷八五《晋少帝紀五》開運三年十月辛未條："滑州皇甫遇爲馬軍右厢都指揮使。"卷九五《王清傳》開運二年七月："詔遣（王清）與皇甫遇援糧入易州。"《通鑑》卷二八五開運三年六月乙丑條："詔以天平節度使、侍衛馬步都指揮使李守貞爲北面行營都部署，義成節度使皇甫遇副之。"明本《册府》卷四六《帝王部·智識門》晋天福十一年（946）八月條："朝廷以前遣李守貞、皇甫遇、張彦澤再援糧入易、定。"

[5]詔贈中書令：《輯本舊史》卷一〇〇《漢高祖紀下》天福十二年閏七月壬申條："故滑州節度使皇甫遇贈中書令。"

　　周廣順三年正月，[1]遇妻宋國夫人霍氏上言，請度爲尼，周太祖許之，[2]仍賜紫衣，號貞範大師，法名惠圓，又賜夏臘十。《永樂大典》卷一萬八千三十一。[3]

[1]廣順：五代後周太祖郭威年號（951—953）。
[2]周太祖：即郭威。邢州堯山（今河北隆堯縣）人。五代後

周開國皇帝。951 年至 954 年在位。紀見本書卷一一〇至卷一一三、《新五代史》卷一一。

[3]《大典》卷一八〇三一爲 "將" 字韻 "列國吳越魏趙將" 事目，與本傳無涉，應爲卷一八一三一 "將" 字韻 "後晋將（二）" 事目。中華書局本有校勘記："檢《永樂大典目録》，卷一八〇三一爲'將'字韻'列國吳越魏趙將'，與本則内容不符，恐有誤記。陳垣《〈舊五代史輯本〉引書卷數多誤例》謂應作卷一八一三一'將'字韻'後晋將二'。"但未改。今據改。

王清

王清，[1]字去瑕，洺州曲周人也。[2]父度，世爲農。清少以勇力端厚稱於鄉里。後唐明宗領邢臺，[3]置步直軍，清預其募，漸升爲小校。同光初，[4]從戰於河上有功，賜忠烈功臣。明宗即位，自天成至清泰末，[5]歷嚴衛、寧衛指揮使，加檢校右散騎常侍。[6]

[1]王清：《輯本舊史》之原輯者案語："《遼史·趙延壽傳》作王靖。"《遼史》卷七六《趙延壽傳》："手殺其將王清。"中華書局本有校勘記："'王清'，原作'王靖'，據本書卷四《太宗紀下》會同九年十一月、《舊五代史》卷九五《王清傳》、《新五代史》卷三三《王清傳》、《册府》卷三六〇《將帥部·立功門一三》及《通鑑》卷二八五《後晋紀六》齊王開運三年十二月壬戌改。"

[2]洺州：州名。治所在今河北邯鄲市永年區。　曲周：縣名。治所在今河北曲周縣。

[3]邢臺：地名。此處代指五代方鎮安國軍。治所在邢州（今河北邢臺市）。中華書局本有校勘記："'邢臺'，原作'行臺'，據

《永樂大典》卷六八五〇引《五代薛史》改。按本書卷三五《唐明宗紀一》：‘（天祐十三年）承制授邢州節度使。’”

[4]同光：五代後唐莊宗李存勗年號（923—926）。

[5]天成：五代後唐明宗李嗣源年號（926—930）。

[6]檢校右散騎常侍：官名。爲散官或加官，以示恩寵，無實際職掌。

天福元年，[1]高祖建義入洛，加檢校刑部尚書，[2]改賜扈蹕忠孝功臣。三年，從楊光遠平范延光於鄴，[3]改奉國軍都虞候。[4]六年，襄州安從進叛，[5]從高行周討之，[6]踰年不下。一日，清請先登，諸軍繼其後，會有内應者，遂拔其城。清以中重創，有詔襃慰。[7]七年，改賜推忠保運功臣，加金紫光禄大夫，[8]領溪州刺史。[9]八年，詔遣以所部兵屯於鄴。九年春，契丹南牧，圍其城，清與張從恩守之，少帝飛蠟詔勉諭，錫之第宅。契丹退，以干城功，繼遷軍額。[10]

[1]天福：五代後晉高祖石敬瑭年號（936—942）。出帝石重貴沿用至九年（944）。後漢高祖劉知遠繼位後沿用一年，稱天福十二年（947）。

[2]檢校刑部尚書：官名。爲散官或加官，以示恩寵，無實際職掌。

[3]楊光遠：人名。沙陀部人。五代後唐、後晉將領。傳見本書卷九七、《新五代史》卷五一。　范延光：人名。鄴郡臨漳（今河北臨漳縣）人。五代後唐、後晉將領。傳見本書卷九七、《新五代史》卷五一。

[4]奉國軍：部隊番號。五代中央禁軍之一。　都虞候：官名。

唐、五代方鎮高級軍官。

[5]襄州：州名。治所在今湖北襄陽市。　安從進：人名。索葛部人。五代後唐、後晉將領。傳見本書卷九八、《新五代史》卷五一。

[6]高行周：人名。嬀州懷戎（今河北懷來縣）人。五代後唐至後周將領。傳見本書卷一二三、《新五代史》卷四八。

[7]"六年，襄州安從進叛"至"有詔褒慰"：亦見《宋本册府》卷三六○《將帥部·立功門一三》、卷三九六《將帥部·勇敢門三》。《新五代史》卷三三《王清傳》："清謂行周曰：'從進閉孤城以自守，其勢豈得久邪？'因請先登，遂攻破之。"《通鑑》卷二八三天福七年（943）八月條："高行周圍襄州踰年，不下，城中食盡。奉國軍都虞候曲周王清言於行周曰：'賊城已危，我師已老，民力已困，不早迫之，尚何俟乎！'與奉國都指揮使元城劉詞帥眾先登。八月，拔之。"

[8]金紫光禄大夫：官名。本兩漢光禄大夫。魏晉以後，光禄大夫之位重者，加金章紫綬，因稱金紫光禄大夫。北周、隋爲散官。唐貞觀後列入文散官。正三品。

[9]溪州：州名。治所在今湖南永順縣。

[10]"九年春"至"繼遷軍額"：亦見《宋本册府》卷三六○及卷四○○《將帥部·固守門二》。

　　開運二年春三月，[1]從杜重威北征，解陽城之圍，[2]加檢校司徒。[3]是歲秋七月，詔遣與皇甫遇援糧入易州。[4]十一月，從杜重威收瀛州，[5]聞契丹大至，重威率諸軍沿滹水而西，將保常山，及至中渡橋，[6]契丹已屯於北岸。自其月二十七日至十二月五日，軍不能解。時戎王至，留騎之精者以禦我，分其弱者，自故靈都城緣其山足，[7]涉滹沱之淺處，引眾而南，至趙郡，凡百餘里，斷我飛輓，且扼歸路。清知勢蹙，謂重威曰：“軍去常山五里，[8]守株於此，營孤食盡，將若之何！請以步兵二千爲前鋒，奪橋開路，公可率諸軍繼之，期入常山，必濟矣。”重威可之，遣宋彥筠俱行。[9]清一擊獲其橋，契丹爲之小却，重威猶豫不進，密已貳於國矣。彥筠退走，清列陣北岸，嚴戒部曲。日暮，酣戰不息。契丹以生軍繼至，我軍無寸刃益之，清與其下歿焉，[10]時年五十三。契丹尋於所戰之地築一京觀。[11]及漢高祖即位，使人平之，贈清太傅。[12]是歲，清子守鈞於本邑義化別業招魂以葬之也。[13]《永樂大典》卷六千三百五十一。[14]

[1]開運：五代後晉出帝石重貴年號（944—946）。

[2]陽城：縣名。治所在今山西陽城縣。

[3]檢校司徒：官名。爲散官或加官，以示恩寵，無實際職掌。司徒，與太尉、司空並爲三公。　“開運二年春三月”至“加檢校司徒”：亦見《宋本册府》卷三六〇《將帥部·立功門一三》、明本《册府》卷一一八《帝王部·親征門》。明本《册府》卷四二五《將帥部·死事門二》：“少帝開運二年，從杜重威北征，解陽城之圍。清苦戰，爲步較之最，加檢較司空。”《新五代史》卷三三《王清傳》：“開運二年冬，從杜重威戰陽城。清以力戰功爲步軍之最，加檢校司徒。”《新五代史》此句中華書局本有校勘記：“本書卷九《晉本紀》、《舊五代史》卷九五《王清傳》、《通鑑》卷二八四皆繫其事於開運二年三月。按本卷下文復云‘是冬’。”

[4]易州：州名。治所在今河北易縣。

[5]瀛州：州名。治所在今河北河間市。

[6]中渡橋：橋名。位於今河北正定縣。　及至中渡橋：《輯

本舊史》之影庫本粘籤："'中渡'，原本作'平渡'，今從《遼史》改正。"見《遼史》卷四《太宗紀下》會同九年（946）十一月、卷七六《趙延壽傳》。亦見《新五代史》卷九《晋出帝紀》開運三年（946）十二月己未條、卷三三《王清傳》。

[7]靈都城：地名。今地不詳。

[8]軍去常山五里：中華書局本有校勘記："'五里'，原作'五百里'，據《册府》卷四二五、《新五代史》卷三三《王清傳》、《通鑑》卷二八五改。"見明本《册府》卷四二五《將帥部·死事門二》。

[9]宋彦筠：人名。雍丘（今河南杞縣）人。五代後梁至後周將領。傳見本書卷一二三。中華書局本有校勘記："'宋彦筠'，原作'宗彦筠'，據殿本、劉本、邵本校、彭校、《永樂大典》卷六八五〇引《五代薛史》、《册府》卷四二五改。按本書卷一二三有《宋彦筠傳》。"見明本《册府》卷四二五《將帥部·死事門二》。

[10]清與其下歿焉：《舊五代史考異》："《通鑑》：清謂其衆曰：'上將握兵，坐觀吾輩困急而不救，此必有異志。吾輩當以死報國耳！'衆感其言，莫有退者，至暮，戰不息。契丹以新兵繼之，清及衆士盡死，由是，諸軍皆奪氣。"此句中華書局本有校勘記："'俱'字原闕，據《永樂大典》卷六八五〇引《五代薛史》、《册府》卷四二五補。""衆士"《通鑑》作"士衆"，見《通鑑》卷二八五開運三年十二月壬戌條。《輯本舊史》卷八五《晋少帝紀五》開運三年十二月己巳條："邢州方太奏：此月六日，契丹與王師戰於中渡，王師不利，奉國都指揮使王清戰死。"《新五代史》卷九繫此事於開運元年十二月壬戌日。此月丁巳朔，壬戌爲初六，與方太奏同。《輯本舊史》卷一〇九《杜重威傳》："十二月八日，宋彦筠、王清等率數千人渡滹沱，陣於北岸，爲敵所破。"亦見明本《册府》卷四二五《將帥部·死事門二》。《新五代史》卷三三："是冬，重威軍中渡橋南，虜軍其北以相拒，而虜以精騎並西山出晋軍後，南擊欒城，斷晋餉道。"《通鑑》卷二八五開運三年十二

月條："威許諾，遣清與宋彥筠俱進。清戰甚銳，契丹不能支，勢小却。諸將請以大軍繼之，威不許。彥筠爲契丹所敗，浮水抵岸得免。清獨帥麾下陳於水北力戰，互有殺傷，屢請救於威，威竟不遣一騎助之。"

[11]京觀：古代戰爭結束後，獲勝方將敵方軍士尸體壘壘築土而成的高大墳冢。

[12]太傅：官名。與太師、太保合稱三師，唐後期、五代多爲大臣、勳貴加官。正一品。

[13]義化：縣名。治所在今河北張家口市下花園區。

[14]《大典》卷六三五一"張"字韻"姓氏"事目，與本傳無涉，應爲卷六八五〇"王"字韻"姓氏"事目。

梁漢璋　弟漢瑭

梁漢璋，字國寶，應州人也。[1]少以勇力事唐明宗，歷突騎、奉德指揮使。高祖即位之二年，遥領欽州刺史。[2]三年，加檢校司空，[3]改護聖都指揮使。七年，遷檢校司徒，遥領閬州團練使。[4]八年，授陳州防禦使。[5]從少帝澶州還，改檢校太保、鄭州防禦使，[6]充侍衛馬軍都指揮使，[7]旋除永清軍兵馬留後，[8]俄正授節制。[9]是歲，詔領千騎戍冀州，[10]尋以杜重威北討，詔以漢璋充北面馬軍都排陣使，[11]遣收淤口關，[12]與契丹騎五千相遇於浮陽之北界，苦戰竟日，以衆寡不侔，爲流矢所中，殁於陣，即是歲十一月也，時年四十九。[13]漢璋熟於戎馬，累有軍功，及爲藩郡，所至好聚斂，無善政可紀。及鎮甘陵，甚有平契丹之志，但以所領偏師，驟逢勍敵，故有是衄焉。是月，其子海榮進漢璋所乘鞍馬及器仗，帝傷之，乃贈太尉。[14]

[1]應州：州名。治所在今山西應縣。

[2]欽州：州名。治所在今廣西欽州市。

[3]檢校司空：官名。爲散官或加官，以示恩寵，無實際執掌。

[4]閬州：州名。治所在今四川閬中市。

[5]陳州：州名。治所在今河南淮陽縣。　防禦使：官名。唐代始置，設有都防禦使、州防禦使兩種。常由刺史或觀察使兼任，實際上爲唐代後期州或方鎮的軍政長官。

[6]檢校太保：官名。爲散官或加官，以示恩寵，無實際職掌。太保，與太師、太傅合稱三師。　鄭州：州名。治所在今河南鄭州市。

[7]侍衛馬軍都指揮使：官名。五代時皇帝親軍侍衛馬軍司長官。

[8]永清軍：方鎮名。五代後晉天福三年（938）置。治所在貝州（今河北清河縣）。　兵馬留後：官名。唐、五代時，代行方鎮長官之職者稱留後。代行州兵馬使之職者，即爲兵馬留後。掌本州兵馬。

[9]"從少帝澶州還"至"俄正授節制"：《輯本舊史》卷八三《晉少帝紀三》開運元年（944）十一月己卯條："以陳州刺史梁漢璋充侍衛馬軍都指揮使。"同卷開運二年正月己亥條："侍衛馬軍都指揮使梁漢璋改鄭州防禦使，典軍如故。"同年二月戊子條："安審琦、梁漢璋領兵北征。"同月甲午條："侍衛馬軍都指揮使梁漢璋充馬軍左右厢都指揮使。"卷八四《晉少帝紀四》開運三年五月甲寅條："以貝州留後梁漢璋爲貝州節度使。"《通鑑》卷二八四開運元年二月乙巳條："遣侍衛馬軍都指使、義成節度使李守貞，神武統軍皇甫遇，陳州防禦使梁漢璋，懷州刺史薛懷讓將兵萬人，緣河水陸俱進。"

[10]冀州：州名。治所在今河北衡水市冀州區。

[11]都排陣使：官名。多以任節度使的武臣出任，或由軍事指揮官兼任，多側重監督軍隊。參見王軼英《中國古代排陣使述論》，《西北大學學報》2010 年第 6 期。

[12]淤口關：關隘名。位於今河北霸州市。

[13]“是歲”至“時年四十九”：“歿於陣”後有《舊五代史考異》：“《遼史·高模翰傳》云：晋以魏府節度使杜重威領兵三十萬來拒，模翰以麾下三百人逆戰，殺其先鋒梁漢璋，餘兵敗走。與《薛史》異。考《通鑑》云：‘杜重威等至瀛州，聞契丹將高模翰已引兵潛出，重威遣梁漢璋將二千騎追之，遇契丹于南陽務，敗死。’蓋漢璋以二千騎當敵騎五千，衆寡不侔，以致敗績，《遼史》恐不足據。”見《遼史》卷七六《高模翰傳》及《通鑑》卷二八五開運三年十一月己亥條。《輯本舊史》卷八五《晋少帝紀五》開運三年十月辛未條：“貝州梁漢璋爲馬軍都排陣使。”《新五代史》卷九《晋出帝紀》開運三年十一月條：“永清軍節度使梁漢璋及契丹戰于瀛州，敗績，契丹寇鎮、定。”中華書局本《新五代史》此句有校勘記：“‘永静軍’，《舊五代史》卷九五《梁漢璋傳》、《通鑑》卷二八五、《册府》卷四二五敘其事皆作‘永清軍’。《舊五代史》卷八五《晋少帝紀五》：‘貝州節度使梁漢璋戰死。’按貝州置永清軍。”《新五代史》卷七二《四夷附錄一》開運三年七月條：“遣杜重威、李守貞、張彦澤等出兵，爲延壽應。兵趨瀛州，牟翰空城而去。晋軍至城下，見城門皆啓，疑有伏兵，不敢入。遣梁漢璋追牟翰及之，漢璋戰死。”《通鑑》卷二八五開運三年十月辛未條：“永清節度使梁漢璋爲馬軍都排陣使。”明本《册府》卷四二五《將帥部·死事門二》：“梁漢璋爲永清軍節度使。天福八年，詔領千騎戍冀州，尋以杜重威北討，詔以漢璋充北面軍馬都排陣使，戍游口關。與虜騎五千相遇於浮陽之北界，苦戰竟日，以衆寡不侔，爲流矢所中，歿於陣。”

[14]太尉：官名。與司徒、司空並爲三公，唐後期、五代多爲

大臣、勳貴加官。正一品。　乃贈太尉：《輯本舊史》卷一〇〇《漢高祖紀下》天福十二年閏七月壬申條：“故貝州節度使梁漢璋贈太尉。”

漢璋有弟漢瑭，亦以善用槊有名於時。天成中，爲魏府効節軍使，[1]攻定州王都，[2]漢瑭督所部一軍首入其城，獲王都及蕃將禿餒名馬數駟。[3]時范延光鎮常山，欲其駿者，漢瑭不諾。後漢瑭屯兵趙郡，因事奏而殺之，時人冤之。《永樂大典》卷六千六百十四。[4]

[1]魏府：地名。即魏州，唐、五代方鎮魏博軍的治所。位於今河北大名縣。

[2]定州：州名。治所在今河北定州市。　王都：人名。中山陘邑（今河北定州市）人。本姓劉，後爲義武軍節度使王處直養子。五代軍閥。傳見本書卷五四。

[3]禿餒：人名。又作“塔納”。契丹將領。事見本書卷五四、卷七二，《新五代史》卷六四。

[4]《大典》卷六六一四“梁”字韻“姓氏”事目。

白奉進

白奉進，字德昇，雲州清塞軍人也。[1]父曰達子，世居朔野，以弋獵爲事。奉進少善騎射，後唐武皇鎮太原，奉進謁於軍門，以求自效，武皇納於麾下。[2]莊宗之破夾寨也，奉進挺身首犯賊鋒，莊宗覿而壯之，[3]後從戰山東河上，繼以功遷龍武指揮使。同光中，魏王繼岌伐蜀，[4]擢爲親軍指揮使。天成、長興中，統上軍，加檢校右散騎常侍。應順中，轉捧聖右廂都指揮使、檢校刑部尚書，賜忠順保義功臣，遥領封州刺史。[5]清泰中，加檢校右僕射、唐州刺史，[6]治郡踰年，甚有政績。

[1]雲州：州名。治所在今山西大同市。　清塞軍：軍名。位於今山西陽高縣。

[2]“奉進少善騎射”至“武皇納於麾下”：明本《册府》卷九〇〇《總録部·自薦門》：“晋白奉進少善馳射。唐昭宗以天復中爲朱氏脅遷，東營洛邑。後唐太宗鎮太原，有扶救之志，奉進謁於軍門，以求自效，太祖納之麾下，以功遷龍武指揮使。”

[3]“莊宗之破夾寨也”至“莊宗覩而壯之”：《宋本册府》卷三九六《將帥部·勇敢門三》：“白奉進初爲裨將。時梁人圍李嗣昭于潞，潞人苦之。俄而莊宗嗣位，率親兵赴之，奉進挺身，首犯賊鋒，諸將繼之，莊宗覩而壯焉。”

[4]繼岌：人名。即李繼岌。五代後唐莊宗長子。傳見本書卷五一、《新五代史》卷一四。

[5]封州：州名。治所在今廣東封開縣。

[6]檢校右僕射：官名。爲散官或加官，以示恩寵，無實際職掌。　唐州：州名。治所在今河南唐河縣。

高祖即位，徵赴闕，超加檢校司徒，充護聖左廂都指揮使，遥領歙州刺史。[1]始奉進有女嫁於皇子重信，故高祖尤所倚愛。二年，改護聖左右廂都指揮使。是歲，車駕幸夷門。[2]五月，領昭信軍節度，[3]充侍衛馬軍都指揮使。

[1]歙州：州名。治所在今安徽歙縣。　“清泰中”至“遥領

歙州刺史"；《宋本册府》卷六七三《牧守部・褒寵門二》："白奉
進爲唐州刺史，治郡踰年，甚有聲政。高祖即位，徵赴闕，超加檢
校司徒，充護聖左廂都指揮使。"

　　[2]夷門：地名。原指戰國魏都大梁城東門，故址在今河南開
封城内東北隅。夷門位於夷山，夷山因山勢平夷而得名，故門亦以
山爲名。此處代指開封。

　　[3]昭信軍：方鎮名。治所在虔州（今江西贛州市贛縣區）。

　　六月，范延光據鄴爲亂，詔遣率騎軍三千北屯滑
臺。[1]時符彦饒爲滑州節度使，[2]一夕，有軍士夜掠居
人，奉進捕之，凡獲五盗，三在奉進本軍，二在彦饒麾
下，尋命俱斬之。彦饒怒其不先告，深銜之。明日，奉
進左右勸奉進面謝，奉進然之，以從騎數人候彦饒於牙
城，既入，且述其過。彦饒曰："軍中法令，各有部分，
何得將滑州兵士一例處斬，殊無主客之義乎！"奉進曰：
"軍士抵法，寧有彼我，今僕以咎自陳，而公怒不息，
莫是與范延光同反耶！"因拂衣而起，彦饒不留。其帳
下介士大譟，擒奉進殺之。是日，步軍都校馬萬、次校
盧順密聞奉進遇害，[3]率其步衆攻滑之子城，[4]執彦饒送
於京師，戮於班荆館北。[5]高祖以奉進倉卒遇禍，歎惜
久之，詔贈太傅。[6]《永樂大典》卷一萬八千一百三十一。[7]

　　[1]滑臺：地名。位於今河南滑縣。　　"六月"至"率騎軍三
千北屯滑臺"：《輯本舊史》卷七六《晉高祖紀二》天福二年
（937）六月甲午條："命護聖都指揮使白奉進領騎士一千五百赴白
馬渡巡檢。"卷九一《符彦饒傳》天福二年七月條："范延光據鄴都
叛，朝廷遣侍衛馬軍都指揮使白奉進率騎軍三千，屯於州之開元

寺。"《新五代史》卷二五《符存審傳》附《范彦饒傳》:"范延光反,白奉進以侍衛兵三千屯滑州。"《通鑑》卷二八一晋高祖天福二年六月甲午條:"詔侍衛馬軍都指揮使、昭信節度使白奉進將千五百騎屯白馬津以備之。"

[2]符彦饒:人名。陳州宛丘(今河南淮陽縣)人。符存審次子。五代後唐、後晋將領。傳見本書卷九一、《新五代史》卷二五。

[3]步軍都校:官名。中低級軍官。 馬萬:人名。澶州(今河南濮陽縣)人。五代後唐、後晋、後漢將領。傳見本書卷一〇六。 次校:官名。中低級軍官。

[4]子城:即甕城。

[5]班荆館:館舍名。五代和宋時設在京郊用以接待外國使臣的驛館。 "時符彦饒爲滑州節度使"至"戮於班荆館北":《輯本舊史》卷七六天福二年七月甲寅條:"奉國都指揮使馬萬奏,滑州節度使符彦饒作亂,屠害侍衛馬軍都指揮使白奉進,尋以所部兵擒到彦饒,差立功都虞候方太押送赴闕。尋賜死於路。"《新五代史》卷八《晋高祖紀》天福二年七月條:"義成軍亂,殺戍將侍衛馬步軍都指揮使白奉進。"卷二五:"兵士犯法,奉進捕得五人,其三人義成兵也,因并斬之。"《通鑑》卷二八一天福二年七月甲寅條:"白奉進在滑州,軍士有夜掠者,捕之,獲五人,其三隸奉進,其二隸符彦饒,奉進皆斬之。"

[6]"高祖以奉進"至"詔贈太傅":《輯本舊史》卷七八《晋高祖紀四》天福四年十月戊戌條:"故昭信軍節度使白奉進贈太尉。"

[7]中華書局本有校勘記:"檢《永樂大典目録》,卷一八〇一爲'將'字韻'列國吴越魏趙將',與本則内容不符,恐有誤記。陳垣《〈舊五代史〉輯本引書卷數多誤例》謂應作卷一八一三一'將'字韻'後晋將二'。"但未改。今據改。

盧順密

盧順密，汶陽人也。[1]初事梁將戴思遠爲步校，[2]思遠爲鄆州節度使，領部兵屯德勝渡，[3]留順密守其城。順密覩北軍日盛，遂遁歸莊宗，[4]且言鄆城方虛，[5]可以襲而取之。莊宗信之，尋遣明宗率衆趨鄆，果拔之，由順密之始謀也。[6]莊宗尋以順密列於帳下，累遷爲軍校。明宗即位，歷數郡刺史。順密性篤厚，臨諸軍，撫百姓，皆有仁愛之譽。

[1]汶陽：縣名。治所在今山東泰安市。
[2]戴思遠：人名。籍貫不詳。五代後梁、後唐將領。傳見本書卷六四。
[3]德勝渡：地名。又名德勝城，爲黄河重要渡口之一。
[4]莊宗：即後唐莊宗李存勗。五代後唐王朝的建立者。923年至926年在位。紀見本書卷二七至卷三四、《新五代史》卷五。
[5]鄆城：縣名。治所在今山東鄆城縣。
[6]“思遠爲鄆州節度使”至“由順密之始謀也”：《輯本舊史》卷一〇六《馬萬傳》：“會奉國右廂都指揮使盧順密亦以兵至。”《通鑑》卷二七二同光元年（923）閏四月壬寅條：“會鄆州將盧順密來奔。先是，梁天平節度使戴思遠屯楊村，留順密與巡檢使劉遂嚴、都指揮使燕顒守鄆州。順密言於帝曰：‘鄆州守兵不滿千人，遂嚴、顒皆失衆心，可襲取也。’”

及高祖車駕幸夷門，范延光據鄴城叛，高祖命諸將相次領軍討之，順密亦預其行。時騎將白奉進屯於滑州，尋爲滑帥符彦饒所殺，軍衆大亂，爭荷戈拔刃，嗷譖於外，時馬萬爲步軍都校，不爲遏之。[1]順密未明其心，乃率部曲數百，趨謂諸軍及萬曰："滑臺去行闕二百里，我等家屬悉在闕下，[2]爾輩如此，不思血族乎？奉進見殺，過在彦饒，擒送天子，必立大功，順我者賞之，不順我者殺之。"萬曰："善。"諸軍遂不敢動。[3]乃引軍北攻牙城，執彦饒於樓上，使裨將方太押送赴闕，[4]滑城遂定。朝廷即以馬萬爲滑州節度使，時飛奏皆以萬爲首故也。後數日，高祖知功由順密，尋以順密爲涇州留後，[5]至鎮未幾而卒。高祖甚悼之，贈驍衛上將軍。[6]《永樂大典》卷二千二百十二。[7]

[1]馬萬爲步軍都校，不爲遏之：《舊五代史考異》："《通鑑》云：'馬萬惶惑不知所爲，率步兵欲從亂。'"見《通鑑》卷二八一天福二年（937）七月甲寅條追述。

[2]我等家屬悉在闕下：中華書局本有校勘記："'悉'字原闕，據《册府》卷四二三補。"見明本《册府》卷四二三《將帥部·討逆門》。

[3]諸軍遂不敢動：《舊五代史考異》："《通鑑》云：'萬所部兵尚有呼躍者，順密殺數人，衆莫敢動。'"見《通鑑》上條。

[4]裨將：指副將。　方太：人名。青州千乘（今山東高青縣）人。五代藩鎮將領。傳見本書卷九四。　使裨將方太押送赴闕：中華書局本有校勘記："'押'，原作'甲'，據殿本、劉本、《册府》卷四二三改。按本書卷七六《晋高祖紀二》：'差立功都虞候方太押送赴闕。'影庫本批校：'甲送赴闕，"甲"應作"押"。'"見明本《册府》卷四二三《將帥部·討逆門》。《通鑑》卷二八一天福二年七月丙辰條："以盧順密爲果州團練使，方太爲趙州刺史；既而知皆順密之功也，更以順密爲昭義留後。"胡注：

“果州時屬蜀，命盧順密遥領團練使。”

[5]涇州：州名。治所在今甘肅涇川縣。

[6]贈驍衛上將軍：《輯本舊史》卷七七《晋高祖紀三》天福三年三月甲戌條：“故涇州節度觀察留後盧順密贈右驍衛上將軍。”

[7]《大典》卷二二一二“盧”字韻“姓氏”事目。

周瓌

周瓌，[1]晋陽人也。少端厚，善書計，自高祖時歷鎮藩翰，用爲腹心，累職至牙門都校，[2]凡帑廩出納，咸以委瓌，經十餘年，未嘗以微累見誤，高祖甚重之。及即位，命權判三司事，[3]未幾，辭曰：“臣才輕任重，懼終不濟，苟以避事，冒寵獲罪，願陛下哀其疲駑，優以散秩，臣之幸也。”高祖可之，[4]尋命權總河陽三城事，數月改授安州節度使。[5]臨民有惠，御軍甚嚴，一境安之。先是，威和指揮使王暉領部下兵屯於安陸，[6]瓌至鎮，待之甚厚。俄聞范延光叛於魏博，張從賓寇於汜水，[7]暉以瓌高祖之元臣也，幸國朝方危，遂害瓌於理所，[8]自總州事，以爲延光勝則附之，敗則渡江而遁，斯其計也。既而襄陽安從進遣行軍司馬張朏，[9]會復州兵於要路以徼之，[10]李金全承詔繼至，[11]暉遂掠城中財帛士女，欲奔江南，尋爲其下所殺。[12]金全至，盡誅其黨。高祖聞瓌遇害，歎息久之，詔贈太傅。[13]《永樂大典》卷九千一十。[14]

[1]周瓌：中華書局本有校勘記：“原作‘周環’，據殿本、劉

本、《册府》卷八四四、《新五代史》卷八《晋本紀》、《通鑑》卷二八一改。本書各處同。"見《宋本册府》卷八四四《將帥部·勤幹門》,《通鑑》卷二八〇天福元年(936)十二月庚子條、卷二八一天福二年七月條。明本《册府》卷八四四則作"周環",且文字多異。

[2]牙門都校:官名。中低級軍官。

[3]權判三司事:官名。判三司即通掌鹽鐵、度支、户部三個部門事務。地位高於三司使。權判可作代理之意。

[4]"及即位"至"高祖可之":《輯本舊史》卷七六《晋高祖紀二》天福元年十二月庚子條:"以皇城使周環爲大將軍,充三司使。"《通鑑》卷二八〇天福元年十二月庚子條:"以皇城使晋陽周環爲大將軍、充三司使。環辭曰:'臣自知才不稱職,寧以避事見棄,猶勝冒寵獲辜。'帝許之。"

[5]安州:州名。治所在今湖北安陸市。 數月改授安州節度使:《輯本舊史》卷七六天福二年二月丙午條:"以權知河陽軍州事周環爲安州節度使。"

[6]王暉:人名。籍貫不詳。時爲代州刺史,以城降契丹。事見本書卷一〇七《史弘肇傳》、《通鑑》卷二八五。 安陸:地名。位於今湖北安陸市。

[7]張從賓:人名。籍貫不詳。五代後唐、後晋將領。傳見本書卷九七。中華書局本有校勘記:"原作'張延賓',據本書卷七六《晋高祖紀二》、《通鑑》卷二八一改。按本書卷九七有《張從賓傳》。"見《輯本舊史》卷七六天福二年六月丁酉等條,《通鑑》卷二八一天福二年七月丙辰條。 汜水:縣名。治所在今河南滎陽市汜水鎮。

[8]遂害環於理所:《舊五代史考異》:"王暉害周環,《五代春秋》《通鑑》俱不書日。《歐陽史》作丙子,《薛史》作甲戌,諸史所載俱異。"見《輯本舊史》卷七六天福二年七月甲戌條,《新五代史》卷八天福二年七月丙子條,《通鑑》卷二八一天福二年七月

戊寅條追述。

[9]襄陽：地名。位於今湖北襄陽市。　行軍司馬：官名。爲出征將領及節度使的屬官。掌軍籍符伍、號令印信，是藩鎮重要的軍政官員。　張朏：人名。籍貫不詳。五代藩鎮官員。事見本書本卷。

[10]復州：州名。治所在今湖北天門市。

[11]李金全：人名。吐谷渾族。早年爲後唐明宗李嗣源奴僕，驍勇善戰，因功升遷。後晉時封安遠軍節度使，後投奔南唐。傳見本書卷九七、《新五代史》卷四八。

[12]欲奔江南，尋爲其下所殺：《舊五代史考異》：“《歐陽史》作王暉南走，爲從進兵所殺，與《薛史》異。《通鑑》作暉時奔吳，部將胡進殺之，與《薛史》同。”“胡進”，中華書局本有校勘記：“原作‘吳進’，據殿本、劉本、《通鑑》卷二八一改。”見《新五代史》卷四八《李金全傳》、《通鑑》卷二八一天福二年八月癸巳條。

[13]詔贈太傅：《輯本舊史》卷七六天福二年九月壬子條：“故安遠軍節度使周瓌贈太傅。”

[14]中華書局本有校勘記：“檢《永樂大典目録》，卷九九一〇爲‘嚴’字韻‘華嚴經九十七’，與本則内容不符，恐有誤記。疑出自卷九〇一〇‘周’字韻‘姓氏二十一’。”但未改。今據改。

沈斌

沈斌，[1]字安時，徐州下邳人。[2]少有膽氣，初事梁太祖爲小校。[3]天祐三年，[4]補同州左崇勇馬軍指揮使，[5]入典衛兵，歷龍驤、拱宸都指揮使，累有戰功。及莊宗平梁，隨段凝等降，[6]不改其職。同光三年，從魏王繼岌平蜀，屬康延孝叛，[7]魏王署斌爲一行馬步都虞候，[8]領兵從任圜襲擊延孝於漢州，[9]擒之以獻，未及策勳，會明宗登極。天成初，授檢校司空、虢州刺史，[10]其後歷壁、隨、石、衛、威、衍、忻、趙八州刺史，[11]累官至檢校太保，賜輸忠宣力功臣。開運元年，爲祁州刺史。其年冬，契丹入寇，自恒州迴，以羸兵驅牛羊過其城下，斌乃出州兵以擊之，契丹以精騎刼其門邀之，州兵陷賊。[12]趙延壽知其無備，與蕃賊急攻之，仍呼謂斌曰：“沈使君我故人也，擇禍莫若輕，早以城降，無自辱也。”斌登城呼曰：“侍中父子誤計，陷於契丹，忍以氈幕之眾，[13]殘害父母之邦，不自羞慚，反有德色。沈斌寧爲國家死，[14]必不效汝所爲也。”翌日城陷，斌自剄而卒，家屬爲賊所擄。[15]《永樂大典》卷一萬八千一百三十一。[16]

[1]沈斌：人名。一作“沈贇”。徐州下邳（今江蘇睢寧縣）人。五代後梁、後唐、後晉將領。傳見本書本卷、《新五代史》卷三三。中華書局本有校勘記：“原作‘沈贇’，據本書卷八三《晋少帝紀三》、《御覽》卷二五五引《五代史》、《册府》卷四二五、《新五代史》卷三三《沈斌傳》改。本卷下文同。”見《輯本舊史》卷三三《唐莊宗紀七》同光三年（925）九月辛丑條，《新五代史》卷九《晋出帝紀》開運二年（945）三月戊戌條、卷三三本傳，《通鑑》卷二八四開運二年二月乙卯條，明本《册府》卷一一八《帝王部·親征門三》晋少帝開運二年二月條。

[2]下邳：縣名。治所在今江蘇睢寧縣古邳鎮。

[3]梁太祖：即五代後梁太祖朱溫。宋州碭山（今安徽碭山縣）人。907年至913年在位。紀見本書卷一至卷七、《新五代史》卷一至卷二。

[4]天祐：唐昭宗李曄開始使用的年號（904）。唐哀帝李柷即位後沿用（904—907）。唐亡後，河東李克用、李存勗仍稱天祐，沿用至天祐二十年（923）。五代其他政權亦有行此年號者，如南吳、吳越等，使用時間長短不等。

[5]同州：州名。治所在今陝西大荔縣。

[6]段凝：人名。開封（今河南開封市）人。其妹爲朱温美人，因其妹而爲朱温親信。五代後梁將領。傳見本書卷七三、《新五代史》卷四五。

[7]康延孝：人名。代北（今山西代縣）人。五代後唐將領。傳見本書卷七四、《新五代史》卷四四。

[8]馬步都虞候：官名。五代侍衛親軍馬步軍統兵官，僅次於馬步軍都指揮使、副都指揮使。 “同光三年”至“魏王署斌爲一行馬步都虞候”：《輯本舊史》卷三三同光三年九月辛丑條：“沈斌充中軍右厢馬軍都指揮使。”亦見明本《册府》卷二六九《宗室部·將兵門》。

[9]任圜：人名。京兆三原（今陝西三原縣）人。五代後唐將領、大臣。傳見本書卷六七、《新五代史》卷二八。

[10]虢州：州名。治所在今河南靈寶市。

[11]壁：州名。治所在今四川通江縣。 隨：州名。治所在今湖北隨州市。 石：州名。治所在今山西吕梁市離石區。 衛：州名。治所在今河南衛輝市。 威：州名。治所在今北京市房山區。 衍：州名。治所在今甘肅寧縣。 忻：州名。治所在今山西忻州市。 趙：州名。治所在今河北趙縣。

[12]州兵陷賊：中華書局本引《舊五代史考異》：“《歐陽史》作斌兵多死，《通鑑》作契丹以精騎奪其城門，州兵不得還。”見《新五代史》卷三三《沈斌傳》、《通鑑》卷二八四開運二年二月己卯條。此事亦見明本《册府》卷四四三《將帥部·敗衂門》。

[13]陷於契丹，忍以氊幕之衆：中華書局本有校勘記：“‘契丹’‘氊幕’，《御覽》卷二五五引《五代史》、《册府》卷四二五

作‘腥羶’‘犬羊’。”見明本《册府》卷四二五《將帥部·死事門二》。

[14]沈斌寧爲國家死：中華書局本有校勘記：“《册府》卷四二五同。‘沈斌’下《御覽》卷二五五引《五代史》有‘弓折箭盡’四字。”

[15]“趙延壽知其無備”至“家屬爲賊所擄”：亦見明本《册府》卷四二五《將帥部·死事門二》。《輯本舊史》卷八三《晋少帝紀三》、《新五代史》卷九並繫此事於開運二年三月，明本《册府》卷一一八《帝王部·親征門》、《通鑑》卷二八四並繫此事於開運二年二月。

[16]《大典》卷一八一三一“將”字韻“後晋將二”事目。

吳巒

吳巒，字寶川，汶陽盧縣人也。[1]少好學，以經業從鄉試下第。唐長興初，爲沙彥珣從事，[2]累遷大同軍節度判官。[3]高祖建號，契丹之援太原也，彥珣據雲中，[4]二三顧望，及契丹還塞，彥珣出城迎謁，尋爲所擄。時巒在城中，謂其衆曰：“豈有禮義之人而臣於夷狄乎！”[5]即與雲州將吏闔門拒守。契丹大怒，攻之，半歲不能下。高祖致書於契丹，乃解圍而去。召巒歸闕，授徐州節度副使，[6]再遷右諫議大夫，[7]爲復州防禦使，數年罷歸。

[1]盧縣：縣名。治所在今山東聊城市茌平區。
[2]沙彥珣：人名。籍貫不詳。五代後唐將領。事見本書卷四七、卷四八。

[3]大同軍：方鎮名。治所在雲州（今山西大同市）。　節度判官：官名。唐、五代方鎮僚屬，位在行軍司馬下。分掌使衙內各曹事，並協助使職官員通判衙事。　"唐長興初"至"累遷大同軍節度判官"：《新五代史》卷二九《吳巒傳》："清泰中爲大同沙彥珣節度判官。"

[4]雲中：縣名。治所在今山西大同市。

[5]豈有禮義之人而臣於夷狄乎：夷狄，中華書局本作"異姓"，有校勘記："'異姓'，孔本校作'異類'，《册府》卷七二四、《通鑑》卷二八一作'夷狄'。"此因輯者忌清諱而改，今據上述諸書回改。《舊五代史考異》："《遼史·太宗紀》云：唐大同軍節度判官吳巒嬰城拒命，遣崔廷勳圍其城。庚申，上親征，至城下諭之，巒降。與《薛史》異。《通鑑》從《薛史》。"見《遼史》卷三《太宗紀上》天顯十二年（937）正月丙辰條。《考異》"嬰城拒命"，《遼史》作"閉城拒命"。中華書局本《遼史》有校勘記："本書卷四《太宗紀下》會同七年正月謂趙延壽圍貝州，太守吳巒投井死，與此異。《新五代史》卷二九、《舊五代史》卷九五本傳及《通鑑》卷二八一《後晉紀二》、卷二八三《後晉紀四》俱稱巒守雲中不下，後降石晉，開運元年守貝州，城破投井死。"《通鑑》卷二八一天福二年（937）二月戊子條："契丹主自上黨過雲州，大同節度使沙彥珣出迎，契丹主留之，不使還鎮。節度判官吳巒在城中，謂其衆曰：'吾屬禮義之俗，安可臣於夷狄乎！'衆推巒領州事，閉城不受契丹之命，契丹攻之，不克。"同年六月辛丑條："契丹攻雲州，半歲不能下。吳巒遣使間道奉表求救，帝爲之致書契丹主請之，契丹主乃命翟璋解圍去。帝召巒歸，以爲武寧節度副使。"

[6]徐州：州名。治所在今江蘇徐州市。　節度副使：官名。唐、五代方鎮屬官。位於行軍司馬之下、判官之上。中華書局本有校勘記："'副'字原闕，據彭校、《册府》卷七二四補。《新五代史》卷二九《吳巒傳》敘其事作'武寧軍副使'，按武寧軍治徐州。"《新五代史》卷二九："高祖召巒，以爲武寧軍節度副使、諫

議大夫、復州防禦使。”亦見明本《册府》卷七二四《幕府部·武功門》。

[7]右諫議大夫：官名。唐置左、右諫議大夫，左屬門下省，右屬中書省。掌諫諭得失，侍從贊相。正四品下。

初，國家以甘陵水陸要衝之地，[1]慮契丹南侵，乃飛輓芻粟，以實其郡，爲大軍累年之備。[2]王令温之爲帥也，[3]有軍校邵珂者，[4]性兇率悖慢，令温因事使人代之，不復齒用，閑居城中。其子殺人，以重賂償之，其事方解，尋爲州吏所恐，又悉財以彌其口。自是尤蓄怨恨，因使無賴者亡入契丹，言：“州有積粟，内無勁兵，圍而攻之，克之必矣。”及令温入朝，[5]執政者以巒雲中之難有善守之功，遂令乘輅而往，權知貝州軍州事。[6]既至，會大寒，軍士無衣者悉衣之，平生廉儉，囊無資用，以至壞帳幕以賙之，其推心撫士如此。邵珂一見，因求自效，即聽而任之。巒素爲書生，旁無爪牙，珂慷慨自陳，願效死左右，巒遣督義兵，守城之南門。

[1]甘陵：地名。指代貝州，治所在今河北清河縣。

[2]“初，國家以甘陵水陸要衝之地”至“爲大軍累年之備”：《新五代史》卷二九《吳巒傳》：“出帝即位，與契丹絶盟。河北諸州皆警，以謂貝州水陸之衝，緩急可以轉餉，乃積芻粟數十萬，以王令温爲永清軍節度使。”

[3]王令温：人名。瀛州河間（今河北河間市）人。五代後晋將領。傳見本書卷一二四。

[4]軍校：即牙校，爲低級武職。 邵珂：人名。籍貫不詳。五代後晋時永清軍將領，投降契丹以致貝州失守。事見本書本卷。

[5]及令溫入朝：《新五代史》卷二九："令溫以事朝京師，心頗疑珂，乃質其子崇範以自隨。"

[6]貝州：州名。治所在今河北清河縣。　權知貝州軍州事：《輯本舊史》卷八二《晉少帝紀二》天福八年（943）十一月戊戌條："遣前復州防禦使吳巒權知貝州軍事。"

天福九年正月，[1]契丹大至。其一日大譟環其城，明日陳攻具於四埤，三日契丹主躬率步奚及渤海夷等四面進攻，[2]巒衆投薪於夾城中，繼以炬火，賊之梯衝，焚爇殆盡。是日，賊復合圍，郡中丁壯皆登城守陴。俄而珂自南門引賊騎同入，巒守東門，未知其事，左右告曰："邵珂背矣！"巒顧城中已亂，即馳馬還公館，投井而死。契丹遂屠其城，朝野士庶，聞者咸歎惜之。《永樂大典》卷二千三百二十一。[3]

[1]天福九年正月：《新五代史》卷二九《吳巒傳》作"開運元年正月"，爲同一年。

[2]奚：部族名。源出鮮卑宇文部。原稱庫莫奚，後省稱奚。參見畢德廣《奚族文化研究》，科學出版社 2016 年版。　渤海：郡名。隋大業中以滄州改。治所在今山東陽信縣。　渤海夷：中華書局本有校勘記："原作'激海夷'，據劉本、彭校改。"《輯本舊史》卷八二《晉少帝紀二》繫此事於天福九年（944）正月己卯條。《通鑑》卷二八三開運元年（944）正月己卯條："會令溫入朝，執政以前復州防禦使吳巒權知州事，巒至，推誠撫士；會契丹入寇，巒書生，無爪牙，珂自請，願效死，巒使將兵守南門，巒自守東門。契丹主自攻貝州，巒悉力拒之，燒其攻具殆盡。己卯，契丹復攻城，珂引契丹自南門入，巒赴井死。契丹遂陷貝州，所殺且

萬人。”

[3]《大典》卷二三二一“吴”字韻“姓氏”事目。

翟璋

翟璋，未詳何許人也。好勇多力，時目爲大蟲，即“癡虎”之稱也。[1]後唐天成初，[2]自鄴都馬步軍都指揮使領平州刺史，尋改復州防禦使。三年三月，遷新州威塞軍兩使留後。[3]四年五月，正授旄節。[4]長興元年二月，加檢校太保，入爲右領軍衛上將軍，轉左羽林統軍。[5]清泰中，復領新州。[6]高祖建義，割新州屬契丹。時契丹大軍歸國，遣璋于管内配率犒宴之資，須及十萬緡，山後地貧，民不堪命。始戎王以軟語撫璋，璋謂必得南歸，及委璋平叛奚、圍雲州皆有功，故留之不遣。璋鬱鬱不得志，遇疾，尋卒焉。[7]《永樂大典》卷二萬二千二百四十。[8]

[1]即“癡虎”之稱也：亦見《宋本册府》卷八四五《總錄部・膂力門》。

[2]後唐天成初：中華書局本有校勘記：“‘天成’，原作‘天福’，據劉本改。”後唐無“天福”年號。

[3]新州：州名。治所在今河北涿鹿縣。《輯本舊史》之影庫本粘籤：“‘新州’，原本作‘親州’，今從《歐陽史》改正。”《新五代史》卷六〇《職方考三》：“新州，唐同光元年置威塞軍。”威塞軍：方鎮名。治所在今河北涿鹿縣。

[4]四年五月，正授旄節：《輯本舊史》卷四〇《唐明宗紀六》天成四年（929）五月丁亥條：“以新州威塞軍留後翟璋爲威塞軍節

度使。"

[5]左羽林統軍：中華書局本有校勘記："'左'，《册府》卷八四五、卷八四七同，本書卷四三《唐明宗紀九》作'右'。"

[6]"長興元年二月"至"復領新州"：《輯本舊史》卷四三《唐明宗紀九》長興三年（932）二月庚午條："以前新州節度使翟璋爲右領軍上將軍。"同年三月條："以右領軍上將軍翟璋爲右羽林統軍。"卷四四《唐明宗紀十》長興四年八月辛未條："以右羽林統軍翟璋爲晋州節度使。"卷四七《唐末帝紀中》清泰二年（935）六月壬申條："以前晋州節度使翟璋爲新州節度使。"

[7]"高祖建義"至"尋卒焉"：亦見《宋本册府》卷四四四《將帥部·陷没門》。《通鑑》卷二八一天福二年（937）二月己亥條："契丹主過新州，命威塞節度使翟璋斂犒軍錢十萬緡。"又："契丹主勞翟璋曰：'當爲汝除代，令汝南歸。'己亥，璋表乞徵詣闕。既而契丹遣璋將兵討叛奚、攻雲州，有功，留不遣璋，璋鬱鬱而卒。"同年六月辛丑條："契丹主乃命翟璋解圍去。"按：翟璋卒不當繫於二月條下。《宋本册府》卷九九五《外臣部·交侵門》："晋高祖天福二年二月，新州翟璋奏：'契丹點發新、嬀、蔚等州軍馬與契丹討奚族達剌干，今已歸服。'"

[8]中華書局本有校勘記："檢《永樂大典目録》，卷二二三四〇爲'賣'字韻，與本則内容不符，恐有誤記。陳垣《〈舊五代史〉輯本引書卷數多誤例》謂應作卷二二二四〇'翟'字韻。"但未改。今據改。

程福贇

程福贇，未詳何許人也。性沉厚，有勇力，累爲軍校。天福七年冬，杜重威討鎮州，與安重榮大戰於宗城，[1]以功遷洺州團練使、檢校太保，未幾，入爲奉國左厢都指揮使。[2]九年春,[3]少帝將幸澶淵,福贇部下有軍士文榮等八人,[4]潛謀作亂,於本營縱火,福贇尋領腹心之士撲滅之,福贇亦有所傷。福贇性本純厚,又以車駕順動,祕而不奏。同列李殷,[5]居福贇下,無名,欲危福贇以自升,遂密陳其事,云:“福贇若不爲亂,何得無言?”少帝至封丘,[6]出福贇爲商州刺史,[7]尋下獄鞫之。福贇終不自明,以至見殺,人甚冤之。《永樂大典》卷一萬八千一百二十七。[8]

[1]宗城:中華書局本有校勘記:“原作‘宋城’,據邵本校、本書卷九八《安重榮傳》、卷一〇九《杜重威傳》、《册府》卷三六〇、卷三八七改。”見《宋本册府》卷三六〇《將帥部·立功門一三》、卷三八七《將帥部·褒異門一三》。《宋本册府》卷三八七:“程福贇初爲軍校,天福七年冬從杜重威討鎮州,與安重榮大戰於宗城,以功遷洺州團練使、檢校太尉。”此句明本《册府》“洺州”作“雒州”;宋、明本均作“檢校太尉”,與本傳“檢校太保”異。《輯本舊史》卷九八《安重榮傳》:“朝廷遣杜重威帥師禦之,遇於宗城。”卷一〇九《杜重威傳》:“及鎮州安重榮稱兵向闕,命重威禦之,敗重榮於宗城。”

[2]入爲奉國左厢都指揮使:《新五代史》卷三四《程福贇傳》:“晉出帝時,爲奉國右厢都指揮使。”此句中華書局本有校勘記:“‘右’,《舊五代史》卷九五《程福贇傳》作‘左’。《册府》卷一二三記其職作‘奉國左第三軍都指揮使’。”見明本《册府》卷一二三《帝王部·征討門三》。

[3]九年春:《新五代史》卷三四:“開運中,契丹入寇,出帝北征,奉國軍士乘間夜縱火焚營,欲因以爲亂,福贇身自救火被傷,火滅而亂者不得發。福贇以爲契丹且大至,而天子在軍,京師

虛空，不宜以小故動搖人聽，因匿其事不以聞。軍將李殷位次福贇下，利其去而代之，因誣福贇與亂者同謀，不然何以不奏。出帝下福贇獄，人皆以爲冤，福贇終不自辨以見殺。”

[4]文榮：人名。籍貫不詳。五代軍士。事見本書本卷。

[5]李殷：人名。薊州（今天津市薊州區）人。五代後唐、後晉將領。傳見本書卷一〇六。

[6]封丘：縣名。治所在今河南封丘縣。

[7]商州：州名。治所在今陝西商洛市商州區。

[8]《大典》卷一八一二七爲“將”字韻“後梁將”事目。但本傳屬《晉書》，似不當屬“後梁將”，疑爲卷一八一三一“將”字韻“後晉將（二）”事目。

郭璘

郭璘，邢州人也。初事後唐明宗，漸升爲軍校。天福中，爲奉國指揮使，歷數郡刺史。開運中，移領易州。契丹攻其郡，璘率屬士衆，同其甘苦，虜不能克。復以州兵擊賊，數獲其利，朝廷嘉之，就加檢校太保。[1]虜主嘗謂左右曰：“吾不畏一天下，乃爲此人抑挫！”會杜重威降，[2]虜使通事耿崇美誘其民衆，[3]璘不能制，既降，爲崇美所害。漢高祖即位，詔贈太傅。[4]《永樂大典》卷二萬二千一百六十一。[5]

[1]“開運中”至“就加檢校太保”：亦見《宋本册府》卷三八七《將帥部·褒異門一三》、卷四〇〇《將帥部·固守門二》，明本《册府》卷四二五《將帥部·死事門二》。“虜不能克”，原作“敵不能克”，此爲輯者忌清諱而改，今據《册府》回改。

[2]會杜重威降：中華書局本有校勘記："'會杜'二字原闕，據《册府》卷四二五補。"見《册府》卷四二五。《通鑑》卷二八五開運三年（946）十二月戊辰條："先是契丹屢攻易州，刺史郭璘固守拒之。契丹主每過城下，指而歎曰：'吾能吞併天下，而爲此人所扼！'及杜威既降，契丹主遣通事耿崇美至易州，誘諭其衆，衆皆降；璘不能制，遂爲崇美所殺。璘，邢州人也。"

[3]耿崇美：人名。籍貫不詳。契丹大將，時爲昭義節度使。事見《通鑑》卷二八六。　"虜主嘗謂左右曰""虜使通事耿崇美誘其民衆"：兩"虜"字，《輯本舊史》均作"契丹"，今據《册府》回改。

[4]漢高祖即位，詔贈太傅：《輯本舊史》卷一〇〇《漢高祖紀下》天福十二年（947）九月戊辰條："故易州刺史郭璘贈太傅。"

[5]《大典》卷二二一六一"郭"字韻"姓氏"事目。

史臣曰："觀前代人臣之事迹多矣，若乃世道方泰，則席寵恃禄者實繁；世運既屯，則效死輸忠者無幾。如皇甫遇憤激而没，王清以血戰而亡。近世以來，幾人而已。其或臨難捐軀，或守方遇害，比夫惑妖艷以喪其命，因醇酎以亡其身者，蓋相去之遠矣。唯順密遏滑臺之肇亂，救晉室之臨危，亦可謂之忠矣。"《永樂大典》卷二萬二千一百六十一。[1]

[1]《大典》卷二二一六一"郭"字韻"姓氏"事目。